中国一般公共预算支出预决算差异研究

陈　凯◎著

中国市场出版社
China Market Press
·北京·

图书在版编目（CIP）数据

中国一般公共预算支出预决算差异研究 / 陈凯著. —北京: 中国市场出版社有限公司， 2024.6

ISBN 978-7-5092-2487-8

Ⅰ.①中… Ⅱ.①陈… Ⅲ.①国家预算—财政支出—研究—中国 Ⅳ.①F812.3

中国版本图书馆CIP数据核字（2023）第201507号

中国一般公共预算支出预决算差异研究
ZHONGGUO YIBAN GONGGONG YUSUAN ZHICHU YU-JUESUAN CHAYI YANJIU

著　　者：陈　凯

责任编辑：晋璧东（874911015@qq.com）

出版发行：中国市场出版社

社　　址：北京市西城区月坛北小街2号院3号楼（100837）

电　　话：（010）68033539/68036672/68020336

经　　销：新华书店

印　　刷：河北鑫兆源印刷有限公司

成品尺寸：170mm × 240mm　　　开　　本：16

印　　张：22.75　　　　　　　　字　　数：290千

图　　数：96　　　　　　　　　　表　　数：64

版　　次：2024年6月第1版　　　印　　次：2024年6月第1次印刷

书　　号：ISBN 978-7-5092-2487-8

定　　价：128.00元

序　言

财政是国家治理的基础和重要支柱。推进国家治理体系和治理能力现代化，要适应这一新的功能和定位，因此当前深化财税体制改革的目标是建立现代财政制度。而预算作为财政制度的核心内容，必然要在国家治理中发挥重要的角色。作为现代财政制度基础的现代预算制度，其目标是"建立全面规范透明、标准科学、约束有力的预算制度，全面实施绩效管理"。现代预算制度的基本要素是内容完整、编制科学、执行规范、监督有力、讲求绩效和公开透明，而现代预算制度最直接表现形式就是预算编制的科学性和预算执行的规范性。预决算差异作为预算编制和执行的直接结果，对于充分把握预算管理水平，发现预算编制、执行、监督过程中存在的问题具有重要参考价值。

本书立足于中国一般公共预算支出预决算差异的典型事实，深入分析预决算差异的整体特征和结构特征。在系统呈现预决算差异特征事实的基础上，归纳总结预决算差异的属性，对其形成机制和影响因素进行分析，并探究影响我国预决算差异的主要因素。第一，全方位、多角度明确一般公共预算支出预决算差异的典型特征和演变趋势。结合我国一般公共预算体系，分别从总量层面、结构层面、区域异质性层面等不同角度对预决算支出差异进行深入细致的研究。第二，根据预决算差异背后的逻辑，归纳总结预决算差异的属性，并结合我国预算功能取向，为客观认识预决算差异奠定理论基础；同时充分借鉴已有文献的研究成果，并根据预算编制、执行和监督各阶段的全周期运行特点，从"预算过程+预算结构"两个维度梳理出可能影响预决算差异的技术因素、制度因素、政策因素、经济因素、管理因素、主体互动因素，并借助实证分析框架进行实证检验。第三，基于回归方程的分解法，分别利用基于R^2的夏普利值（shapely）分解和MQ指数测度不同因素对预决算差异的贡献度，探寻预决算差异的主要来源，充分认识我国预算管理中存在的薄弱环节。第四，总结一般公共预算支出预决算差异的内部动态特征，结合从年初预算←→调整预算←→决算的预算周期，分析预决算差异在年度内普遍呈现"先增加后减少"的倒V形模式的原因。第五，通过借鉴美、法、日等国的预算编制和执行实践经验，更清晰认识我国政府预算管理过程中存在的缺陷，推动我国的预决算差异管理制度不断完善。

本书的主要结论如下。

（1）各级政府预决算差异具有普遍性，且存在结构性差别。整体特征分析发现：2013年以来我国一般公共预算支出预决算差异规模均大于一般公共预算收入，超支成为预决算差异的突出表现形式；2011年以后预决算差异度出现下降，但绝对规模不降反增，2017年支出预决算差异规模超过2011年达到新高；地方层面的预决算差异规模和差异度均高于中央；省级预决算差异、调整差异和执行差异三者呈倒V形，调整差异通常为正，执行差异通常为负，但是决算数通常仍会大于年初预算数。结构特征分析发现：支出科目越细化，预决算差异越大，离散程度越高；中央预决算差异稳定度更高，且在社会保障和就业支出、农林水支出、交通运输支出和节能环保支出等科目预决算差异较大，而地方在一般公共服务、城乡社区支出、节能环保支出、农林水支出等科目预决算差异较大；项目支出预决算差异总体大于基本支出预决算差异。区域特征分析发现，调整差异的区域特征明显，但执行差异的区域特征并不明显，其中，东部地区调整差异更小，因此，总体来看，东部地区预决算差异小于中西部地区。

（2）预决算差异具有普遍性、不可预知性、非对称性、成因多样性、适度性，要客观认识预决算差异。一般公共预算支出预决算差异具有的五大属性决定了预决算差异的复杂性，因此认识预决算差异不能一概而论，要从导致预决算差异的主要成因出发，分类视之，即理性认识客观因素，主动化解不合理因素，鼓励支持节支因素。基于"预算过程+预算结构"二维逻辑框架，将预决算差异的成因归类为六类——技术因素、制度因素、政策因素、经济因素、管理因素和主体互动因素。

（3）通过预算管理主体间的博弈分析发现，财政部门、支出部门和监督部门之间的互动行为影响预算编制的科学性和执行的规范性，进而影响预决算差异。预算编制过程中，影响支出部门与财政部门之间博弈均衡的因素有：财政部门对部门预算的削减比例、财政部门审核预算的成本、支出部门虚报预算的成本、财政部门和支出部门的信息不对称在一定程度上会影响预算编制过程的均衡结果。支出部门之间的博弈表明，由于预算规模既定，社会获得公共物品与服务的总量也是一定的，而这种竞争活动是需要相应成本的，其最终结果应该是某种"负和"的社会损失。预算监督过程中，通过分析是否财政结余的博弈过程发现，均衡结果与监督部门对未及时结余的惩罚力度、实质结余资金规模、结余后第二年度的削减规模、支出部门选择不结余的处理成本、监督部门选择监督的成本有关。

（4）通过静态和动态面板模型对技术因素、制度因素、政策因素、经济因素、管理因素的回归发现，经济不确定程度、转移支付占比、晋升压力、政策不确定性、潜在GDP增长率、财政收入增速、财政支出结构、财政透明度会显著影响预决算差异。内部动态特征分析结果表明，由于各因素的作用路径不同，对调整差异和执行差异的影响存在不同，部分因素在调整差异中显著而在执行差异中不再显著——经济预测偏差、财政收入增速和财政透明度，部分因素在调整差异中不显著而在预算执行差异中显著——经济不确定程度、财政分权、政策不确定性、潜在GDP增长率、人均GDP。

（5）通过利用Shapely分解和MQ指数对预决算差异影响因素的贡献度分解，发现我国的预决算差异最主要的来源是制度因素和管理因素，并同时受到经济因素影响。其中，制度因素主要作用于影响调整差异，管理因素在执行差异中的作用更为明显。

（6）预决算差异的成因具有地区及时间异质性。通过分析发现，东部地区贡献度最高的三个因素分别为官员晋升压力、财政收入增速、财政分权；中部地区贡献度最高的三个因素分别为财政分权、人均GDP和转移支付占比；而西部地区贡献度最高的三个因素分别为财政收入增速、经济增速和转移支付占比。时间异质性分析发现，随着时间的延续，影响因素结构存在一些规律性变动——转移支付的贡献度呈下降趋势，宏观经济预测差异的贡献度呈上升趋势。

总体来说，我国各级一般公共预算支出普遍存在不同程度的预决算差异。我们要客观认识预决算差异，分类施策——"理性认识客观因素，主动化解不合理因素，鼓励支持节支因素"，以提高资源配置效率和执行效率，更好履行政府受托责任。要认识到我国当前阶段预决算差异的主要成因是制度性因素和管理因素，以及预算调整差异和预决算执行差异性质的不同，未来需不断优化制度并强化预算管理。具体政策建议为：一是加强财政预算法治化建设。二是加强各项制度有效衔接，进一步完善我国财政体制，理顺政府间收支责任，完善转移支付制度。三是提高预算编制科学性，加强中期财政规划管理，提高宏观预测能力，并进一步完善预算管理，加快推进项目支出标准建设，进一步规范预算编制。四是进一步规范预算执行管理，规范预算调整流程，建立预算调整控制机制。五是优化制度设计，协调预算主体良性互动，完善预算监督体系，营造公开透明预算环境。六是强化绩效意识，将预决算差异纳入预算绩效管理。

目　录

第一章

绪　论

第一节　研究背景及意义

一、研究背景

党的十八届三中全会统揽全局，将财政定位为"国家治理的基础和重要支柱"，这是首次将财政从经济范畴提升到国家治理层面，使得财政的功能定位和作用得以全面提升和扩展。为适应这一新的功能和定位，推进国家治理体系和治理能力的现代化，当前深化财税体制改革的目标是建立现代财政制度。而预算作为财政制度的核心内容，必然要在国家治理中发挥重要的角色。作为现代财政制度基础的现代预算制度（楼继伟，2014）[1]，其目标是"改进预算管理制度。实施全面规范、公开透明的预算制度"。党的十九大报告提出"加快建立现代财政制度……建立全面规范透明、标准科学、约束有力的预算制度，全面实施绩效管理"。现代预算制度的基本要素是内容完整、编制科学、执行规范、监督有力、讲求绩效和公开透明（肖捷，2017）[2]，这将会是我国预算改革所遵循的基本原则和方向。

1994年《中华人民共和国预算法》（以下简称《预算法》）颁布

[1] 楼继伟.建立现代财政制度[J].中国财政,2014(1):10–12.
[2] 肖捷.加快建立现代财政制度[J].中国财政,2017(21):4–6.

以来，我国预算管理改革取得重要进展，已经在部门预算、收支两条线、国库集中支付、政府收支分类科目、支出标准体系、全面预算绩效管理等方面取得重要突破，政府预算制度不断完善，财政收支管理更加规范。尽管目前我国在预算内容、监督、公开透明等方面取得了显著成效，但是距离现代预算制度的目标还有很长的路要走。2021年《国务院关于进一步深化预算管理制度改革的决定》（国发〔2021〕5号）将现行预算管理制度中存在的问题概括为：预算管理中统筹力度不足、政府过紧日子意识尚未牢固树立、预算约束不够有力、资源配置使用效率有待提高、预算公开范围和内容仍需拓展等，这些问题虽然表现形式不同，最后均直接或间接地体现在财政收支的预算与决算行为之中。其中，《关于2019年中央和地方预算执行情况与2020年中央和地方预算草案的审查结果报告》进一步明确了近年来预算执行和财政管理中存在的突出问题，指出"部分项目预算执行与预算相比变动较大，预算执行不够严肃；有的中央部门支出执行率低，年末结转资金较多，资金使用效率有待提高……"。这些问题最终体现为预算决算之间的差异，并且从时间维度看该差异呈现出一定的规律性特征。以一般公共预算支出为例，1994年以来，支出预决算差异呈现波动中缓慢增长的态势，分别在2001年、2007年、2012年和2018年达到极值，其中2018年一般公共预算支出预决算差异达到11074.13亿元（如图1-1所示）。从收入和支出预决算差异的相对关系来看，2015年前后收入与支出预决算差异规模和差异度的特征发生了变化，在2015年前一般公共预算收入预决算差异规模和差异度均高于一般公共预算支出，而2015年以后相对大小逆转。这种变化可能对"超收导致超支"的观点会产生一定的冲击，因此本书以一般公共预算支出预决算差异为切入点，深入研究一般公共预算支出预决算差异的现实特征、演变规律及其影响因素。这一方面有助于把握我国预算编制和执行总体情况，理解我国预算管理体制机制；另一方面有助于发现我国预算管理中的薄弱环节，提高未来预算管理改革的针对性和有效性，为预算资源配置效率和执行效率的提升奠定坚实基础。

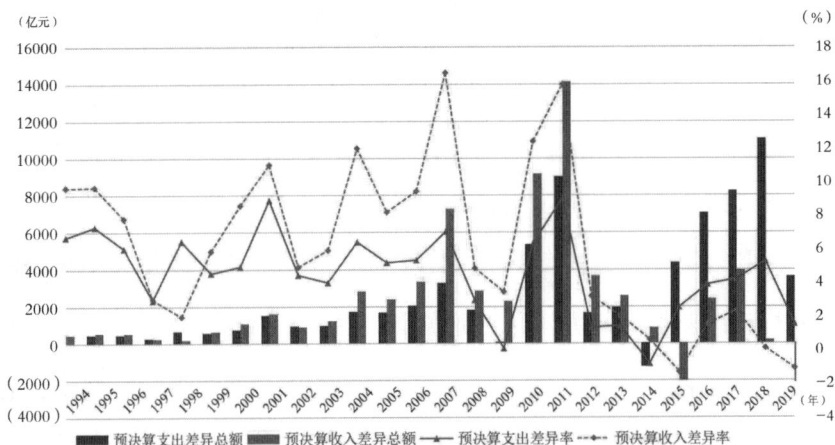

图1-1 1994—2019年全国一般公共预算收支预决算差异走势图[1]

数据来源：根据历年《中国财政年鉴》整理计算得到。

1. 现代财政制度对预算管理提出更高的要求

党的十九大报告指出：加快建立现代财政制度，建立全面规范透明、标准科学、约束有力的预算制度，全面实施绩效管理。其中"标准科学、约束有力"对预算编制和执行提出了更高的要求。"标准科学"要求在预算编制时遵循基本规律，并根据经济社会发展目标、宏观调控等因素合理调整，实现预算编制科学合理，基本契合未来财政

---

[1] 截至2021年5月，财政部尚未公布2020年全国财政决算数据，因此分析区间为1994—2019年，下同。

经济运行的需要。预算作为人民代表大会批准的财政收支计划，具有较强的法律效力，预算编制是否科学，直接影响预算的贯彻落实。如果预算编制不合理，预算难以执行，将会直接影响预算的科学性和权威性。"约束有力"要求在预算执行时严格执行人民代表大会通过的预算，硬化预算约束，严防资金的滥用挪用现象。预算执行是财政管理的核心环节，财政资金能否及时足额到位、预算调整调剂是否合规、超收超支管理是否规范等，直接影响预算的约束力和控制职能的发挥。

为加强中央财政预算执行管理与监督，提高财政资金管理使用的安全性和规范性，2020年1月，财政部发布了《关于印发〈中央财政预算执行动态监控管理办法〉的通知》（财库〔2020〕3号），对财政资金的动态监控、违规处理、结果运用等作出了较为明确的规定，表明中央高度关注预算执行环节的管理。

2. 预算资金高效配置和使用契合财政新常态需要

根据当前经济运行态势，党中央适时提出"经济进入新常态"的战略论断，我国经济增长从高速增长向中高速增长转变。经济新常态背景下，财政收入增速也由高速增长向中低速增长转变，2013年以来财政收入增速降至个位数。收入中低速增长，支出刚性增长将成为未来一段时期财政运行的新常态，财政收支压力逐渐凸显。特别是在国内外经济形势复杂、减税降费、新冠疫情冲击的背景下，政府承担的支出责任越来越多，财政收支压力持续加大。强化绩效管理，预算编制更为科学，减少事后追加或调剂，将资金优先配置到急需的领域，有利于提高财政资金的使用效率，缓解财政新常态下的收支压力；同时预算执行必须更为规范，杜绝资金的挤占或挪用，更好履行对公众的公共责任。参见图1-2所示。

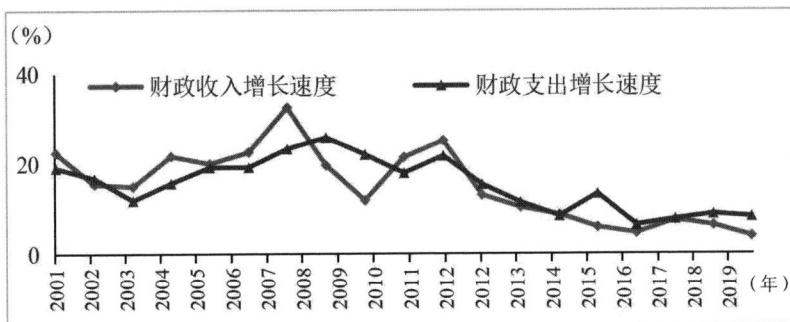

图1-2　2001—2019年全国一般公共预算收支增速趋势图

数据来源：根据历年《中国财政年鉴》整理得到。

3. 全面预算绩效管理要求财政收支更加规范

2018年，中共中央、国务院出台《关于全面实施预算绩效管理的意见》，针对现行预算管理仍然存在的重投入轻管理、重支出轻绩效，资金低效无效、闲置沉淀、克扣挪用等问题，提出以全面实施预算绩效管理为关键点和突破口，解决好绩效管理中存在的突出问题，推动财政资金聚力增效。

预算绩效管理要求以绩效为导向，建立全过程预算绩效管理链条，建立事前绩效评估机制、绩效目标管理、绩效运行监控、绩效评价和结果运用机制，提高预算编制和项目审核的科学性，规范财政收支执行的有效性，防止资金挪用占用等降低资金运行成本。即以绩效为导向，倒逼预算编制更加科学合理，降低一般公共预算支出总量和各科目的预决算差异。

4. 预决算差异长期存在，预决算支出差异超过预决算收入差异

政府预算作为对未来财政收支的计划，由于存在时间差异和较大

的不确定性，决算与预算执行出现差异具有其必然性。但是，如果差距过大就会削弱预算的科学性和权威性，带来一系列问题。我国预算决算差异长期处于较高的状态，虽然2012年以来我国预决算支出差异度有所降低，但是近年来一般公共预算支出预决算差异呈现逐年递增态势，随着财政支出基数的增加，预决算差异规模甚至超过了2011年的水平，达到了新的高度。根据全国财政决算数据，2018年全国一般公共预算支出209830.00亿元，决算支出220904.13亿元，决算数为预算数的105.3%，超支11074.13亿元。这表明我国预决算差异在经历了2012年后的一段下降期后，再次进入了上升期。预决算差异的不合理规模表明我国预算管理中还存在诸多亟须解决的问题，这不仅影响了当前财政收支运行效率，而且限制了以精准收支预测为基础的中期预算改革进程。

从一般公共预算收入和支出预决算差异的相对关系来看，2015年前后发生了显著变化[1]，2015年以后一般公共预算支出预决算差异超过一般公共预算收入预决算差异，该趋势在后续几年得以延续。从支出科目角度来看，不同科目间预决算差异度较大。其中，医疗支出、教育支出、国防支出等科目的预决算差异度较小，而金融支出、公共安全支出、节能环保支出、城乡社区支出等科目的预决算差异度水平相对较高。从部门预算的角度来看，2018年72个中央部门一般公共预算财政拨款的预决算差异度的平均值为8.03%，其中，基本支出预决算差异为-0.26%，项目支出预决算差异为18.87%。这表明一般公共预算预决算差异存在显著的典型特征，深入挖掘并解释这些特征有利于全面

---

[1] 详细分析见后文。

认识预决算差异，增强未来改革的针对性和有效性。参见图1-3所示。

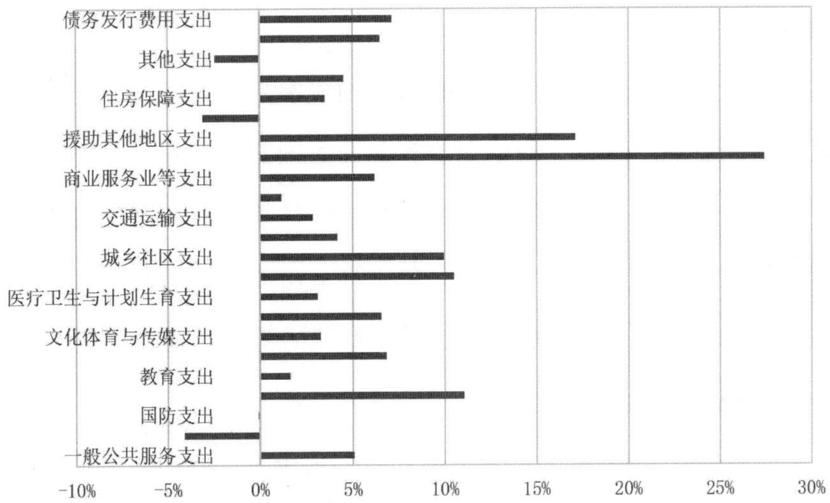

图1-3 2019年一般公共预算支出主要功能分类科目预决算差异度
数据来源：根据《2019年全国一般公共预算支出决算表》整理计算得到。

二、问题的提出

基于建立现代预算制度的现实需要和一般公共预决算差异的变化趋势，本书以一般公共预算支出为切入点，系统研究普遍存在的预决算支出差异。本书提出并拟解决的问题主要有如下三个。

1. 各级一般公共预算支出预决算差异存在的典型特征和演变趋势

作为一个典型的财政现象，我国长期受到财政超收或超支问题的困扰。那么我国各级政府一般公共预算支出的预决算差异的特征是什么？随着我国经济进入新常态，财政收支运行态势也发生了显著变化，那么一般公共预算支出执行差异是否发生了相应的改变？不同层级政府预算支出执行偏差是否会有差异？

2. 一般公共预算支出预决算产生差异的成因、不同影响因素的相对重要性

一般公共预算支出的预决算差异的成因是多方面的，受到多种因素的共同影响。那么，影响预决算差异的因素有哪些？客观因素和主观因素分别是什么？不同因素的相对重要性如何？在充分借鉴既有文献成果的基础上，将结合一般公共预算支出的运行机制，从经济、财政、制度等多个维度分析影响支出预决算差异的因素，并对不同因素的相对重要性进行测度。

3. 一般公共预算支出预决算差异的内部动态特征及其成因

结合从年初预算⟷调整预算⟷决算的预算周期，发现预决算差异在年度内普遍呈现"先增加后减少"模式，即一般公共预算的调整差异（调整预算数－预算数）通常为正，而一般公共预算支出执行差异（决算数－调整预算数）通常为负。那么，出现该现象背后的原因是什么？其潜在逻辑和影响机制是什么？

三、研究意义

1. 理论意义

本书的理论意义在于如下方面。

第一，本书的研究丰富了预算管理的理论。预决算差异是各国预算管理过程中普遍存在的事实，但我国的一般公共预算预决算差异表现出其独有的特征，成为一个典型的财政现象。执行差异作为预算编制和预算执行情况的直接反映，体现了预算编制水平和预算执行质量。通过细致分析预决算差异的属性，有利于全面客观认识预决算差

异；通过对预决算差异成因及其背后的逻辑梳理，有利于明确其成因要素和厘清其形成机制，为未来的理论研究将顺逻辑，为规范预算管理提供方向指导；通过衡量和测度不同因素对预决算差异的影响及其贡献程度，有利于明确各因素在预决算差异性形成过程中的相对重要性。

第二，本书的研究丰富了预决算差异的内部动态研究。尽管目前研究预决算差异的文章逐渐增多，但是鲜有文献分析预决算差异的内部动态特征。本书首先从当前预决算差异衡量口径存在的争议着手，认为存在争议的根本原因是预算数口径采用年初预算数还是调整预算数的争论。围绕这一争论，本书从预决算差异的概念、特征、目的出发，认为决算数与年初预算数的差额更能代表预决算差异，并将预算调整过程作为单独的环节进行分析。这有利于从广义视角把握一般公共预算支出预决算差异，为预决算差异的内部动态特征分析提供了可能。通过利用省级数据分析，发现年初预算←→预算调整←→决算过程中存在的"先增加后减少"的倒V形变动特征。

2. 现实意义

本书的现实意义在于如下方面。

第一，全方位、多角度了解我国一般公共预算支出的预决算差异。预决算差异在某种程度上反映了预算管理水平。通过整体层面和结构层面的典型事实分析，有利于掌握全国、中央、地方以及部门预算、不同支出科目的预决算差异特征；通过对预决算差异的属性分析及其成因研究，有利于形成对预决算差异的综合认知，认识不同因素的作用机理和传导路径，从而更全面、更具针对性地重新审视预算编制和预算执行过程。只有全方位、多角度、全面系统地认识我国预决算差异，找出预决算执行现状及其特征，才能找出我国预算管理过程中存在的问题与不足，为预算效率提升奠定坚实的现实基础。

第二，有利于发现预决算差异的主要来源，使得预算管理改革更具针对性和有效性。预决算差异的形成是多种因素共同作用的结果，已有研究在探寻影响因素方面作出了诸多有益的探索，对本书具有重要的参考和借鉴意义。但是不同因素对预决算差异的边际贡献是不同的，目前尚未有学者展开研究。本书利用基于回归方程的分解法——夏普利值（shapely）分解法和MQ指数测度了不同因素的相对重要性，能够填充这部分研究的空白，为未来推进预算改革提供有益的思路，使得改革更加具有针对性和可行性，更好地履行政府的受托责任。

第二节 研究目标与思路

一、研究目标

关于一般公共预算支出预决算差异的研究，实质上是对预算编制的科学性和预算执行规范性的分析。既有文献主要基于全国层面和总量视角展开研究，较少系统研究预决算差异问题。鉴于此，本书旨在从总量、结构、动态、成因等多个维度系统梳理我国各级政府一般公共预算支出预决算差异的典型特征，为深入理解和解决我国预算编制执行过程中的问题提供有益借鉴。具体而言，本书的研究目标主要有如下三个。

1. 全方位、多角度地明确一般公共预算支出预决算差异的典型特征和演变趋势，把握我国预算管理现状

结合我国一般公共预算体系，将从不同角度对预决算支出差异进行深入细致的研究。首先，从总量层面，分析全国-省级一般公共预算支出预决算差异存在的特征；其次，从结构层面，剖析不同支出科目预决算差异的典型事实；最后，总结我国1994年以来一般公共预算支出预决算差异的演变规律及其背后的逻辑。

2. 深入剖析一般公共预算支出预决算差异的成因，并测度不同影响因素的相对重要性

充分借鉴已有文献的研究成果，并根据预算编制、执行和监督各阶段的全周期运行特点，梳理出可能影响预决算差异的客观因素、制度因素、政策因素、经济因素、管理因素、行为因素。同时借助实证分析框架，基于回归方程的分解法——夏普利值分解法和MQ指数测度不同因素对预决算差异的相对重要性，探寻预决算差异的主要来源；同时，年度间比较有利于比较不同年份的成因来源的差异。

3. 总结一般公共预算支出预决算差异的内部动态特征及其成因

结合从年初预算←→调整预算←→决算的预算周期，发现预决算差异在年度内普遍呈现"先增加后减少"的倒V形特征，即一般公共预算的调整差异（调整预算数－预算数）通常为正，而一般公共预算支出执行差异（决算数－调整预算数）通常为负。将深入分析出现该现象背后的原因及其潜在逻辑和影响机制。

二、研究思路

参见图1-4所示。

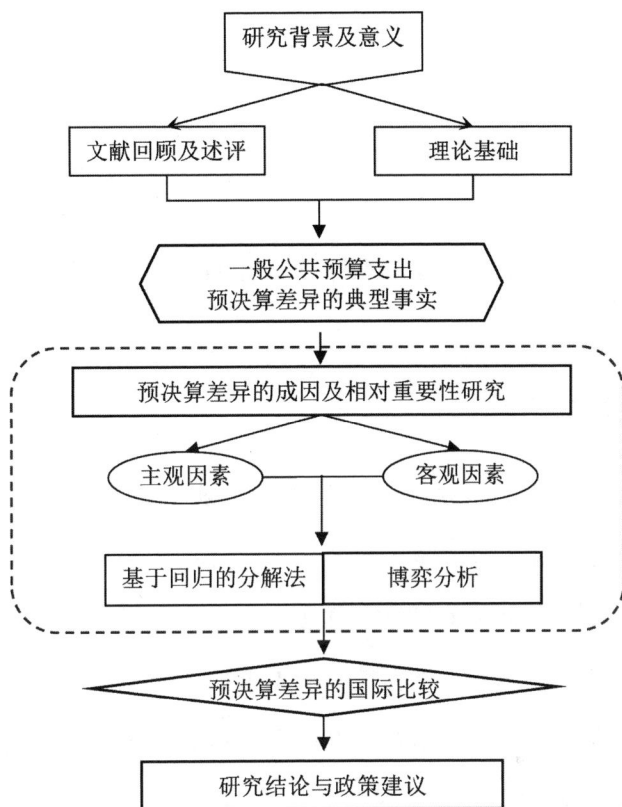

图1-4 本书的研究思路图

第三节　研究内容、框架及研究方法

一、研究内容

第一章为绪论部分。本章是对本书研究内容、思路方法的总体论述。主要介绍本书选择一般公共预算支出预决算差异为研究对象的背景、研究的理论意义和现实意义，详细介绍了本书的研究目标与思路、研究内容与方法，随后是厘清本书的主要概念及其性质、涵盖范围等，为接下来的文献综述框定边界。最后是对本书的创新点与研究不足概括。

第二章是文献综述和理论基础。首先，本书对国内外学者的研究进行梳理。通过搜集国外学者的研究，在认识到国情差异的基础上，借鉴国外学者关于该问题的研究思路和方法；通过搜集国内学者的研究，从预决算差异的现状分析和成因研究两个方面进行梳理。在充分汲取既有文献的精华的同时，把握学者近期的研究进展，为本书的理论框架和实证分析奠定坚实的理论和文献基础。理论基础部分，对本书所涉及的委托–代理理论、官僚预算最大化理论、晋升竞争理论、政府预算管理理论等作逐一介绍。委托代理理论根据政府预算编制流程，分析政府预算中存在的信息不对称及其对预算编制和执行可能存在的影响；官僚预算最大化理论建立在"理性政治人"的基础上，分析官僚效用最大化对预决算的影响；晋升竞争理论分析政府治理体制对政府行为的影响；政府预算管理理论介绍政府预算的职能、原则和制度特征。

第三章为一般公共预算支出预决算差异的典型事实分析。首先，运用1994—2018年数据分析全国和省级预决算差异状况，及其演进趋势、地区差异，把握我国预决算差异的总体情况，便于与西方成熟市场经济国家进行比较，了解我国在预决算差异管理方面存在的差距。其次，运用我国省级层面一般公共预算支出明细数据，从结构层面分析不同支出科目的预决算支出差异，探究不同支出科目对预决算差异的贡献率，以及不同科目预决算差异度的演变趋势。再次，按照东部、中部和西部的地区划分，剖析我国一般公共预算支出预决算差异的区域特征。最后，梳理我国一般公共预算支出预决算差异的事实特征所反映出的预决算管理中存在的问题。

第四章为一般公共预算支出预决算差异的属性分析及成因研究。本部分首先是基于相关理论探讨预决算差异的属性——普遍性、不可预知性、非对称性、成因的多样性、适度性，以进一步深化对预决算差异的认知，为妥善处理预决算差异奠定基础。其次是根据预算编制、执行和监督各阶段的特点，并充分借鉴已有文献的研究成果，梳理出可能影响预决算差异的因素，具体会从技术因素、制度因素、政策因素、经济因素、管理因素和主体互动因素等方面展开。

第五章为一般公共预算支出预决算差异的主体博弈分析。为检验相关主体之间的互动行为对预决算差异的影响，从博弈论的视角，分析预算管理不同主体行为之间的相互作用对预决算差异的影响。针对预算编制环节支出部门和财政部门之间存在的博弈关系，分别构建完全信息静态博弈模型、不完全信息动态博弈模型和不完全信息两期序贯博弈模型，探究影响预算编制行为的变量；针对预算编制环节支出部门之间存在的博弈关系，构建预算竞争博弈模型；针对支出部门是否选择结余的问题，构建完全信息动态博弈模型。

第六章为一般公共预算支出预决算差异影响因素实证检验分析。为检验技术因素、制度因素、政策因素、经济因素、管理因素对预决算差异的影响，通过构建静态和动态面板模型来检验相关变量的显著性。为进一步分析其内部动态特征，分别对预决算执行差异和预算调整差异的成因进行实证检验。最后，在此基础上进一步分析地区异质性和时间异质性。

第七章为一般公共预算支出预决算差异成因的贡献度分解。本章尝试利用相关的回归的分解方法，将影响预决算差异的相关因素进行贡献度分解。根据2009—2019年的省际面板数据，利用夏普利值分解法和MQ指数对影响预决算差异的各方面因素的相对重要性进行实证分析，探究影响一般公共预算支出预决算差异的主要来源。为研究其内部动态特征，进一步分析调整差异和执行差异的成因差异。最后，同时分析地区异质性和逐年分解比较不同年份间主要来源的差异。

第八章为预决算差异的国际比较研究。分别选取有代表性的联邦制政体（美国）和单一制政体（法国、日本），通过分析其预算编制、执行、调整、监督等环节的制度亮点，探寻各国预算管理中有益的经验借鉴。同时根据搜集的各国预决算数据，分析这些国家预决算差异的现状，并简要分析其背后可能的原因。

第九章为研究结论与政策建议。本章主要对前文的研究内容进行归纳概述，提炼本书的研究结论，并在此基础上分别从政策法规、制度衔接、财政体制、预算编制、预算执行、预算监督、预算绩效管理等方面提出相关的政策建议。

上述内容参见图1–5所示。

二、研究方法

1. 文献研究法

首先，本书的分析建立在大量的国外文献研究的基础上。尽管欧美成熟市场经济国家的政体、预算管理制度、预算管理技术与中国有较大的差异，不能完全照搬国外的经验，但是他们观察问题、分析问题的角度和方法值得我们借鉴。其次，中国预决算差异已经引起了学者的关注，并展开了丰富的具有价值的探讨，本书的研究在高培勇、马蔡琛、孙玉栋等为代表的国内学者研究基础之上，通过收集整理预决算支出差异度的相关文献资料，对既有研究进行梳理、归纳，充分汲取有益研究方法和成果，深化对我国预算管理的认识，为本书研究提供思路指引。

2. 比较分析法

一是通过国际比较了解我国预决算支出差异度所处水平，及其制度发展和实施情况，发现可供我国借鉴之处，为我国完善预算管理制度提供有益参考。二是通过分析我国中央–省级的预决算支出差异度，发现各层级政府预决算支出差异度的差异，并进一步探究其原因。三是比较不同支出科目预决算差异度，并通过理论论证和实证研究分析导致不同科目预决算差异存在的原因。

一般公共预算支出预决算差异研究

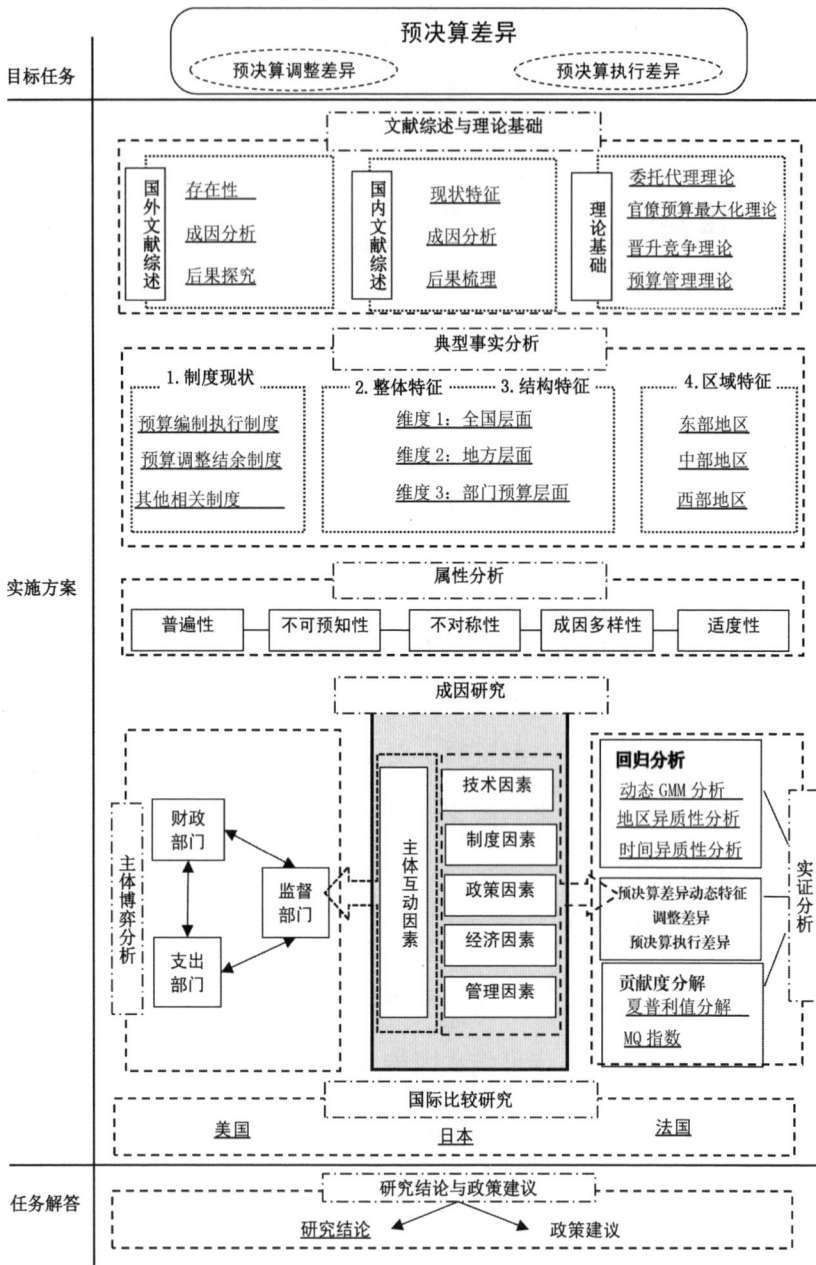

| 目标任务 | 预决算差异 |
| | 预决算调整差异　　　　　　　预决算执行差异 |

文献综述与理论基础

| 国外文献综述 | 存在性　成因分析　后果探究 | 国内文献综述 | 现状特征　成因分析　后果梳理 | 理论基础 | 委托代理理论　官僚预算最大化理论　晋升竞争理论　预算管理理论 |

典型事实分析

| 1.制度现状 | 2.整体特征　3.结构特征 | 4.区域特征 |
| 预算编制执行制度　预算调整结余制度　其他相关制度 | 维度1：全国层面　维度2：地方层面　维度3：部门预算层面 | 东部地区　中部地区　西部地区 |

实施方案

属性分析

| 普遍性 | 不可预知性 | 不对称性 | 成因多样性 | 适度性 |

成因研究

主体博弈分析

财政部门 ⇄ 支出部门　监督部门

主体互动因素

技术因素　制度因素　政策因素　经济因素　管理因素

回归分析
动态 GMM 分析
地区异质性分析
时间异质性分析

预决算差异动态特征
调整差异
预决算执行差异

贡献度分解
夏普利值分解
MQ 指数

实证分析

国际比较研究

| 美国 | 日本 | 法国 |

| 任务解答 | **研究结论与政策建议** |
| | 研究结论　　政策建议 |

图1-5　研究框架与技术路线图

3. 实证分析法

首先，利用历年预决算数据计算不同层级政府、不同收支结构的预决算支出差异度。其次，利用预决算差异度和相关经济、政治指标等探索影响预决算差异度的因素。同时，利用基于回归方程的分解法（Shapely分解、MQ指数）探究不同影响因素的预决算差异的贡献程度。

4. 规范分析法

在文献研究法、比较分析法和实证研究法的基础上，通过归纳总结、演绎等论证影响预决算支出差异度的因素，力图实现不同研究方法相互补充、相互借鉴、相辅相成。

第四节　相关概念的界定

一、预决算差异

1. 预决算差异的内涵

目前关于预算与决算之间差异的称谓，学术界尚未达成一致，使用频率较高的分别是"预决算偏离""预算执行偏差""预算完成度""预测偏离""预决算差异"等。尽管不同称谓的计算方法基本一致，但是其背后体现的含义具有明显的差别，如"预决算偏离度""预算执行偏差""预算完成度"从字面上看，即带有明显的价值判断色彩（高培勇，2008），因为"偏离""偏差""完成度"需要一定的基准。但是预算就是对未来财政收支的预测，预算数值本身就是不准确的；而决算数受到预算编制和预算执行共同影响，与最理想的政府干预规模并不吻合，预算与决算的差异在各国实践中普遍存在，因此，无论以预算还是决算作为基准均具有局限性（吴胜泽，2012）[1]。而"预决算差异"仅仅表达预算和支出数据之间存在着差别，并无价值判断之义。由于本书旨在客观系统地梳理分析我国预决

---

[1] 吴胜泽.地方政府预算偏差与政府治理结构——兼析广西1994—2013年政府预算的科学性[J].经济研究参考, 2016, 2727(23): 34–42.

算差别总体情况、结构特征，并对其原因进行探讨，因此本着不预设立场的原则，使用较为中性的"预决算差异"。

与"预决算差异"相关的概念是"预决算偏离"。2008年，中国社会科学院高培勇教授在《关于预决算偏离度》一文中，立足于当时我国常态化的超收和超支提出了"预决算偏离度""预决算差异度"这两个概念，当时基于我国连续出现的巨额超收超支问题，高培勇教授最终选择了附加价值判断的"预决算偏离度"，并被学界广泛使用，但究其内涵是完全相同的（高培勇，2008）[1]。本书使用的"预决算差异"沿袭其含义。

预决算差异本身是一个中性概念，即决算与预算存在差异是正常的（高培勇，2008；刘叔申，2010；孙玉栋、吴哲方，2012；赵海利、吴明明，2014；杨翟婷、王金秀，2020），因为预算是对未来财政收支情况的计划，实施过程中受到许多不确定因素的影响。如果预决算之间的差异是由于环境的不确定性带来的，这种差异关系应该基本符合正态分布，即决算规模有时会大于预算，有时会小于预算。但是如果一个地区预决算差异长期不符合这种分布形态，决算长期大于预算或长期小于预算，表明该地区的预决算差异不仅受到环境不确定因素的影响，还受到其他因素的影响。

根据预算与决算的大小关系不同，财政收入和支出的预决算差异可能表现为超收或超支、短收或短支。关于超收和短收，2020年新修订的《中华人民共和国预算法实施条例》（以下简称《预算法实施条例》）给出的定义，超收是指一般公共预算收入的实际完成数超过本

---

[1] 高培勇.关注预决算偏离度[J].涉外税务, 2008(1): 5–6.

级人大及其常委会批准的预算数；短收指一般公共预算收入的实际完成数小于本级人大及其常委会批准的预算收入。目前官方文件没有超支和短支的具体定义，但是实践中和学术界通常认为：超支是指一般公共预算支出的实际完成数超过本级人民代表大会及其常委会批准的预算支出；短支是指一般公共预算支出的实际完成数小于本级人民代表大会及其常委会批准的预算支出。需要指出的是，由于主观努力，通过提高支出效率，压减支出规模产生的短支，通常被称为节支。

2. 预决算差异的衡量

在衡量预决算差异之前，需要明确其基本要素——预算与决算的不同口径。首先，我国目前经立法机关审查批准的预算数，有年初预算数和经过年中预算调整后的调整预算数。其中，年初预算数是各省级财政部门在本级人民代表大会上报告并经过审查批准的当年预算数；调整预算数是在预算执行过程中，根据实际需要对预算进行的调整，预算调整需要经过地方人民代表大会常务委员会审查批准，该数据并不会单独披露，但是在《中国财政年鉴》中展示的预算数实际为调整预算数。一般而言，我国年初预算数与调整预算数会有一定的差距。其次，就决算数而言，决算数是第二年年中，各省（自治区、直辖市）财政部门经过对账结算后经过决算报告披露的数据。与此相关的是预算执行快报数，快报数是各省（自治区、直辖市）财政厅在年初举行的地方两会上根据国库数据汇总统计的数据。我国决算数与决算快报数虽然有差别但基本一致。参见表1-1所示。

表1-1　预算、决算相关术语的说明

类别	年初预算数	预算调整数	决算快报数	决算数
数据产生的时间节点	每年年初	一般是每年6—9月	次年年初	次年年中
数据来源	各省份两会报告	《中国财政年鉴》	各省份两会报告	《中国财政年鉴》
数据比较	有一定的差异		虽有差别但基本一致	

注：《中国财政年鉴》同时列示"预算数"和决算数，但是该预算数实质上是调整预算数。

　　目前学界关于预决算差异的衡量在决算数的确定上并无分歧，但是在预算数的选取上有不同观点，甚至利用在省级层面不同口径得出截然相反的结论（如表1-2所示）。目前大多数国内文献（谢柳芳等，2019；陈志刚、吕冰洋，2019；王立勇、王申令，2019；王志刚、杨白冰，2019）在衡量省级预决算差异度时，直接利用《中国财政年鉴》中的"预算数"进行计算，将经过预算调整后的数值作为预算数进行计算。而根据预决算差异的定义，利用调整预算数并不能全面准确地反映预算与决算的差异。因为调整预算数是经过年中（通常为6—9月）预算调整环节并由同级人大常委会审查批准后的数据。此时预算执行进度已经超过一半，且部分超支或短支已经包含在调整预算数据中，因此利用调整预算数来计算预决算差异并不能完整地刻画预算与决算之间的差异（吕冰洋、李岩，2020[1]）。

---

[1] 吕冰洋,李岩.中国省市财政预算偏离的规律与成因[J].经济与管理评论,2020,36(4): 92-105.

表1-2　已有文献关于预决算差异的口径及其结论

文献名	研究层级	数据口径[1]	研究结论	
			收入	支出
崔振东（2009）	全国	决算数–调整预算数	+	+
王秀芝（2009）	全国	决算数–调整预算数	+	+
朱晓晨（2014）	全国	决算数–调整预算数	+	+
	省级		+	−（1998—2008） +（2008—2013）
吴胜泽（2016）	广西壮族自治区	决算数–调整预算数	+	+
马新智、陈丽蓉（2016）	省级	决算数–调整预算数	−	
韩曙（2017）	上海市	决算数–年初预算数	−	+
王志刚、杨白冰（2019）	省级	决算数–调整预算数		−
陈志刚、吕冰洋（2019）	全国	决算数–调整预算数	+	+
	省级		+	−
	省本级		+	−
	市县		+	
吕冰洋、李岩（2020）	省级	决算数–年初预算数	+	+
	市级		+	+
李建军、刘媛（2020）	市级	决算数–年初预算数		

注：+分别表示超收或超支，−分别表示短收或短支。

因此，利用年初预算数与决算数才更能准确、全面地衡量预算与决算的差异。本书在计算预决算差异时主要利用年初预算数与决算数

---

[1] 数据口径是作者根据原文数据说明和数据来源，经梳理而得到。

的差异。具体计算公式如下：

$$预决算差异＝决算数—年初预算数　　　　（1-1）$$

目前对于预决算差异的内容，尚无官方公开文件的说明。在2013年财政部草拟的《地方政府预算编报参考规程》中，将年初预算对应政府收支分类科目数额的增减变动称为预算执行变动，其内容包括预算调整、上年结余变动和其他预算变动。由于种种原因，该文件最终没有正式出台（李翠萍，2015）[1]，"预算执行变动"的概念也没有应用到财政管理实践中，但是其内容对于认识预决算差异具有重要的参考价值。最终，通过查阅《预算法》《预算法实施条例》，并访谈多位预算管理人员，发现在财政部门实践过程中预决算差异产生的来源主要包括预算调整、预备费使用、年初预算预留资金的细化、科目流用或资金调剂等。各项来源的具体内涵将分别在本书第一章第四节和第三章第一节中进行详细说明。

预决算差异度可以分为财政收入预决算差异度和财政支出预决算差异度。顾名思义，收入预决算差异度是财政收入预决算数据的差异程度，支出预决算差异度是财政支出预决算数据的差异程度。关于财政收入的预决算差异度与财政支出的预决算差异度的表现有一定的差异，其形成的原因是有区别的，对其进行笼统的研究将会忽视影响收入或支出的特定因素。因此本书进一步聚焦，即关注一般公共预算支出预决算差异度。旨在通过对支出侧的研究能够对预决算差异度进行

---

[1] 李翠萍.预算调整及其管理研究[D]. 北京：财政部财政科学研究所,2015.

全面系统的了解。

需要特别指出的是，我国四类预算中，国有资金经营预算规模较小、政府性基金预算支出结构复杂、社会保险预算纳入国库的规模占比较低，因此本书提及预决算差异度仅涉及一般公共预算。

二、预算调整差异和执行差异

同时，为了进一步研究预决算差异，本书以调整预算数为中介，将预决算差异进一步细分为调整差异与执行差异。具体计算公式如下。

$$预算调整差异＝调整预算数－年初预算数 \qquad （1-2）$$

$$预决算执行差异＝决算数－调整预算数 \qquad （1-3）$$

1. 预算调整差异

预算调整差异（简称调整差异）是调整预算数与年初预算数的差额。该差异主要是预算年度内，因预算调整导致的财政收支变动。

《预算法》对预算调整给出了界定，第六十七和六十八条规定预算调整的范围包括五类[1]：增加或减少预算总支出、调入预算稳定调节基金、调减重点支出数额、增加举借债务数额、必须作出的政策或措施导致财政收入或支出的增减。总体而言，《预算法》中的界定是较为宏观的，通过查阅多个省份和市县《预算调整方案》并访谈多位预算管理人员，获悉预算调整在财政实践中具体包括新增转移支付及

---

[1] 一般观点认为：根据《预算法》第六十七条认为预算调整的范围有四类，实质上第六十八条规定了预算调整的一种特殊情形——"必须作出（增加或减少财政收入或支出的政策和措施）并需要进行预算调整的，应当在预算调整方案中作出安排"。

其对应安排的支出、新增地方政府债券及其对应支出、调入预算稳定调节基金、调增或调减上年结余结转及其相应支出的增减、接受其他地区援助收入或援助其他地区支出、必须作出的政策或措施导致财政收入或支出的增减等。

总体而言，预算调整差异是对年初预算编制时包含的不确定因素的确认，比如对年初提前下达转移支付指标的调增、上年结余结转的调增调减等。因此，预决算编制差异主要反映的是预算编制水平。该指标越小，表明年初预算编制时对当年的预判更加科学，反映预算编制水平越高；该指标越大，表明年初预算编制的准确性偏低，反映预算编制水平越低。

2. 预决算执行差异

决算与年初预算的差异并非都需要预算调整（徐键，2019[1]），对于没有经过预算调整的预算执行变动，即决算数与调整预算数的差额是预决算执行差异（简称执行差异）。顾名思义，主要是指执行过程中，由于种种因素导致的决算数与预算调整数之间的差异。

预决算执行差异在财政实践中具体包括：虽属于预算调整范围但未及时调整的部分、预备费使用、年初预算预留资金的细化、科目流用或资金调剂等。需要明确的是，由于各地预算调整的时间通常较晚，调整预算编制时转移支付下达数已基本明确、重大项目追加变动等也基本确定，即当年的不确定性因素基本已经显现，因此决算数与预算调整数的差额更多反映的是预算执行情况。该指标越小，表明预算执行情况基本符合调整预算数，反映预算执行更加规范；该指标越

---

[1] 徐键.论预算调整的义务性条款[J].经济法论坛,2019,23(2):174-188.

大，表明预算执行情况与预算调整数仍然存在较大的差异，反映预算对执行过程的约束力较弱，预算执行不规范。

3. 预算调整差异与预决算执行差异的区别

通过上文分析发现，预算调整差异与预决算执行差异均是预算管理过程中的差异，但是两者具有明显的区别。

一是两者存在本质性区别。预算调整差异是在法律许可的范围内，经过严格的程序对预算进行的调整。一方面，各国法律一般都对允许预算调整的情形作出了明确规定，预算调整具有明确的法律依据。另一方面，预算调整会提交立法机构审查批准，从而具有法律效力。在我国，《预算法》规定，预算调整初步方案在本级人民代表大会有关部门初步审查后，人大常委会审查批准预算调整方案。因此预算调整差异无论是在内容还是程序，均在法律允许的范畴内进行。与预算调整差异不同的是，预决算执行差异并不属于法律允许范畴，而是属于限制性范畴。不同科目之间、预算级次之间或项目之间的资金调剂都是被严格控制的，严禁预算执行阶段随意偏离年初预算或调整预算。然而，在预算管理过程中，预算执行难免发生偏离。为了平衡预算的灵活性和预算的严肃性，往往对预算调剂的范围和程序作出严格的规定。

二是两者的侧重点不同。预算调整差异主要是对预算总量的调整，而预决算执行差异主要是预算执行过程中对支出结构的调整。通常而言，预算调整情形是预算环境发生变化导致预算的总额调整；而预决算执行差异是行政部门内部进行的科目内部或科目之间的调整，因此该调整是结构性的。

三、预决算差异度

1. 预决算差异度

为了实现预决算差异在不同地区、不同层级、不同时间的可比性，将对预决算差异进行量化，即"预决算差异度"的概念。预决算差异度是对预决算差异的衡量，其公式如下。

$$预决算差异度＝\frac{决算数－预算数}{预算数} \tag{1-4}$$

当作为实际执行结果的财政支出（收入）决算规模大于预算规模时，预决算差异度为正，即超支（收）；当实际执行结果的决算规模小于预算规模时，预决算差异度为负，即短收/支。预决算差异度越小，表明年终决算和年初预算差异越小，年初预算编制得越科学，较为准确地预测到了未来财政收支的运行态势。预决算差异度越大，表明年终决算和年初预算差异越大，年初预算编制的科学性不高，未能准确地预估到未来财政收支需要。

关于预决算差异度的判断，学术界尚未达成一致的标准。其中可能存在的原因是：在预算管理过程中预决算差异必然是越小越好，然而预算变动在实践中无可避免，因此预决算差异只有理想的价值标准0%，并无一成不变的最优标准。因此本书预决算差异度的价值判断建立在横向比较的基础上。一方面，许多学者根据西方发达国家实践认为预决算偏离的合理范围在5%以内（肖鹏、樊蓉，2021[1]；韩曙，

---

[1] 肖鹏,樊蓉.地方财政透明度对财政预决算偏离度的影响分析[J].中央财经大学学报,2021(3):3-14.

2016[1]；赵海利、吴明明，2014[2]）。另一方面，根据对美国1998—2019年预决算差异的分析，美国政府预决算差异的均值为3.72%[3]，执行差异的均值为3.42%；日本2009—2019年预决算差异的均值为1.95%；法国的预决算差异更是低于1.5%。

2.预算调整差异度和预决算执行差异度

与预决算差异的不同衡量存在口径差异一样，预决算差异度的衡量也存在口径差异。由于本书预决算差异利用决算数与年初预算数进行计算，因此本书的预决算差异度的计算公式如下。

$$预决算差异度 = \frac{决算数 - 年初预算数}{年初预算数} \tag{1-5}$$

同理，我们调整差异度与执行差异度的计算公式如下。

$$调整差异度 = \frac{预算调整 - 年初预算数}{年初预算数} \tag{1-6}$$

$$执行差异度 = \frac{决算数 - 预算调整数}{预算调整数} \tag{1-7}$$

---

[1] 韩曙.地方财政预决算调整偏离度研究——以上海市一般公共预算为例[J].财政科学,2017,20(8):133-137,154.

[2] 赵海利,吴明明.我国地方政府收入预算的科学性——基于1994—2010年地方收入预算执行情况的分析[J].经济社会体制比较,2014,176(6): 135-147.

[3] 详见本书"第8章 预决算差异的国际比较研究"，下同。

第五节 本书创新与不足

一、本书研究创新

本书的创新点主要体现在以下几个方面：

1. 多方位、全角度明确了一般公共预算支出预决算差异的典型事实

本书突破既往研究仅仅停留在宏观层面对预决算差异度现状的衡量，全方位、多角度地明确我国预决算差异度的典型事实。第一，同时考虑中央-省级的预决算支出差异状况，突破了既有文献将分析停留在全国层面的局限；第二，在从总量角度分析预决算支出差异基础上进一步延伸，尝试从部门预算、支出科目视角分析预决算差异度现状，为深入剖析预决算支出差异提供了现实依据。

2. 从支出端深入挖掘影响一般公共预算预决算差异的因素，并尝试利用分解法测度具体因素的相对重要性

一方面，当前的研究通常将预决算收入差异与预决算支出差异纳入同一框架进行分析，虽然有利于发现影响预决算差异的共性因素，但是极易忽视其个性因素。因此本书仅以一般公共预算支出的预决算差异为研究对象，有利于从支出端深入挖掘预决算差异的成因。另一

方面，现有文献鲜有分析影响预决算差异因素的相对重要性，本书将借助实证分析框架，利用基于回归的夏普利值分解法和MQ指数，测度不同影响因素的影响强度，确定预决算支出差异的主要来源。

3. 动态分析视角的创新

当前关于预决算差异的度量标准（预算数采用年初预算数还是预算调整数）存在争议，不同的度量标准导致研究结论迥异。本书结合年初预算←→调整预算←→决算的预算周期，以调整预算为划分依据将预决算差异进一步分解为调整差异和执行差异，进一步分析预决算差异在年度内普遍呈现"先增加后减少"模式背后的逻辑及深层次原因。

二、本书研究不足

本书的不足有如下方面。

首先，由于预算过程是一个复杂的系统工程，预算编制和执行不仅受到技术因素的限制，还会受到政治、经济、社会、突发事件等众多因素的影响。因此，尽管力图找到影响预决算差异的所有重要因素，但限于认知水平的限制难免有所遗漏。未来的研究中将会针对该问题进行更为深入的分析和探究。

其次，在实证分析部分，尽管本书通过博弈模型和实证分析探究不同因素与预决算差异的关系及影响路径，但是由于部分因素难以刻画或难以量化，因此部分因素的研究仅停留在理论分析层面。

最后，尽管本书试图进一步分析市县层面的预决算差异及其影响因素的相对重要性，但是由于部分市县级层面的数据不易获取，因此只进行了省级层面的分析。

第二章

文献综述与理论基础

第一节　预决算差异的文献综述

一、国外文献研究综述

预决算之间出现差异是各国普遍存在的现象，国外的学者较早就关注到了预决算差异的问题，但是当时国外并没有提出"预决算差异"的概念，而更多的是从预算编制的准确性和科学性角度（陈志刚、吕冰洋，2019[1]）或预算调整"rebudgeting"（Drougherty，2003；Junita，2018）的角度进行研究。国外较多地关注到在收入方面，主要集中讨论"收入预测的准确性"（revenue foresting accuracy）；支出方面，主要集中讨论"预算松弛"（budget slacks），也即国外学者对问题的关注更聚焦在预算编制阶段。进一步而言，国外关于该问题的研究更集中在对收入预测，对支出的研究相对要少（Rose、Smith，2012[2]）。其中的一个重要原因是支出预测面临的外部压力要低于收入预测（Tyer，1993[3]）；另外西方国家关于支出预算的编制和执行总体来说相对规范。但是相关学者在深入分析后，也对西方预算编制和

[1] 陈志刚,吕冰洋.中国政府预算偏离:一个典型的财政现象[J].财政研究,2019(1): 24-42.

[2] Rose S., Smith D.L.. Budget Slack, Institutions, and Transparency[J]. Public Administration Review, 2012, 72(2): 187-195.

[3] Tyer C.B.. Local Government Reserve Funds: Policy Alternatives and Political Strategies[J]. Public Budgeting and Finance, 1993, 13(2):75-84.

执行中的问题进行了深入的探讨。

1. 关于预决算支出差异的存在性

Larkey和Smith（1989）[1]发现，在20世纪40年代至80年代，美国圣地亚哥市、匹兹堡市和匹兹堡学区预算收入普遍低估，支出普遍高估，平均而言，支出高估了2%~3%。CBO（2013）[2]详细介绍了美国政府预算规划编制的方法，美国支出预算基于基线筹划、新政策影响以及经济和技术因素的影响，并指出预算中存在的不确定性，但是总体而言，1994—2003年美国支出预算编制的误差维持在1%~3%的水平。

2. 关于预决算支出差异存在的必然性

当然，也有学者指出了预决算中适度自由裁量权的必要性。Poterba（1994）[3]从危机应对的视角分析政府预算收支安排，认为应该在预算支出安排时给予政府一定的灵活性，否则政府面对危机时只能通过选择政治成本和经济成本较高的增税或减支等结构性调整，因此赋予政府的灵活性不可避免地将会导致预决算之间可能出现的差异。Hendrick（2006）[4]同样指出，预算执行过程中适度的自由裁量权可以帮助政府应对经济不确定性，吸收临时冲击，满足应急需求；相反，过于频繁的预算将会增加财政收入或支出政策的政治成本、行政成本。Kauder（2017）[5]研究了选举因素对德国州政府财政预测的影

[1] Larkey P.D., Smith R.A.. Bias in the Formulation of Local Government Budget Problems[J]. Policy Sciences, 1989, 22(2):123–166.

[2] Congressional Budget Office. The Uncertainty of Budget Projections: A Discussion of Data and Methods[R]. Washingtong:CBO, 2003.

[3] Poterba J.. State Responses to Fiscal Crises: The Effects of Budgetary Institutions and Politics[J]. Journal of Political Economy,1994, 102(4): 799–821.

[4] Hendrick R . The Role of Slack in Local Government Finances[J]. Public Budgeting & Finance, 2010, 26(1):14–46.

[5] Kauder B., Potrafke N., Schinke C.. Manipulating Fiscal Forecasts: Evidence from the German States[J]. Munich Reprints in Economics, 2017.

响，发现选举动机对西德财政预测的影响较小，但是会造成东德支出低估，证明了政治因素对预算的影响。

3. 关于预决算支出差异的存在性成因

Caiden和Widalvsky（1990）[1]指出，预算与决算出现偏差通常与预算编制中存在的缺陷有关，当预算编制存在问题，在执行过程中就会作出预算调整来弥补。Rose 和Smith（2011）[2]认为，为了避免资金盈余引发的纳税人或者议会要求减税或增加支出的政治压力，政府在编制预算时具有低估收入或高估支出的倾向，以提高应对经济不确定性的灵活性；而作为应对不确定性的替代工具——预算稳定基金（budget stabilization funds），能够降低预算收支预测的偏差。Victor、Poplawski和Marcos（2013）[3]对非洲一些地区预算执行情况进行了研究，研究表明，在预算执行过程中预算调整金额越大的国家或地区，预算制度的约束力和预算监督越差。

4. 关于预决算支出差异存在的后果

Lee和Plummer（2007）[4]研究了财政管理中将上一年度支出差异纳入本年度预算的程度，通过理论分析和美国得克萨斯州1034个学区的实证检验，认为行政人员增加预算的动机，使得政府支出具有"棘轮效应"，即上一年度财政超支带来的预算增长的幅度要大于上一年度财政节支带来的预算下降的幅度；同时政府对支出的控制程度会影

[1] Caiden N., Wildavsky A..Planning and Budgeting in Poor Countries[M]. NewYork: Wiley–interscience, 1990.

[2] Rose S., Smith D.L.. Budget Slack, Institutions, and Transparency[J]. Public Administration Review, 2011,72(2):187–195.

[3] Victor L., Poplawski R.M.,Marcos. Fiscal Policy Implementation in Sub–Saharan Africa[J]. World Development, 2013(46):79–91.

[4] Lee T.M., Plummer E.. Budget Adjustments in Response to Spending Variances: Evidence of Ratcheting of Local Government Expenditures[J]. Journal of Management Accounting Research, 2007, 19(1):137–167.

响棘轮效应强度。Marlowe（2009）[1]利用美国明尼苏达州数百个城市1994—2007年的数据支持了"棘轮效应"的解释，并提出预算资源的松弛能够减缓财政支出的棘轮效应。

二、国内文献研究综述

我国关于预决算差异的研究由来已久，对该问题的研究大致可以分为三个阶段。

第一阶段为2004年以前，该阶段主要从项目视角关注预决算差异的问题。国内很早就有学者关注到了预算与决算之间的差异，但是当时并没有得到理论界的重视。比如，刘寒波（2000）[2]较早地关注到了预算与决算之间的差异，但当时主要从项目成本的角度进行分析，认为预算与决算的差异主要来自预算执行中项目支出成本的上升。尽管目前来看该观点存在一定的局限，尚未发现我国预决算差异背后的深层次原因，但至少表明预决算差异已经引起了部分学者的关注。

第二个阶段是2004—2008年，该阶段主要关注财政的超收和超支问题。2004年我国财政收入和支出预决算分别出现了2826亿元和1718亿元的差异，这在当时是规模空前的，由此，财政超收和超支问题逐渐进入学者们的视野。高培勇（2006）[3]关注到了2004年前后的财政超收和超支，认为如此大规模的财政收支跃出了全国人大批准的预算框架，表明政府预算约束弱化，应该引起高度重视；同时指出财政超收的主要原因是我国简单的"留有原则"收入编制原则，同时预算管理体制

[1] Marlowe J.. Budget Variance, Slack Resources, and Municipal Expenditures[J]. Ssrn Electronic Journal, 2009:1–21.

[2] 刘寒波.论政府预算偏差与执行中的调整[J].湖南财经高等专科学校学报,2000(4): 51–53.

[3] 高培勇.扭转政府预算约束的弱化势头[J].经济, 2006(3): 40–41.

不完善，导致超收可以不加节制地转化为超支。白景明（2007）[1]认为超收的冲动低于超支的冲动，不仅造成超收的因素会造成超支，而且超支会受到外在因素的影响，因此应该重视超支问题，妥善处理超收与超支的关系。

第三个阶段是2008年以来至今。随着高培勇（2008）提出了"预决算偏离度"概念和相关的量化指标，关于预决算收入和支出差异的理论分析和实证研究的文章不断出现，对预决算差异的成因、影响和应对举措进行了较为深入的探究。

1. 关于预决算差异现状的研究

2008年高培勇呼吁关注预决算之间的差异，引入了"预决算偏离度"的概念，并从预算编制、预算执行、预算审查三个阶段考察预决算差异形成的原因，认为财政超收与财政超支的"直通车"是预决算支出差异的重要原因。该问题首次引起国内学术界的广泛关注。此后学者在高培勇三阶段分析框架的基础上从不同层面、不同角度，运用理论研究或实证分析的方法对该问题进行了大量的探究。

对预决算差异现状的研究是从全国层面开始的。王秀芝（2009）[2]考察了1994—2007年我国预决算收支情况，发现1994年以来预决算差异度居高不下，累计超预算收入、支出占比分别达到9%和6%，在我国大幅超收超支不再是一种偶然事件，而成为一种新常态。朱晓晨（2014）[3]通过分析1990—2012年全国预算收入偏差规模及偏差率发现，预决算收支偏差规模在2011年达到历史最高水平，此后有所减

[1] 白景明.冷静处理当前的财政收支关系[J].中国财政,2007, 507(10): 1.

[2] 王秀芝.1994—2007:关于我国财政收支预决算偏差的考察[J].经济问题探索, 2009(9): 164–167.

[3] 朱晓晨.中国省级财政预算执行偏差的研究[D].北京:财政部财政科学研究所, 2014.

少；同时指出预决算偏差呈现周期性变动特点，平均3~4年为一个周期，周期内偏差金额不断增加，而在下一个周期起点又回到较低水平。陈志刚和吕冰洋（2019）进一步分析发现，随着我国经济进入新常态，2012年后预决算差异度确实出现了明显下降态势，但是随着我国实行结构性改革和更加积极的财政政策，预决算差异度在2015年后又呈现逐年提高的走势。

中央与地方预算偏离具有截然不同的特征，是我国典型的财政现象之一（陈志刚、吕冰洋，2019）。刘叔申（2010）[1]发现中央财政预决算差异情况的变动路径与经济社会发展情况基本一致，而地方财政预决算差异波动较大，提出中央政府预算编制的科学性要高于地方的观点。谢吉红（2018）[2]发现2012年以来全国财政支出预决算偏差主要来自地方财政，地方财政支出预决算偏差规模明显大于中央财政偏差规模，且中央财政偏差规模的波动较小，认为中央财政预决算偏差控制水平高于地方财政。

考虑到预决算差异存在的区域差异，部分学者开始利用省份数据展开分析，发现尽管不同省份都存在预决算差异，但是其特征并不完全相同。赵国春和王桃（2010）[3]通过分析新疆1996—2017年的预决算收支情况，发现新疆预决算收支差异的绝对规模均在增大，但是预算收入表现为"超收"，预算支出表现为"短支"。韩曙（2017）[4]发现上海预决算大幅偏离成为常态，在2009—2016年均出现了超支现

---

[1] 刘叔申.政府预算的科学性与软约束——基于中国财政预算执行情况的实证分析[J].中国行政管理, 2010, 296(2): 110–115.

[2] 谢吉红.我国公共财政支出预决算执行偏差研究[D].长沙:湖南农业大学, 2018.

[3] 赵国春,王桃.新疆财政预决算偏离度问题研究[J].新疆财经, 2010, 162(1): 42–46.

[4] 韩曙.地方财政预决算调整偏离度研究——以上海市一般公共预算为例[J].财政科学,2017,20(8):133–137, 154.

象，平均预决算差异度14.62％。蔡雅欣（2018）[1]通过分析湖南省2016年的数据发现，预算收入表现为"短收"，但支出为"超支"，其中，专项转移支付和往来科目超支问题较为严重。叶新路（2014）[2]、吴胜泽（2016）也分别对陕西省、广西壮族自治区的预决算差异进行了分析。此外，部分学者利用市县级数据发现，市县级预决算差异度同样非常明显，且波动幅度明显大于中央和省级（杨晓萌、张媛，2009[3]；荊晓颖、成涛林，2012[4]；杨建民，2017[5]）。

另外还有学者从部门预算视角分析了预决算差异。邰琳琳（2017）[6]从部门预算编制、执行环节分析了预决算差异度，认为预算编制依据、时限、方法存在不足，同时预算执行、管理和调整实践过程中的相关规范落实不到位，两方面共同导致了部门预算执行偏差。刘晓东、刘继同（2018）[7]利用2010—2016年国家计生委[8]本级部门收支预决算数据分析发现，部门预算超收超支成为常态化现象，预决算差异度总体较高，但2013年后部门支出预决算差异度明显下降。

邓茂林（2013）[9]对财政超支结构进行了简要分析，发现2007—2011年一般公共服务支出超支较为严重，而公共安全超支并不明显。刘叔申（2010）通过对我国预算决算情况的分析，发现不同支出项目

[1] 蔡雅欣.地方政府预算执行偏离问题研究——以湖南省为例[J].金融经济,2018,482(8):87–89.

[2] 叶新路.陕西省财政预决算差异的成因[J].金融经济,2014,386(8):87–89.

[3] 杨晓萌,张媛.地方政府预算执行差异问题探讨——以大连市G区为例[J].地方财政研究,2009,59(9):36–40.

[4] 荊晓颖,成涛林.苏州财政收支预决算偏离度实证分析:2004—2011[J].财政研究,2012,358(12):64–66.

[5] 杨建民.县级财政预决算偏离问题及对策思考[J].当代会计,2017,37(1):68–69.

[6] 邰琳琳.浅谈部门预算编制与执行偏差[J].经济界,2017,128(2):66–69.

[7] 刘晓东,刘继同.国家计生委本级部门预算、决算差异性的卫生财政学分析[J].中国卫生经济,2018,37(6):21–22.

[8] 2018年国务院机构改革后，将国家卫生和计划生育委员会、国务院深化医疗卫生体制改革领导小组办公室等部门职责整合，组建国家卫生健康委员会，作为国务院组成部门，不再保留国家卫生和计划生育委员会。

[9] 邓茂林.关于我国公共财政预决算超收超支结构及其成因的分析[J].财经界(学术版),2013,309(17):4.

之间预算执行差异较大，其中，科教文卫支出预决算差异相对较小，而基本建设支出、社会福利支出等预决算差异相对较大。

2. 关于预决算差异度成因的研究

关于预决算差异度的成因，学者从不同的角度运用比较研究、理论分析和实证研究展开了大量的探讨。目前关于预决算差异度成因的分析可以归结为四个方面：第一，预算编制技术因素；第二，预算管理制度因素；第三，政府治理体制因素；第四，政府行为因素。

（1）预算编制技术因素。预算编制是根据对未来经济形势和财政收支的一种判断和预期而对财政收支的安排，其基于一定的预算编制技术和方法。因此预算技术水平不可避免地对预决算差异产生影响。

马蔡琛（2008）[1]指出我国预算预测方法和技术还不完善，与西方相对成熟的市场国家相比存在较大的差距；同时我国处于经济体制转型中，进一步增加了预算编制时收支预测的难度。杨晓萌和张媛（2009）[2]以大连市G区为例，认为预算执行超支的一个重要原因是预算编制所依据的定员定额标准与实际需要不符，表现为：一方面忽视了价格因素，导致定额标准不能及时动态调整；另一方面工作人员数与工作量的差异，导致人少事多的预算单位频繁超支。赵国春和王桃（2010）[3]在分析新疆预决算差异存在的原因时也发现了该问题。茆晓颖和成涛林（2012）[4]、韩曙（2017）[5]分别研究了苏州和上海的

[1] 马蔡琛.市场经济国家的预算超收形成机理及其对中国的启示[J].财政研究,2008,309(11):72–75.

[2] 杨晓萌,张媛.地方政府预算执行差异问题探讨——以大连市G区为例[J].地方财政研究,2009,59(9):36–40.

[3] 赵国春,王桃.新疆财政预决算偏离度问题研究[J].新疆财经,2010,162(1):42–46.

[4] 茆晓颖,成涛林.苏州财政收支预决算偏离度实证分析:2004—2011[J].财政研究,2012,358(12):64–66.

[5] 韩曙.地方财政预决算调整偏离度研究——以上海市一般公共预算为例[J].财政科学,2017,20(8):133–137,154.

预决算差异问题后，指出预算编制口径尚未包括政府性债务收入、上年结转和上级补助，而到年终预算执行时债务收入、上年结转或省级财力补助就形成了当年的超支；另外项目预算编制不准确导致预算追加时有发生。

（2）预算管理制度因素。学者关于我国决算支出差异的成因研究，最早是从"超收"与"超支"之间转化的制度缺失角度开展的。高培勇（2008）认为由于缺乏对超收资金的有效审查批准监督，超收资金的使用与决策在行政系统内部完成，形成"超收"与"超支"直通，超收导致了超支。该观点得到了当时诸多学者的支持。孙玉栋和吴哲方（2012）[1]通过理论研究探究了超收与超支的形成机制，并通过实证分析认为超收与超支存在因果关系，超收是超支产生的直接原因，但是超支也会对超收产生反作用，支出刚性和追求自由裁量权使得对超收产生倒逼机制。

此后众多学者借鉴高培勇（2008）从预算编制、预算执行、预算审查三个环节分析超收成因的研究框架，用于研究预决算支出差异的制度成因。廖家勤（2013）[2]指出法定支出过多严重限制了预算编制的灵活性和自主性，每年对农业、教育和科技等增幅的规定，使得预算支出结构固化，损害预算编制的自主性。叶新路（2014）[3]指出预算编制时，相当多的项目预算编制程序并不规范，可行性论证并不充分，项目支出测算依据并不合理；同时各级部门更关注预算总额，对项目预算的经济科目分类较为笼统，共同导致项目支出总额和各科目

[1] 孙玉栋,吴哲方.我国预算执行中超收超支的形成机制及治理[J].南京审计学院学报,2012,9(4):1–12.
[2] 廖家勤.优化地方预算编制权力结构探析[J].财政研究,2013,370(12):67–70.
[3] 叶新路.陕西省财政预决算差异的成因[J].金融经济,2014,386(8):87–89.

的预决算差异较大。李升亮（2015）[1]也认为预算单位编制预算时更关注预算总额，具体项目资金分配并不合理，预算资金在项目间的调整导致预算和决算的不匹配。陈慧（2017）[2]认为我国预算管理缓解存在诸多问题，在预算编制时，省市转移支付资金和专项资金金额尚不确定，政府工作计划尚未公开，给预算编制的准确性带来了较大挑战；预算执行环节，支出随意性较大，挤占、挪用、超支等现象屡禁不止。祝艳霞（2018）[3]认为在实践过程中，预算编制与决算结果之间缺乏有效的对比关联，预算执行过程和决算结果并没有被有效利用，导致预算编制的科学性得不到保障，预算执行进度缓慢，预决算差异较大。

监督体系作为国家治理的重要组成部分，在规范预决算编制执行等方面发挥了重要的作用，但是在现实中，我国预决算监督管理制度还存在继续完善的空间。在人大监督方面，韩丽娜（2012）[4]强调了人大监管对预决算差异程度的重要性，认为人大监管方法和水平的不足、监督范围笼统不突出等原因导致人大难以进行实质性监督，导致了我国2011年以前预决算差异突出。王秀芝（2015）[5]指出我国各级人大进行预决算审查时，在机构设置、人员配置、审批程序和审批对象等方面存在制约，导致我国预算编制、执行和调整等方面不规范，预决算偏离度较高，因此人大监督的有效性和对预算审查的刚性需要进一步提高。

[1] 李升亮.论我国政府预算与决算执行的偏差问题及措施[J].中国商论,2015,646(14):174-176.
[2] 陈慧.关于部门预算差异的几点思考[J].中国集体经济,2017,531(19):104-105.
[3] 祝艳霞.中央行政事业单位预算执行率问题研究——基于制度控制视角[J].行政事业资产与财务,2018(7):1-3.
[4] 韩丽娜.从政府预决算偏离度谈预算管理改革[J].财会研究,2012(14):6-9,14.
[5] 王秀芝.从预算管理流程看我国政府预算管理改革[J].财贸经济,2015,409(12):22-34.

作为国家监督体系的重要组成部分，审计监督也会对地方政府行为产生重要的影响。谢柳芳等（2019）[1]认为预算偏差会影响政府的汲取能力和再分配能力，进而影响政府治理效率；而审计监督作为预算监督体系的重要组成部分会影响预决算偏差，强化审计监督能够纠正预决算偏差对政府治理效率的影响。杨翟婷、王金秀（2020）[2]指出国家审计监督通过硬约束和强问责机制威慑违规支出行为，提升地方的财政透明度，从而影响预测偏离和执行偏离，实证结果进一步表明，审计监督力度越大，财政支出预决算预测偏离越小，执行偏离越大。肖鹏和樊蓉（2021）[3]基于公共选择理论和委托代理理论认为，财政透明度的提升通过降低信息不对称、强化社会监督等来约束政府行为从而影响预决算差异。

（3）政府治理体制层面。地方政府行为受到政府治理体制的重要影响，因此财政分权、晋升锦标赛等对地方政府行为的影响都会表现在预算及其执行过程中（吴胜泽，2016）。

部分学者研究了财政分权体制对预决算差异的影响。王志刚和杨白冰（2019）[4]通过利用2009—2016年分省份面板数据实证分析发现，预算支出偏离度受到支出分权程度的显著影响。在财政支出分权程度较低的地区，预算软约束背景下的地方政府竞争激励各地有动力争取更多的财政资源，地方政府通过"高估"财政预算支出能够获得中央更多的援助，最终降低了财政预算精确度。政治激励理论认为中央政府对地方官员选拔和提升以GDP为核心考核标准，使得地方官员

[1] 谢柳芳,孙鹏阁,郑国洪,等.政府审计功能、预算偏差与地方政府治理效率[J].审计研究,2019,210(4):20-28.
[2] 杨翟婷,王金秀.国家审计监督、财政透明度与地方预决算偏离[J].现代经济探讨,2020(2):33-40.
[3] 肖鹏,樊蓉.地方财政透明度对财政预决算偏离度的影响分析[J].中央财经大学学报,2021(3):3-14.
[4] 王志刚,杨白冰.财政分权、积极财政政策与预算支出偏离度[J].宏观经济研究,2019(8):15-27,38.

之间形成了基于GDP的"晋升锦标赛"（周黎安，2007）[1]。在晋升压力下，地方官员以GDP为导向展开激励的晋升竞争，政府的支出结构发生了扭曲，更偏好于基本建设支出，弱化了人力资本支出和公共服务支出（傅勇、张晏，2007）[2]。在这种结构扭曲下，预算编制的科学性和预算执行的规范性会难以保证（冯辉、沈肇章，2015）[3]。陈志刚（2020）[4]通过分析认为财政支出分权程度越高，地方政府拥有更大的自主权，从而拥有更多的双边垄断信息并便利地方追求自由裁量预算的行为，从而影响预决算的差异。吕冰洋、李岩和李佳欣（2021）[5]基于撤县设区的准自然实验，认为经济增长压力下，财政资源更集中使地方政府更有能力突破预算控制，从而正向影响预决算支出差异。

王秀芝（2009）[6]分别从制度、管理、体制层面分析了预决算差异形成的原因，认为政策制定与预算过程分离的体制原因使得预决算差异不可避免；具体表现为中央政策制定与地方预算的分离、各级政府或职能部门政策制定与财政部门预算的分离，最终使得政策制定具有很大的不确定性，预决算的差异成为普遍现象。

（4）政府预算行为因素。在分析预决算差异时，很多学者借鉴了Niskanen（1971）年的官僚预算最大化理论来分析预决算差异的成因。王剑等（2009）[7]运用官僚预算最大化理论分析政府预算行为，认为官僚具有追求自由裁量预算最大化的动机，对自由裁量预算最大化的

[1] 周黎安.中国地方官员的晋升锦标赛模式研究[J].经济研究,2007(7):36–50.

[2] 傅勇,张晏.中国式分权与财政支出结构偏向:为增长而竞争的代价[J].管理世界,2007,162(3):4–12,22.

[3] 冯辉,沈肇章.晋升激励、攫取之手与地方财政超收[J].当代财经,2015,367(6):35–44.

[4] 陈志刚.财政支出分权如何影响政府支出预算偏离[J].经济理论与经济管理, 2020, 359(11): 39–54

[5] 吕冰洋,李岩,李佳欣.财政资源集中与预算偏离[J].财经问题研究, 2021, 446(1): 74–84.

[6] 王秀芝.1994—2007:关于我国财政收支预决算偏差的考察[J].经济问题探索,2009(9):164–167.

[7] 王剑,张黎群,兰晓强.官僚预算最大化理论对提高政府预算效率的启示——基于预算行为视角的研究[J].财政研究,2009(8):10–12.

追求使得编制并非基于客观需要而是有意地增加支出规模，提高自由裁量权。王银梅（2012）[1]也从官僚预算最大化视角审视预算编制和执行，虽然文章重点关注的是财政超收问题，但是对分析财政超支也具有重要的意义。马新智和陈丽蓉（2016）[2]认为预算编制的机会主义行为是财政预算松弛（类似预决算差异度）的主要原因，这种机会主义主要表现为官僚预算最大化和自由裁量最大化；同时财政支出预算松弛还受到政府代理成本、专业支付和组织松弛等因素的影响。

3. 关于预决算差异的影响研究

部分学者从政府治理的角度，分析预决算差异对政府治理水平的影响。冯素坤（2017）[3]认为预算处于国家治理结构的核心，过度的预算调整不利于受托责任的履行，从而影响政府良治理的实现。郑石桥和孙硕（2017）[4]通过中央部门层面的分析，认为预算调整（即本书的预决算差异）会影响预算廉洁程度，其中部门追加型预算调整会抑制预算违规，即追加支出幅度越大，预算违规率越低；而削减型预算调整会导致预算违规率升高。谢柳芳等（2019）[5]认为预算偏差反映的是政府筹集资金和配置资金的预算管理效率，如果政府预算执行存在的偏差越大，表明预算管理效率越低，将会最终影响到政府治理能力。

部分学者研究预决算差异与宏观经济的关系。崔晓鹏（2015）[6]指出从预算完成度（决算数/预算数）的视角进行分析，认为预算完成

[1] 王银梅.官僚预算最大化理论与财政超收问题探析[J].财政研究,2012,348(2):46–49.

[2] 马新智,陈丽蓉.财政支出预算编制松弛:基于省际数据的实证研究[J].经济研究参考,2016,2742(38):60–63,73.

[3] 冯素坤.预算调整制度的演进与政府良治[J].审计与经济研究,2017,32(2):46–55.

[4] 郑石桥,孙硕.预算调整、预算透明度和预算违规——基于中央各部门预算执行审计面板数据的实证研究[J].审计与经济研究,2017,32(3):1–13.

[5] 谢柳芳,孙鹏阁,郑国洪.政府审计功能、预算偏差与地方政府治理效率[J].审计研究,2019,210(4):20–28.

[6] 崔晓鹏,丁玮蓉,陈彪.预算完成度对经济社会发展的影响探析[J].经济问题探索, 2016, 404(3): 1–7.

度反映的是国家的宏观调控水平，因此预算完成度短期内会直接影响到经济社会的发展，并通过构建SVAR模型证实预算完成度与物价水平、工业增加值的关系。李永海（2016）[1]从预决算差异的视角分析了预算管理水平与地区隐性经济的关系，认为预决算差异越高，反映预算管理水平较低，预算约束力不足，有利于隐性经济的发展。黄险峰和周美彤（2019）[2]认为不仅预决算差异受到经济状况的影响，预决算差异会反过来影响经济发展，并通过SVAR模型证明预决算支出差异度影响社会固定资产投资、产业结构调整和基准利率，但是并未对其影响机理进行说明。赵文举和张曾莲（2020）[3]认为预算偏离扩大意味着预算约束软化，进而可能软化融资约束，从而预算偏离度将推高债务规模。

学术界对于预决算差异的影响的关注度，相较于预决算差异成因是明显偏低的。主要的原因可能是，预决算差异更多的是对预算管理水平的反映，预算管理水平影响经济社会发展，而预决算差异本身并不会对经济社会产生直接的影响。

4. 关于预算调整的研究

预算调整在文献中有不同的理解，一种理解以预算收支是否平衡为标准，另一种是以批准的预算为基准（罗春梅，2004[4]）。本小节所指的预算调整是第一种理解，即指经立法机关审议的预算调整范畴。关于法定预算调整的研究通常是研究如何强化人大对预算调整的

[1] 李永海.政府预算管理水平对地区隐性经济规模的影响研究——基于财政收支预决算偏离度视角的实证分析[J].财政监督,2016(6):71-76.

[2] 黄险峰,周美彤.我国财政预决算收支差异度对经济发展的影响研究——基于1994—2017年数据的实证分析[J].重庆理工大学学报(社会科学),2019,33(5):30-39.

[3] 赵文举,张曾莲.预算偏离度推高了地方政府债务规模吗[J].财经论丛, 2020, 263(9): 33-43.

[4] 罗春梅.关于预算调整的理论思考[J].中央财经大学学报, 2004(2): 5-8.

监督以及如何完善预算调整制度。

关于预算调整决策权，徐曙娜（2011）[1]认为预算调整决策权有
3种配置情形：行政部门内部同意即可、向立法机构备案、经立法机构
审批同意，具体选择哪种应取决于立法机构的预算监督导向；在投入
导向的预算监督模式下，预算调整决策权应倾向于立法部门，在绩效
导向的预算监督模式下，应倾向于行政部门，立法机构只需对预算总
额和大类支出总额进行控制。

冯素坤（2011）[2]将没有经过人大审议的预算调整称为非常规预
算调整，认为压力型的行政体制、官员更替和财政资金零散化是形成
非常规调整的重要原因。陈威和李思敏（2015）[3]利用演化博弈的分
析方法，认为加强预算调整的监督、增加对虚报预算的惩罚力度有利
于抑制预算执行过程中出现的不合理预算调整。

针对完善预算调整制度，学者也从不同角度给出了建议。胡明
（2014）[4]为我国预算调整制度绘制了一幅蓝图，认为完善的预算调
整制度应该具备形式要件和实质要件，即形式上应该界定范围、明确
程序、明细责任主体，实质上应公开透明、缘由明确、可监督问责。
马莹（2017）[5]认为新《预算法》进一步规范了预算调整行为，构建
了预算调整范围、方式、审查的管理框架，但是对预算调整的具体程
序、调整主体和客体、责任划分仍不明晰。徐键（2019）[6]认为经过
立法机关审议的预算调整是义务性条款，而我国《预算法》绝对性地

[1] 徐曙娜."预算调整"决策权配置研究[J].上海财经大学学报, 2011, 13(3): 49–58.
[2] 冯素坤.地方政府非常规预算调整初探[J].海南大学学报(人文社会科学版),2011,29(2): 74–79.
[3] 陈威,李思敏.政府预算调整监督的演化博弈分析[J].财会月刊,2015,735(23):79–82.
[4] 胡明.我国预算调整的规范构成及其运行模式[J].法学, 2014,396(11):128–135.
[5] 马莹.关于完善预算调整制度的几点思考[J].财经界(学术版),2017,450(23):24–25.
[6] 徐键.论预算调整的义务性条款[J].经济法论坛,2019,23(2):174–188.

将科目流用等排除在预算调整的义务性条款之外，导致预算执行中弹性滥用，因此应当制定规范科目流用的基本规则框架，并建立和健全预算执行变更的事中和事后报告说明制度。

三、文献评述

已有文献对预决算差异进行了大量有益探索，对本书的研究提供了重要的参考借鉴。一方面，目前学者普遍认同的观点是——我国各级政府一般公共预算支出存在预决算差异，并且背后反映出我国制度建设和预算管理方面普遍存在着亟须改善的问题。但是学者们关于预决算差异的表现形式尚未达成一致，如部分学者认为我国省级财政支出存在短支，部分学者认为省级财政支出普遍存在超支。这主要是因为衡量预决算差异的口径不一致，背后的根本原因是对我国的预算管理制度认识的深刻程度存在差异。因此，关于预决算差异的研究应该立足于我国财政制度和预算制度，从更为宏观的角度去审视和分析我国的预算编制、执行、监督等环节存在的问题。这为本书的研究提出了更高、更严格的要求。

另一方面，尽管目前有大量文献分别从技术因素、制度因素、体制因素等分析预决算差异的成因，但是得出的结论往往是避实就虚，众说纷纭。从逻辑上讲，虽然影响预决算差异的因素有很多，但是这些因素不可能都是关键因素，其中必定存在主次之分，即相对重要性会不同。于是引申出一个问题——哪些因素是影响预决算差异的核心因素？随着时间的推移和改革的推进，相关因素的重要次序是否会发生变动？然而，目前尚未有文献针对此问题展开讨论和探究。然而，科学合理的解答对于正确认识我国预决算差异、厘清预决算差异的关键成因以及如何采取措施妥善处理我国预决算差异具有重要的意义。

上述内容参见图2-1所示。

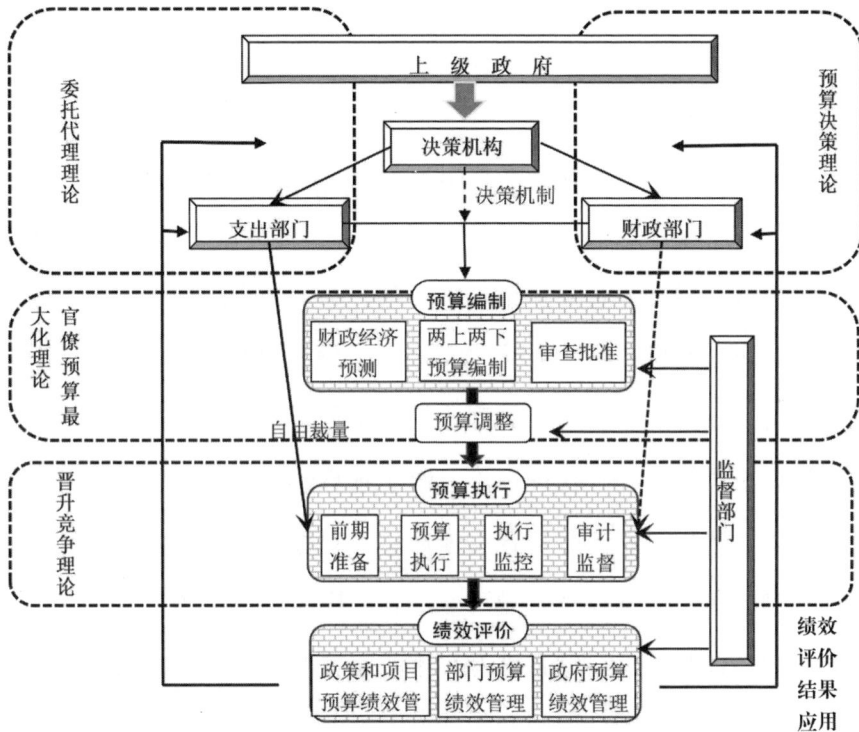

图2-1　预决算差异分析的理论基础

第二节　预决算支出差异分析的理论基础

预决算差异的分析需坚持系统思维，综合考虑预算管理全主体、全过程。通过梳理发现，委托-代理理论、官僚预算最大化理论、晋升竞争理论、政府预算管理相关理论等对于分析预决算差异提供了重要的理论分析逻辑。委托代理理论着眼于预算管理过程中各预算主体间存在的委托代理关系，分析各主体信息不对称、目标函数差异及其对预算编制、执行及预决算差异可能存在的影响。官僚预算最大化理论建立在"理性政治人"的基础上，着眼于分析官僚效用最大化对预决算编制、执行的影响。晋升竞争理论着眼于政府治理体制特别是政绩考核对政府行为的影响，进而影响预算执行，导致执行情况与年初预算产生差异。政府预算管理相关理论将回归政府预算的职能及预算决策理论，从预算管理本身探究预决算差异的产生。

一、委托代理理论

委托代理理论是新制度经济学中契约理论的重要内容之一，主要研究一个或多个行为主体如何以最小成本设计一种机制并委托另一些主体为其服务，且设法化解其中存在的委托代理问题。

1. 委托代理理论

委托代理理论最早在现代企业组织的研究中被提出。20世纪30年代，美国经济学家Adolf A. Berle和Gardiner C. Means通过对美国200多家现代企业的实证考察，认为随着现代企业的发展，斯密假设的企业所有权和控制权合一的原则被打破，企业所有权和经营权出现分离[1]——企业所有者仅保留剩余索取权而将经营权让渡给职业经理人。企业的所有者成为委托人，经营者成为代理人，两者之间出现了委托代理关系。但是企业所有者（委托人）和企业经营者（代理人）的利益并不总是一致甚至有时候出现对立，加之两者掌握的信息不一致或者信息获取成本过高，于是产生了委托代理问题（或代理问题）。到了20世纪70年代，随着对企业内部信息不对称和激励问题的研究，Ross（1973）[2]首次使用"委托代理"一词描述代理人代表委托人的利益行使所有权的情形，并发现激励结构在某种程度上能化解委托代理问题。此后随着研究的深入，委托代理理论逐渐成形。

总体来看，委托代理问题来源于两个方面：一是目标函数的差异；二是信息不对称。委托代理问题根据信息不对称发生的时间进一步划分。当委托代理问题的信息不对称发生在双方订立契约之前，即存在事前信息不对称，此时委托代理问题表现为逆向选择（adverse selection）问题；当委托代理问题的信息不对称发生在双方签约之后，即事后信息不对称，此时委托代理问题表现为道德风险（moral

---

[1] 阿道夫·A.伯利，加德纳·C.米恩斯. 现代公司与私有财产[M].甘华鸣，罗锐韧，蔡如海，译. 北京：商务印书馆, 2007.

[2] Ross S.. The Economic Theory of Agency The Principal's Problem[J]. American Economy Review, 1973,63(1):134–139.

hazard）问题。

为了协调双方潜在的利益冲突，实现帕累托最优，委托人希望设计一种机制或契约引导代理人在追求自身利益的同时实现委托人的效用最大化，从而实现"双赢"。其中涉及两个层次的内容：第一层次是委托人和代理人实现激励相容——双方利益趋于一致，代理人在追求自身利益最大化的同时实现了委托人的利益最大化；第二个层次是双方均能接受该机制。因此委托代理问题的本质是信息不对称下的激励约束问题[1]。有效的激励约束机制要求将尽可能披露代理人掌握的私人信息与监督机制的完善结合起来（Moe，1984），通过尽可能地弥合信息鸿沟，使得双方利益趋于一致。目前关于解决委托代理问题的措施包括：激励补偿机制（Jensen、Meckling，1976[2]）、监督机制、垂直调查机制、自我选择机制、信号机制等。

2. 基于委托代理理论分析预决算差异

在公共预算领域，委托人是指掌握资源或者负责分配发放资源的机构或部门（上级政府、预算部门），而代理人是指那些对财政资源提出要求的机构或部门（下级政府、支出部门）。由于委托人和代理人之间目标函数存在差异，并且双方掌握着不同的信息种类和数量（即信息不对称），预算双方之间难以协调一致，经常存在利益冲突。基于统计学原理——不充分的信息下决策者难以高效度地评价其决策影响，因此最终预算分配方案是次优的。委托代理理论为理解预决算差异，特别是预决算差异的规模特征，提供了分析思路。

---

[1] 易宪容.交易行为与合约选择[M].北京:经济科学出版社,1998.

[2] Jensen M.C., Meckling W.H.. Theory of the Firm: Managerial Behavior, Agency Costs and Ownership Structure[J]. Journal of Financial Economics, 1976, 3(4):305-360.

信息不对称影响预算编制和分配格局，有利于从编制端解释预决算差异。预算领域的委托代理关系表现为一个包含多主体的授权链条，集中体现为投票者→立法机关→政府→行政首长→财政部门→预算使用部门→服务提供者之间的关系（Moe，1984[1]；Strom，2000[2]）。其中，根据各环节信息不对称的特点进行归类，可以分为公民与政府间的信息不对称、政府内部的纵向信息不对称。政府内部的纵向信息不对称是指政府各层级（中央政府、省级政府、县级政府等）、各级部门（立法机关、政府、财政部门、执行部门等）之间的支出需求信息的不对称。政府部门中存在的代理问题是影响预算质量的因素之一（Erlina等，2018）。代理方拥有更多的绩效、动机和目的信息，如果委托方不能实现有效的监督，可能表现出机会主义倾向，出现"道德风险"，最终使得预算质量低下。一方面，上级政府与下级政府之间的信息不对称影响预算分配。由于下级政府更了解本辖区的预算需求，拥有信息优势，其目的是争取获得更多的财政资源，而中央政府掌握的信息有限，于是上级政府与下级政府在预算分配过程中进行博弈。信息不对称的程度直接影响最终博弈结果，信息不对称程度越大，下级政府往往越能在博弈中获取更多的资源，反之，下级政府通常获得的资源越少。在支出需求既定的条件下，从预算编制端影响预决算差异的绝对规模特征。另一方面，不同部门之间的信息不对称影响预算分配。执行部门拥有更多的专业知识和更准确的支出需求信息，政策制定部门掌握更多的战略规划和政策信息，财政部门更清楚

[1] Moe T.M.. The New Economics of Organizations[J]. American Journal of Political Science, 1984,28(4).
[2] Strom K.. Delegation and Accountability in Parliamentary Democracies[J]. European Journal of Political Research, 2000,37, 261–289.

地了解财政资源约束。如果不同部门不能实现有效的信息沟通，可能导致不同支出部门为争夺有限的财政资源虚列预算，导致分配的资金规模与支出部门的实际需求相背离，从编制端影响预决算差异在不同科目间的结构特征。

目标函数不一致影响预算执行的规范性，有利于从执行端解释预决算差异。委托方（上级政府、财政部门）的目标通常是合理分配财政资金，实现财政支出效率最大化，而代理方（下级政府、支出部门）的目标通常是自身利益最大化（自由裁量最大或政绩导向）。由于财政支出效率最大化与代理方自身利益最大化并不总是一致，产生机会主义倾向，两者的目标函数便产生了差异。相关研究表明，在政府领域存在的委托代理问题由此带来的机会主义倾向甚至比商业领域还要严重（Kasper、Streit，1999）[1]，因为商业领域毕竟可以通过竞争机制进行检验，而很多政府行为无法进行检验。尽管年初预算是委托方与代理方博弈的结果，但是总体体现了委托方的资金配置目标，然而，由于委托人与代理人的目标函数不一致，代理人就可能利用委托人的授权来谋取自己的私利，预算执行过程未必按照预算设定进行，这样就从执行端解释了预决算差异。

二、官僚预算最大化理论

官僚预算最大化理论是公共选择理论的重要内容之一，主要研究"经济人"假设下官僚预算的行为，指出官僚所追求的目标函数是预算规模或自由裁量权最大化，是第一次在公共选择框架下对官僚政治

---

[1] Kasper W., Streit M.E.. Institutional Economics: Social Order and Public Policy[M]. Cheltenham: Edward Elgar,2000.

的系统研究。

1. 官僚预算最大化

古典政治经济学认为代议制民主政体下，政治家是智慧勤勉的，以维护公共利益作为其行为决策准则，其最终目的是实现社会福利最大化。而随着实践经验的积累和研究的逐渐深入，学者们对政治家或官僚的行为动机有了更深刻的理解。学者们发现政治家或官僚同时身处经济市场和政治市场，如果认为其在政治市场上的行为决策以社会利益最大化为导向，而在经济市场上以个人效用最大化为导向，那么呈现的画面是——同一政治家或官僚在不同市场拥有迥异的行为动机，这在逻辑上是难以解释的（Buchanan，1967）。Downs（1957）[1] 将"理性经济人"假设引入政治市场，提出"理性政治人"的假设，认为政治家和官僚并非天使化身，在进行公共决策时同样会考虑个人偏好，并在可能的范围内选择他最偏好的行动，追求个人利益最大化。Downs的观点对传统的观点——官僚不受政治压力影响、超脱于党派、通过贡献专业技能和信息帮助政治家作出正确的公共决算、追求社会福利最大化，形成了较大的冲击，引起了众多学者对官僚制的关注。

1971年，Niskanen出版《官僚机构与代议制政府》（*bureaucracy and representative government*），认为官僚拥有自利动机，其目标函数中包含薪金、权力、声望、特权、部门的产出、改变的自主权和管理部门的自豪感等变量，而除最后两项外，其余变量都直接或间接地与官僚机构的预算规模相关。因此可以将官僚实现自身效用最大化的过程等价于追求官僚机构预算规模最大化的过程[2]。Niskanen的预算规模

---

[1] Downs Anthony. Inside Bureaucracy[M]. Boston: Little Brown, 1957.
[2] Niskanen W.A.. Bureaucracy and Representative Government[M]. Chicago: Aldine Atherton,1971.

最大化理论是第一次尝试以数学形式描述官僚行为。在官僚机构与政治家进行公共物品供给的博弈过程中，官僚机构能够占据优势的原因主要来自两个方面：一是公共物品产出的非市场性质。官僚提供的公共物品（如国防等）难以进行度量，只能用相关活动（如作战人员数或演习次数等）进行推测；同时政治家无法掌握公共物品的生产成本函数或者获取成本信息的代价太高，因此官僚机构具有信息优势。二是官僚结构和政治家是双边垄断的关系。公共物品的非市场性质和公共物品供给过程中的垄断关系为官僚博弈提供了广阔的空间。

官僚预算最大化理论的提出引起了经济学界和政治学界的广泛关注，启发了更多学者的一些后续的研究、检验，对官僚体制的运行和官僚的行为有了更深入的理解。同时该理论引起了一些批评和质疑，其中，Migue和Belanger（1974）[1]在研究过程中发现官僚追求预算最大化的假设与实践经验不符，官僚的效用与官僚机构的预算规模仅仅呈现弱相关关系，因此提出新的假设，即官僚关注的并不是预算总规模，而是自由裁量预算（discretionary budget）——预算中超过公共产品生产成本的部分，官员根据其自由裁量预算规模和公共物品产出水平来实现其效用最大化。Niskanen（1975，1991）[2][3]针对众多质疑声开始重新审视了预算规模最大化理论的合理性，对模型进行修正，接受了自由裁量预算最大化的假设，官僚预算最大化理论的核心内容由官僚追求总预算最大化修正为追求自由裁量预算最大化。尽管如此，

[1] Mogue G.L., Belanger G.. Towards a General Theory of Managerial Discretion[J]. Public Choice, 1974(17):27–47.

[2] Niskanen W.A.. Bureaucrats and Politicians[J]. the Journel of Law & Economics, 1975(3):617–643.

[3] Niskanen W.A.. A Reflection on "Bureaucracy and Representative Government"[J]. The Budget Maximizing Bureaucrats: Appraisal and Evidence, 1991.

该理论仍然受到诸多的质疑，如部分学者认为预算最大化思想存在意识偏见、结论与事实不符等。但是该理论致力于研究官僚与政治家之间的矛盾，为我们理解官僚行为和动机提供了一个很重要的出发点。

2.基于官僚预算最大化理论分析预决算差异

预算最大化理论特别是自由裁量最大化理论的提出，为进一步研究公共物品供给过程中的官僚行为及解释政府增长提供了新的思路。不仅如此，自由裁量最大化理论在部门预算的资源分配过程中同样具有重要的价值。特别是在现代预算原则中对"控制取向"的弱化以及对"管理取向""绩效取向"的强化，赋予了行政部门更多的灵活性（王宇昕，2014）[1]。自由裁量最大化动机在政府预算管理过程中主要表现为如下三个层次（陈志刚，2020）[2]。

一是政府或部门预算过程中，追求总预算支出超过总决算支出的规模尽可能大。在结余结转资金管理不规范或预算监督约束缺位的情形下，自由裁量预算最大化的动机驱使政府或部门追求预算与决算差异的最大化，表现为预算规模最大化。在预算执行既定的情况下，有利于从编制端解释预决算差异规模。

二是为应对新增政策或突然事项，预算编制留有余地甚至虚列项目。由于我国决策体制尚不完善，政策与预算存在脱节，年中会不断出台各种新增政策，为完成上级任务，各级政府通常会通过虚列项目或是高报项目规模，从而为应对新增支出项目留有余地。

三是部门预算过程中，追求支出科目间的资金流用尽可能灵活。在追求总量预算的同时，部门倾向于通过科目调剂、资金留用等方式

[1] 王宇昕.中国地方政府预算裁量问题研究[D].北京:中央财经大学,2014.
[2] 陈志刚.财政支出分权如何影响政府支出预算偏离[J].经济理论与经济管理,2020(11):39–54.

增强资金使用的自主权和灵活度。由于支出科目间的资金流用较少受到立法机关的监督，行政部门通常具有更大的自主权。预算管理实践中，预算编制难以细化、"其他支出"科目资金占比较大等现象，本质上是部门借助科目间资金流用的方式实现自由裁量权的最大化。自由裁量权的最大化有利于从执行端解释预决算差异的结构性特征，即不同科目预决算差异之间的不同特征。

因此，自由裁量预算最大化理论为理解政府行为以及预算编制中的预决算差异提供了重要的思考维度，对理解预算管理过程中政府行为具有重要的理论价值。

三、晋升竞争理论

1. 晋升竞争理论

锦标赛模型最早是由Lazear和Rosen（1981）[1]进行分析揭示的，锦标赛作为一种官员激励机制，竞赛的内容和标准是由上级政府根据政治需要和政策导向确定，由于政府治理并无绝对的优劣评判标准，因此该竞赛的主要特征是——衡量胜负的是参赛者之间的相对位次而不是绝对的成绩（周飞舟，2009）[2]。在竞赛中，参赛者以提升自身相对位次从而增加晋升筹码为目标，其激励效果最终影响参赛者的行为。在行政领域，晋升锦标赛是指处于同等级别的政府官员为了获得政治晋升而进行的博弈。只要竞赛标准和考核主体一致，这种博弈既可以发生在不同辖区的同级政府的官员之间，也可以发生在同

---

[1] Lazear E., Rosen S.. Rank-Order Tournaments as Optimal Labor Contracts[J]. Journal of Political Economy, 1981, 89:841-864.

[2] 周飞舟.锦标赛体制[J].社会学研究,2009,24(3):54-77,244.

一政府的不同部门或同一部门的不同科室的同级官员之间（周黎安，2017）[1]，目前更多的文献关注的是前者。博弈的标准具有广泛性，既可以是GDP增长率，也可以是税收增长率、招商引资规模、科技创新考核等。晋升锦标赛机制发挥其激励效果有一定的政治和经济条件（周黎安，2004）[2]，主要表现在五个方面：一是上级政府拥有集中的人事任命权；第二，绩效考核指标具体可量化；三是政绩考核具有独立性、公正性和客观性；四是绩效是相对可分离、可识别和可比较的；五是官员职责范围能有效地控制和影响政绩考核指标的绩效。周黎安（2007）从我国改革开放后集中的干部人事管理制度、以GDP为核心的政绩考核体系、同级政府之间的同构性和相似性、地方政府拥有的行政审批和土地批租等权力的角度审视我国地方官员激励实践，认为我国适合采用晋升锦标赛激励分析模式。晋升锦标赛理论所建构的"制度–激励–行为"分析模式为解释我国现实问题和地方政府的行为提供了新的分析范式。

改革开放以来，在官员晋升竞争的激励下，各级政府积极推动经济增长，我国经济发展取得举世瞩目的成就。晋升锦标赛通过调整激励机制，实现官员个人利益与当地经济发展的激励相容，在其中扮演了重要角色。晋升锦标赛体制成功的关键在于引入了地方政府间的横向竞争机制（周黎安，2004）。官员晋升压力下，地方政府为在相对绩效评估中占据优势而展开激烈的政绩竞争；在以经济发展为核心的政绩评价体系下，行政竞争推动了地区间的经济竞争。首先，为了在

---

[1] 周黎安.转型中国的地方政府:官员激励与治理[M].上海：格致出版社,2017.
[2] 周黎安.晋升博弈中政府官员的激励与合作——兼论我国地方保护主义和重复建设问题长期存在的原因[J].经济研究,2004(6):33–40.

产业发展中占据先机，地方政府围绕资本、人才、技术等关键要素的争夺加剧。其次，为了吸引外部资本进入，地方政府通过完善基础设施、优化行政管理流程、出台优惠政策等营造了良好的市场环境。再次，晋升锦标赛在一定程度上弥补了我国在市场经济发展初期存在的产权保护制度等司法制度的缺位，使得民营企业和外资企业的投资得到行政保护，提高了民营经济发展和外资持续流入的信心和安全感。最后，晋升锦标赛将官员的个人利益与地区经济利益联结在一起，在一定程度上避免了官员与特殊利益结盟而对经济产生损害。总体而言，晋升激励机制将行政竞争转变为经济竞争，为我国过去几十年的发展注入了强大的动力。

2. 基于晋升竞争理论分析预决算差异

晋升锦标赛理论从晋升激励的视角分析了行政竞争到经济竞争的转化，厘清了考核制度-晋升激励-政府行为之间的关系，解释了我国经济快速发展以及存在的部分激励扭曲现象。尽管晋升竞争理论是官员治理理论，而预算管理是财政管理理论，目前直接研究晋升竞争理论与预算管理的文献不多，但是不可否认关于晋升理论的研究又与预算管理密切相关。

晋升锦标赛模式对改革开放以来的经济发展产生了强激励的同时，也不可避免地通过财政收支变动产生了一些负面效应。比如地方政府重复建设、地方经济合作失败等，地方政府的支出结构和政策偏向也受到了重要影响。首先，晋升压力滋生了财政扩张动机，有利于从执行端解释预决算差异。在以GDP为核心的晋升激励下，各级政府倾向于提供显示性公共产品和增加投资以拉动经济增长，同时通过多种方式筹集更多的可用资源，引导经济社会发展，最终为自身创造政绩以争取晋升机会。在存在"超收"或存在财政存量的情况下，政府部门会有强烈的动机转化为超支。其次，GDP导向的晋升压力导致财政支出扩张不均衡，有利于从执行端解释预决算差异的结构性特征。晋升竞争理论对财政支出结构的影响与预算管理最为密切，以GDP为核心的晋升考核会出现政策短视化（傅勇、张晏，2007；刘瑞明、金田林，2015）[1][2]、偏向型竞争（吴延兵，2018）[3]等行为，影响财政支出结构（傅勇、张晏，2007），形成"重基本建设、轻人力资本投资和公共服务"的明显扭曲。在晋升压力下，基本建设性支出等对即期GDP增速贡献最为明显，在GDP导向下，地方政府为了加快经济增长而竞相开展的水平竞争会导致政府的支出结构发生偏向，政府支出会从文教卫生等公共服务上更多地转移到基本建设等生产性投入上（郑磊，2018）[4]，或者说基本建设性支出挤占人力资本和公共服务支出等，在预算年度内的转移或挤占即成为现超支，而人力资本和公共服务支出超支不明显，甚至于节支。

四、政府预算管理相关理论

尽管预算管理在19世纪以前已经存在，但预算管理的核心是以汲取收入为目的的，并不是现代意义上的预算。通过200多年的预算实践，预算理论的研究逐渐深入，对预算功能导向和预算决策等逐渐形成了相对完整的逻辑框架。预算功能导向反映了预算管理的重点，而

[1] 傅勇,张晏.中国式分权与财政支出结构偏向:为增长而竞争的代价[J].管理世界,2007(3):4–12,22.
[2] 刘瑞明,金田林.政绩考核、交流效应与经济发展——兼论地方政府行为短期化[J].当代经济科学,2015(3):9–18,124.
[3] 吴延兵.财政分权促进技术创新吗[J].当代经济科学,2019(3):13–25.
[4] 郑磊.财政分权、政府竞争与公共支出结构——政府教育支出比重的影响因素分析[J].经济科学,2008(1):28–40.

预算决策理论揭示了预算配置过程，对于理解预算编制和执行过程，进而对预决算差异分析具有重要的指导价值。

1. 预算的基本功能

美国著名预算专家Allen Shick（1966）[1]指出任何一种预算体制都会包含控制、管理和计划三种功能，在不同时期三种功能的侧重点并不相同。Tyer和Willand（1997）[2]根据预算制度变革的新特点，进一步提出绩效功能。因此可以将预算的功能概括为：控制、管理、计划和绩效。由于不同的发展阶段或不同的政治经济体系，政府职能存在差异，预算管理须解决的问题重点有所不同，会在一定程度上突出某一功能，进而形成不同的功能取向。不同的功能取向下，预算管理理念和预算编制方法等存在差异，因此从预算功能视角理解预算管理具有事半功倍的效果。

在预算发展的早期，预算的功能是控制取向的，立法机构希望通过预算来实现对政治家、官员等的控制，确保资金用于既定的方向，防止资金用于私人目的。因此该阶段的特征是重点关注投入的详细信息，通过建立各种细化支出类别强化了对预算投入的控制。20世纪30年代后，随着政府职能和活动范围的扩展，事无巨细地分项列支每一笔支出，并对其进行严格监控变得低效且烦杂。同时由于预算尚未细化至具体项目或活动中，导致成本与收益、投入与产出不能一一对应，资金分配缺乏科学性和合理性。在此背景下，预算关注的重点从支出控制向重视管理转变，更加关注资金项目的成本和产出，强化了

---

[1] Schick A.. The Road to PPB: The Stages of Budget Reform[J]. Public Administration Review, 1966,26(12):243–258.

[2] Tyer C., Willand J.. Public Budgeting in America: A Twentieth Century Retrospective[J]. Journal of Public Budgeting, Accouting and Financial Management, 1997(9):189–219.

资源分配和项目审批环节的管理。20世纪60年代，美国出现了计划项目预算模式，成功将战略规划、政策或绩效评价结果等纳入政府规划过程，突出了预算的计划功能。虽然计划项目预算最终走向失败，但是其引入的跨年度视角契合了英、法等国编制社会和经济发展规划的需求，计划预算思想开始在各国生根发芽，并逐渐演变为中期支出框架。20世纪80年代以来，新公共管理运动席卷全球，政府治理的思维发生了深刻变革，预算不仅关注产出，而且关注最终绩效，强化了绩效信息等在预算决策过程中的应用。此后，英国（1982年）、澳大利亚（1983年）、新西兰（1989年）、美国（1993年）等先后启动了绩效预算改革，绩效预算思想席卷全球主要经济体。纵观西方200多年的预算制度变革，主要经历了从强调"控制职能"转变为"管理职能"，并进一步向"计划职能"和"绩效职能"迈进等四个阶段。在此需要强调的是，预算制度变革是一个连贯的整体过程，是螺旋式上升的过程（王熙，2010）[1]，任意国家任一时期的预算制度都包含着这四项职能，只不过在不同的发展阶段侧重点有所不同，在现实中很难对其进行区分。

预决算差异的管理作为预算管理结果的直观反映，在不同的预算功能取向上也会存在不同认知。在控制取向下，通过分项列支等方式详细罗列政府的投入信息和投入主体，建立各种控制机制。这一方面有利于在编制环节实现总额的控制，另一方面也为预算执行中的监督和控制提供了便利。此时，预决算差异被认为预算没有被严格执行，无法确保资金被高效地用于公共目的，预算监督控制缺乏有效约束。

---

[1] 王熙.美国预算制度变迁及其对中国的启示[J].中央财经大学学报,2010(2):16–20.

因此控制取向下，对预决算差异的要求更为严格，无论是总量层面还是结构层面，预决算差异均应被限定在最低水平。随着预算取向更关注管理和绩效，对支出机构的预算控制得以逐步放松，只强调对支出总量的控制，给予支出机构更多的内部分配自主性。随着监督控制机制的完善，支出部门违规支出的机会成本增加，此时赋予支出部门更多自主权有利于提高支出效率。预决算差异的重要性让位于产出和绩效，对财政支出结构层面的预决算差异的容忍度有所提高，但总量层面的预决算差异仍是预算管理的重点。

2. 预算决策理论

由于预算资源的稀缺性和需求的无限性，预算过程充满了竞争和冲突，因此"在什么基础上，决定把X美元分配给活动A而不是活动B"成为公共预算领域的经典问题。预算决策过程不仅决定了预算资源的分配，而且确定了预算决策权的配置（邵冰、姜竹，2009）[1]，预算决策也成为预算的核心问题（Wildavsky，1992）[2]。

公共预算决策符合一般决策的基本规律。在管理学关于决策研究过程中，赫伯特·西蒙首先引入"过程"观念，认为决策并不是即时完成的，应综合考虑决策过程——在相关决策信息的基础上，基于相关标准对备选方案进行选择的过程，即情报活动、设计活动、决策活动和实施活动，并提出了决策过程理论。尽管不同的决策过程其复杂程度各异，但是该理论整体上揭示了科学决策的过程，为全面认识预算决策过程提供了基本的思路遵循。将决策的基本规律应用到预算领

---

[1] 邵冰,姜竹.完善公共预算决策程序 提升财政支出效率[J].北京工商大学学报(社会科学版),2009,24(2): 18–22.

[2] Wildavsky, A.. Political Implications of Budgetary Reform[M]//Hyde, A.C. Government Budgeting: Theory, Process, Politics. Belmont: Brooks/ Cole Publishing Company,1992.

域有利于系统全面地认识预算决策过程。根据决策的基本过程，预算决策的主要要素包括预算参与者、价值与目标、决策信息和预算结构（董静、苟燕楠，2014）[1]。学者们经过长期的广泛讨论，认为预算决策各因素相互作用形成了3个重要的预算决策理论——理性预算理论、渐进预算理论和间断均衡理论。

理性预算理论建立在理性人的假设之上，认为决策者通过边际效用相等来实现社会效用最大化。因此预算决策过程强调决策者会全面系统权衡不同项目价值，并根据成本-效益分析作出最优预算方案（Lewis，1952）[2]，实现最优效率的资源配置。理性预算理论是从经济学视角对预算决策的分析，试图通过增强信息搜集和理性计算水平强化理性的预算分析，弱化政治过程的影响。但是以理性决策为目标的预算改革屡屡失败（马骏，2004）[3]，这表明不能过于乐观地对待预算决策，应重视政治冲突对预算决策的影响。渐进预算理论则建立在有限理性和多元政治的基础之上，认为预算决策者并不是完全理性地基于成本收益作出判断，决策过程是决策主体相互讨价还价、互相妥协的过程，预算申请和审核都是在上年基数上的边际调整（Wildavsky，1964；Fenno，1962）[4][5]。渐进预算决策，一方面弱化了对信息搜集、分析和质量的要求；另一方面实现了政治冲突的最小化，保证了预算过程的稳定性。在渐进主义看来，尽管预算过程会伴随经济和社会需求变动，但是这种变动是渐进调整的结果，会受到诸

[1] 董静,苟燕楠.公共预算决策分析框架与中国预算管理制度改革[J].财贸经济,2004(11):38–42,97.

[2] Lewis, V.B.. Toward a Theory of Budgeting[J]. Public Administration Review,1952(12): 42–54.

[3] 马骏.新绩效预算[J].中央财经大学学报,2004(8):1–6.

[4] Wildavsky, A.. The Politics of the Budgetary Process[M]. Boston: Little Brown,1964.

[5] Fenno, R.. The House Appropriations Committee as a Political System: The Problem of Integration[J]. The Review, 1962,56: 310–324.

多因素的限制，即具有一定的"黏性"。由于渐进预算理论对现实的解释有限，特别是难以解释预算的间断变化，琼斯（2010）[1]和乔丹（2010）[2]认为政府预算中渐变与突变同时存在，预算偶然会打破渐进调整状态，而发生间断变化。其中，注意力和议程设置是预算存在突变的根本原因，当有限的注意力或者关注议题发生改变时，预算结果可能随之发生改变，从而解释了政策变迁中的非线性特征。预算决策理论的发展使得对预算决策过程的认识更加深入，对不同层级、不同预算科目支出变动具有重要意义。

上述内容参见表2-1所示。

表2-1　三种预算决策理论的特征比较

决策理论	价值与目标	决策信息	预算结构
理性预算理论	完全理性 （更关注效率目标）	成本效益分析 （强调信息的及时性和准确性）	"自上而下" （理性分析的决策过程）
渐进预算理论	有限理性 （得到大部分人支持的方案）	增量政策分析 （过去的实践和经验，新增的政策）	"自下而上" （讨价还价的政治性决策）
间断平衡理论	有限理性 （决策者注意力、政策议程）	注意力的变动 （过去的实践和经验，以及决策者的注意力和政策议程的变动）	"自上而下" （政策系统的变动）

预算决策过程为理解和认识预决算差异提供了重要的思路。预算决策主体的有限理性已成为学界共识，因此在渐进预算理论下，资

[1] 琼斯.再思民主政治中的决策制定注意力、选择和公共政策[M]. 李丹阳,译.北京:北京大学出版社,2010.

[2] 乔丹.间断平衡：基于议程的预算理论[M]//载卡恩, 希尔德雷斯. 公共部门预算理论. 韦曙林,译. 上海:格致出版社,2010.

金的配置决策并不是对项目预算的全面衡量，而只是政治冲突下折中的预算方案，因此预算安排的灵活性会受到限制。边际调整导致支出结构变动的"黏性"，解释了预决算差异的持续存在和累积过程。因为在理性预算理论下，预算决策基于当期的成本和收益分析，预决算差异受到各种客观因素和不可抗力因素的影响，表现为预决算差异的随机性。同时，预决算差异也会存在结构性的突变，即预决算差异不仅具有一定持续性而且也会发生非线性变动，与间断均衡理论完全契合。政策优先权的调整不仅影响支出方向的变动，而且部分科目在资源紧张时容易被其他支出所挤占（Mortensen，2005）[1]，均可能使得预决算差异发生突变。

[1] Mortensen P.B.. Policy Punctuations in Danish Local Budgeting[J]. Public Administration，2005,83(4): 931–950.

第三章

一般公共预算支出预决算差异的典型事实分析

本章的主要目标是分析我国一般公共预算支出预决算差异的现状，并在此基础上指出预决算差异管理中存在的问题。首先，明确我国预算管理的相关制度规定，梳理预算管理的制度现状。其次，分别梳理一般公共预算支出预决算差异的整体特征、结构特征和区域特征，挖掘我国预决算差异的典型事实。最后，基于制度现状、典型事实和财政管理实践剖析我国预决算管理中存在的问题。

第一节　一般公共预算管理的制度现状分析

一、预算编制的制度现状

政府预算管理是政府依据法律法规对预算过程中的各环节进行的组织协调等活动，包括预算编制、审批、执行、调整、决算、审计和监督等环节的管理。

预算编制是一个预算周期的起始环节，也是预算管理的核心内容之一。《预算法》规定，各级预算应当根据年度经济社会发展目标、国家宏观调控总体要求和跨年度预算平衡的需要，参考上一年预算执行情况、有关支出绩效评价结果和本年度收支预测，并按照程序征求各方意见后进行编制。预算编制反映的是根据对未来经济的预测、国家经济财政政策取向和预算的往年执行情况而制定的预算资金筹集和分配的计划。因此对未来经济的预测水平、政策的合理性和对历史信息的掌握程度将会影响预算编制的科学性和合理性。

预算编制的程序与时效影响预算信息沟通的充分程度，也将会影响预算编制的合理性。我国部门预算编制程序是"两上两下"——预算部门两次提交预算草案给财政部门，财政部门返回两次预算的过程。各级总预算是以所述部门预算为基础，加上各级财政部门掌握的有关收支编制。关于预算编制开始的时限，新出台的《预算法实施条例》给出了较为明确的规定：财政部于每年6月15日前部署编制下一年度预算草案的具体事项，规定报表格式、编报方法、报送期限等；县级以上地方各级政府财政部门应当于每年6月30日前部署本行政区域编制下一年度预算草案的具体实现，规定有关报表格式、编报方法、报送期限等。预算编制工作应当在下一年度开始之前完成。新出台的《预算法实施条例》第二十七条规定：县级以上地方各级政府财政部门负责汇编本级总预算草案，经本级政府审定后，按照规定期限报上一级政府财政部门。省、自治区、直辖市政府财政部门汇总的本级总预算草案或本级总预算，应当于下年度1月10日前报财政部。因此预算的编制基本是在预算年度开始之前的6个月内编制完成的。预算草案编制完成后需要提交给立法结构审查批准。《全国人民代表大会常务委员会关于加强中央预算审查监督的决定》（2021年修订）规定中央一般公共预算草案，应当列示预算收支情况表、转移支付预算表、基本建设支出表、政府债务情况表等，说明收支预算安排及转移支付绩效目标情况。

二、预算执行的制度现状

预算草案经立法机构审查批准后，便具有了法律效力，预算过程进入预算执行环节，"经人民代表大会批准的预算，非经法定程序，不得调整"（《预算法》第十三条）。预算执行环节是实现预算各项任务最重要的环节，要求各级部门按照预算进行财政收支的实现、调整平衡与监督控制。因为预算不仅涉及对预算收支的实现与控制，而且需要根据瞬息万变的现实环境进行微调以实现既定的政策目标和预算目标。

关于预算执行，新出台的《预算法实施条例》第五十七条作出如下规定。各级政府财政部门应当加强对预算资金拨付的管理，并遵循以下原则：

（一）按照预算拨付，即按照批准的年度预算和用款计划拨付资金。除预算法第五十四条规定的在预算草案批准前可以安排支出的情形外，不得办理无预算案、无用款计划、超预算或者超计划的资金拨付，不得擅自改变支出用途；（二）按照规定的预算级次和程序拨付；（三）按照进度拨付。

随着经济、政治、社会等环境的变化，预算执行过程中很可能需要增加或减少预算项目及资金情况以应对新的环境，从而进行预算调整。预算调整是对已经经过立法机关批准并授权执行的预算进行调整和变更。预算调整的根本原因是预算编制与预算执行之间存在时间错位。

参见表3-1所示。

表3-1　狭义与广义预算调整的内容对比

项目	《预算法》规定（狭义）	《中华人民共和国预算法释义》（广义）
预算调整的内容	①需要增加或减少预算总支出的 ②需要调入预算稳定调节基金的 ③需要调减预算安排的重点支出数额的 ④需要增加举借债务数额的	①狭义预算调整 ②预算科目流用 ③资金调剂 ④预备费的动用等情形

　　狭义的预算调整是指《预算法》明确规定的事项范围内的调整。《预算法》第六十七条规定，应当进行预算调整的情形包括：需要增加或减少预算总支出的；需要调入预算稳定调节基金的；需要调减预算安排的重点支出数额的；需要增加举借债务数额的。《预算法》规定的预算调整事项主要是预算总量的调整，特别是预算支出总量的调整。《全国人民代表大会常务委员会关于加强中央预算审查监督的决定》（2021年修订）规定中央预算执行中必须作出预算调整的，国务院应当编制中央预算调整方案，一般于当年6月至10月期间提交全国人民代表大会常务委员会。

　　广义的预算调整除了包括《预算法》明确规定的事项范围内的调整外，还包括预算科目流用、资金调剂和预备费的动用等情形（朱大旗，2015）[1]。因此广义的预算调整不仅包括预算总量的调整还包括预算结构的调整。关于预算调整（下文提及时指的是广义的预算调

---

[1] 朱大旗.中华人民共和国预算法释义[M].北京：中国法制出版社,2015:240.

整）有较为明确的规定。

首先是动用预备费的规定。预备费是各级预算为应对难以预料的支出而单独设置的。《预算法》第四十条规定：各级一般公共预算应当按照本级一般公共预算支出额的1%至3%设置预备费，用于当年预算执行中的自然灾害等突发事件处理增加的支出及其他难以预见的开支。

其次是预算资金调剂的规定。预算资金调剂是指狭义预算调整以及动用预备费之外，预算资金在不同预算级次、支出科目或预算项目之间的变动。相关法律规范对预算资金调剂作出了严格的规定。《预算法》第七十二条规定：各部门、各单位的预算支出应当按照预算科目执行。严格控制不同预算科目、预算级次或者项目间的预算资金的调剂，确需调剂使用的，按照国务院财政部门的规定办理。相关管理办法对预算资金调剂作出了更明确的规定。《支出经济分类科目改革方案》（财预〔2017〕98号）规定：执行中如需要对政府预算"类"级科目调剂的，应当报财政部门批准，部门（单位）不得自行办理；需要对政府预算"款"级科目调剂的，由各部门（单位）按照财政部门规定办理。《关于中央预算单位2019年预算执行管理有关问题的通知》（财库〔2018〕95号）明确指出：各部门各单位要切实落实预算法要求，不断强化预算约束，严格控制不同预算科目、预算级次或者项目间的预算资金的调剂，原则上不得突破政府预算经济分类"类"级科目。《中华人民共和国各级人民代表大会常务委员会监督法》规定，严格控制不同预算科目之间的资金调整。预算安排的农业、教育、科技、文化、卫生、社会保障等资金需要调减的，国务院和县级以上地方各级人民政府应当提请本级人民代表大会常务委员会审查和批准。

三、决算审查的制度现状

各级政府财政部门、各部门在预算年度结束时，应当清理核实全年预算收入、支出数据和往来款项，做好决算数据对账工作。各单位应当按照主管部门的布置，认真编制本单位决算草案，在规定期限内上报。各部门在审核汇总所属各单位决算草案基础上，连同本部门自身的决算收入和支出数据，汇编成本部门决算草案并附详细说明，经部门负责人签章后，在规定期限内报本级政府财政部门审核。各级政府财政部门应当根据本级预算、预算会计核算数据等相关资料，编制本级决算草案。

各级政府财政收支情况以及决算草案应经过审计机关按照真实、合法和效益的要求进行审计监督，为人大部门开展预算执行、决算审查监督提供支持服务。《全国人民代表大会常务委员会关于加强中央预算审查监督的决定》（2021年修订）规定，国务院应当在每年6月向全国人民代表大会常务委员会提出对上一年度中央预算执行和其他财政收支的审计工作报告。审计工作报告应当重点报告上一年度中央预算执行和决算草案、重要政策实施、财政资金绩效的审计情况，全面客观反映审计查出的问题，揭示问题产生的原因，提出改进工作的建议；并于每年12月听取和审议国务院关于审计查出问题整改情况的报告。

四、结转结余的制度现状

2016年财政部出台《中央部门结转和结余资金管理办法》（简称

《管理办法》）（财预〔2016〕18号）对中央部门结余结转作出了规定，其中规定：年度预算执行结束时，尚未列支的基本支出全部作为结转资金管理，结转下年继续用于基本支出；项目实施周期内，年度预算执行结束时，除连续两年未用完的预算资金外，已批复的预算资金尚未列支的部分，作为结转资金管理，结转下年按原用途继续使用。

为规范结余结转资金的使用，《管理办法》规定：对当年批复的预算，预计年底将形成结转资金的部分，除基本建设项目外，中央部门按照规定程序报经批准后，可调减当年预算或调剂用于其他急需资金的支出；对结转资金中预计当年难以支出的部分，除基本建设项目外，中央部门按照规定程序报经批准后，可调剂用于其他急需资金的支出。连续两年未用完的结转资金，由财政部收回；中央部门拟调减预算或对结转资金用途进行调剂，应按照规定程序在8月31日前提出申请。财政部收到中央部门申请后，原则上应在9月30日前办理完成。

五、其他相关制度现状

1. 转移支付制度

我国预算法规定：县级以上各级政府应当将对下级政府的转移支付预计数提前下达下级政府。地方各级政府应当将上级政府提前下达的转移支付预计数编入本级预算。从我国目前的实践情况来看，中央于每年11月份提前下达中央对地方的一般性转移支付和专项转移支付预算指标，待全国人大批准预算后于次年4—5月份核定下达一般性转移支付。各省（自治区、直辖市）将提前下达的预算指标编入本级预算。

2. 地方政府债务限额

2018年12月29日第十三届全国人大常委会第七次会议授权国务院在2019年以后年度，在当年新增地方政府债务限额的60%以内，提前下达下一年度新增地方政府债务限额（包括一般债务限额和专项债务限额）。授权期限为2019年1月1日至2022年12月31日。

第二节　一般公共预算支出预决算差异的整体特征分析

预决算差异一直是长期困扰我国的问题。每年对中央与地方预算执行情况进行审查中，诸如"执行结果与预算相差较大""年末结转资金规模较大""预算收支项目变动较大"等字眼频频出现。其中，2019年披露了预算执行和财政管理中存在的一些突出问题，其中指出"部分项目预算执行与预算相比变动较大，预算执行不够严肃；有的中央部门支出执行率低，年末结转资金较多，资金使用效率有待提高"。

从预算审查报告角度，可以从宏观上定性把握我国中央与地方预算执行过程中存在的一些问题。接下来，本章通过计算预决算差异度来详细了解我国预决算差异的基本情况。《预算法》规定，国家实行"一级政府、一级预算"。不同层级的预算其涉及主体不同、服务对象不同，因此其运行可能表现出不同的特征。因此，本书按照预算层级分别对其一般公共预算支出预决算差异的整体特征进行分析；同时考虑到预算、决算数据的可得性，侧重分析中央、省级、市级预算。

上述内容参见表3-2所示。

表3-2　2015—2019年中央与地方预算执行情况和
地方预算草案审查结果的问题梳理

报告年份	预算编制、预算执行中存在的问题
2019	部分项目预算执行与预算相比变动较大，预算执行不够严肃；有的中央部门支出执行率低，年末结转资金较多，资金使用效率有待提高
2018	部分收支项目执行结果与预算相差较大，预算编制的准确性和约束力需要进一步增强
2017	预算编制还不够科学准确，预算执行的约束力不够强，支出项目只增不减的固化格局没有根本改变，部分项目执行结果与预算相差较大……部门预算执行中存在年末结转资金规模较大等现象；转移支付管理不够规范，部分专项转移支付项目预算执行率偏低
2016	预算执行不够规范，有些资金分配与项目确定衔接不够；部门预算追加较多、下达较晚、结转结余资金较多等问题仍然存在
2015	预算收支项目有些变动较大、有些完成不够理想，预算编制的科学性和预算执行的严肃性需要进一步增强

资料来源：全国人民代表大会常务委员会公报。

一、全国层面

从全国层面分析，全国一般公共预算的预决算差异情况。全国预算是中央预算和地方预算的总和，因此从全国层面的分析有利于对我国一般公共预算支出预决算差异有一个总体的认识。总体来看，全国一般公共预算的预决算差异表现为大幅"超收"（收入决算＞收入预算数）和"超支"（支出决算＞支出预算数）。其中，收入方面，1994—2019年中，仅2015年和2019年出现"短收"现象，分别短收2030.77亿元和2109.92亿元；支出方面，仅2015年出现"节支"现象，节支1251.44亿元，其余年份均表现为"超支"。

　　从绝对规模看，典型事实是一般公共预算支出预决算差异规模总体大于收入预决算差异，两者均有所波动。从一般公共预算收入端来看，2000年以来，超收规模总体在1000亿～4000亿元之间；其中超收最大的一年发生在2011年，达到了14154.43亿元，是唯一超过万亿元规模的一次，而同期的收入决算数为103874.43亿元，超收规模所占的比重为13.63％。从一般公共预算支出段来看，超支规模总体维持在1000亿～4000亿元之间，但是波动程度要比收入略大；其中最大的一年是2018年，达到了11074.13亿元，也是唯一超过万亿元规模的一次。从预决算差异的描述性统计看（如表3-3所示），1994—2019年一般公共预算支出预决算差异均值2638.80亿元，大于收入预决算差异均值2352.53亿元；支出预决算差异的标准差（3033.35亿元）小于收入预决算差异的标准差（3337.13亿元）。表明一般公共预算预决算差异在支出端更为突出，而且其波动程度比收入端更小。

　　从相对比例看，典型事实是2011年以后一般公共预算收入和支出预决算差异均出现大幅下降。2011年之前，收入预算差异常年在5％以上，并在许多年份超过了10％，其中，在2007年高达16.47％；支出预算差异在大部分年份中也都超过了5％，最高的2011年为9.01％。而2011年之后，情形发生了变化，无论是收入预决算还是支出预决算差异，均明显下降，总体低于6％。总体而言，收支预算差异的变化趋势基本一致，二者的相关系数高达0.76。

表3-3 1994—2019年全国一般公共预算的预决算差异情况

年度	收入		支出	
	预决算差异 （亿元）	预决算差异度 （%）	预决算差异 （亿元）	预决算差异度 （%）
1994	458.15	9.63	363.48	6.69
1995	549.80	9.66	464.52	7.30
1996	535.81	7.80	450.95	6.02
1997	253.20	3.02	265.62	2.96
1998	192.27	1.99	654.50	6.45
1999	634.68	5.87	575.24	4.56
2000	1057.46	8.57	750.27	4.96
2001	1625.84	11.02	1544.28	8.90
2002	888.81	4.93	940.17	4.45
2003	1213.93	5.92	950.33	4.01
2004	2826.13	11.99	1718.25	6.42
2005	2394.26	8.18	1675.25	5.19
2006	3336.82	9.42	2049.35	5.34
2007	7256.93	16.47	3266.50	7.02
2008	2844.35	4.86	1806.66	2.97
2009	2288.30	3.46	64.93	0.09
2010	9171.51	12.41	5344.16	6.32
2011	14154.43	15.78	9027.79	9.01
2012	3653.52	3.22	1652.97	1.33
2013	2579.64	2.04	1966.10	1.42
2014	840.03	0.60	−1251.44	−0.82
2015	−2030.77	−1.32	4377.77	2.55
2016	2404.97	1.53	7040.21	3.90
2017	3962.77	2.35	8222.49	4.22

年度	收入		支出	
	预决算差异 （亿元）	预决算差异度 （％）	预决算差异 （亿元）	预决算差异度 （％）
2018	182.84	0.10	11074.13	5.28
2019	−2109.92	−1.10	3614.37	1.54
平均值	2352.53	6.09	2638.80	4.54
标准差	3337.13	4.88	3033.35	2.47

数据来源：根据《中国财政年鉴》和财政部预决算数据整理计算得到。

从时间维度来看，1994—2019年一般公共预算收支预决算差异度呈现阶段性变化。以一般公共预算支出为例：

（1）自1994年分税制改革至1997年，预算差异程度不断下降。这可能是1994年《预算法》出台后，预算编制、审查、执行、监督更加规范，同时对中央与地方财政分配关系的划分更加明晰，有利于缩小预决算差异的结果。

（2）1998—2007年，预决算差异度高位波动。原因可能是1997年亚洲金融危机后我国实施积极的财政政策，财政支出不断扩张；同时在超收使用审查不规范的情况下，高速增长的财政收入与财政支出形成"直通车"，超收收入不需要经过审查便可转化为支出，从而更容易突破年初预算设定的支出规模。

（3）2008—2011年，预决算差异出现深V走势。其中2008—2009年，受金融危机影响，预决算差异快速下降。2010—2011年，随着经济刺激政策的出台，各级政府积极出台举措应对危机，一般公共预算支出的预决算差异迅速上升，预决算差异度达到最高值9.01％。

（4）2012—2014年，预决算差异快速下降。可能是随着中国经济进入新常态，经济增速换挡、财政收入增速下滑导致财政支出增速下降，预算差异从2012年开始大幅下降，其中一般公共预算支出甚至在2014年出现了节支。

（5）2015—2018年，预决算差异呈现持续升高的态势。尽管经济新常态下经济增速由高速增长换挡为中高速增长，并且伴随结构性减税的政策调整，"放水养鱼"效果得以体现，收入增速有所反弹，超收规模并没有一直下降；同时随着更加积极的财政政策的实施，则带来了超支规模的进一步扩大。

此外，通过比较发现预决算差异的典型事实是：2015年前后，一般公共预算收入和支出的预决算差异相对大小发生了逆转。2015年以前，收入预决算差异度均大于支出预决算差异度，但2015年开始，支出预决算差异度超越收入，截至目前该趋势尚未发生改变。通过对比财政收支增速和经济增速发现，2015年前后的变动一定程度上与经济形势和经济政策的改变有关（陈志刚、吕冰洋，2019）——随着我国经济进入新常态，经济增速由高速变为中高速，财政收入增速出现快速下滑，预算收入差异度对经济周期更为敏感（付敏杰、管智朝，2021），收入的预决算差异快速下降；而在支出方面，随着经济政策发力，财政支出规模呈现扩张趋势并刚性增长，预算支出差异表现出更强的持续性和内在制度刚性，尽管在2015年前有所下降，但在2015年后恢复至较高水平。两者相对关系的逆转或许将对解释"超支"现象的"超收决定论"产生一定的冲击，或许意味着影响一般公共预算超支的核心因素发生了变化或者存在其他更为核心的、尚未引起重视的因素。如图3-1所示。

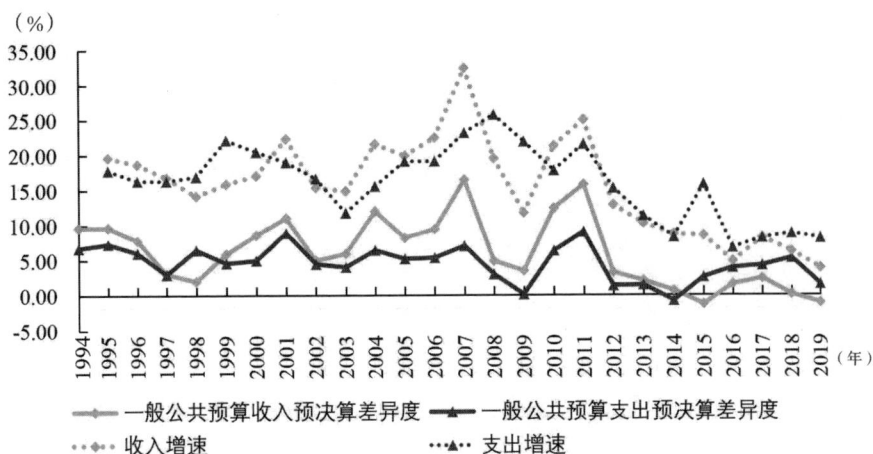

图3-1 1994—2019年全国一般公共预算的预决算差异走势图

数据来源：根据历年《中国财政年鉴》整理计算得到。

二、中央与地方层面

本书将全国一般公共预算预决算差异进一步细分为中央一般公共预算的预决算差异和地方一般公共预算的预决算差异，对预决算差异进行更深入的分析。

1. 中央一般公共预算支出预决算差异

中央一般公共预算支出在1994—2019年间总体表现为超支，超支年份的规模在200亿~400亿元；但其中9个年份出现了节支，节支规模从49亿元至535亿元不等。从相对比例——预决算差异度来看，2008年以来，预决算差异度明显下降，且历年间波动幅度明显收窄，除个别年份节支出外基本维持在3%以内。如图3-2所示。

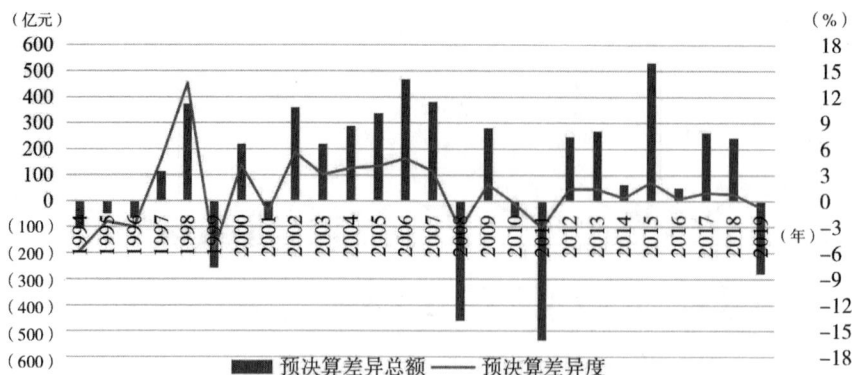

图3-2　1994—2019年中央一般公共预算支出预决算差异走势图

数据来源：根据历年《中国财政年鉴》整理计算得到。

2. 地方一般公共预算支出预决算差异

从绝对规模看，在1994—2019年间地方一般公共预算支出总体呈现波动中递增趋势。尽管在2008年和2012年地方一般公共预算支出预决算规模出现了大幅下降，但是2015年来预决算支出差异不断增加，甚至在2018年预决算差异规模达到了11332.32亿元，超越了2011年创下历史新高。从相对比例——预决算差异度来看，2011年来预决算差异度均明显降低，且波动程度有所减小。2014—2018年呈现出逐年递增的态势，预决算差异度甚至超过了6%，尽管2019年受宏观经济运行影响出现了明显回落，但该趋势值得引起重视。

将中央本级与地方层面的预决算差异对比，发现典型事实是：无论是预决算差异规模还是预决算差异度，地方一般公共预算明显要高于中央一般公共预算。如图3-3所示。

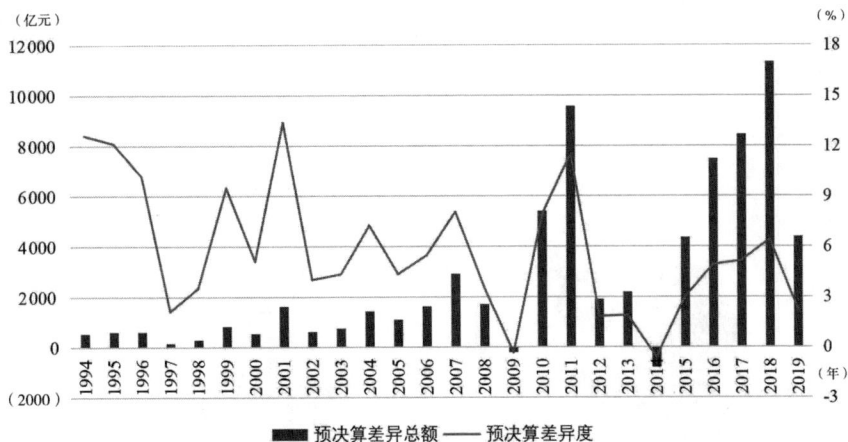

图3-3 1994—2019年地方一般公共预算支出预决算差异走势图

数据来源：根据历年《中国财政年鉴》整理计算得到。

三、省级层面

1. 省级层面预决算差异总体分析

本小节将讨论2009—2019年全省层面的预决算差异情况（如表3-4所示）。经过分析发现：各省份历年一般公共预算支出预决算差异度主要为正值，且数字变动较大，表明一般公共预算支出总体表现为超支，且省际差异较大。以2019年为例，除上海、甘肃和宁夏外，其余省份均表现为超支，其不同省份的预决算支出差异存在较大的不同。预决算支出差异的绝对值最小的省份是甘肃省，仅1.21%；最大的省份是江西，2019年预决算差异度达到31.27%。为进一步分析不同经济水平和支出规模下预决算差异的异质性，正确认识经济发展水平、支出规模与预决算差异的关系，本书绘制预决算差异气泡图（如图3-4所示）。通过气泡图可以看到，经济发展水平高低、支出规模大小与预决算差异规模或预决算差异率并不存在明显的相关关系，即支出规模小的地区其预决算差异也可能表现出较高的水平，因此对预决算差异的分析有必要从更为全面的视角切入。

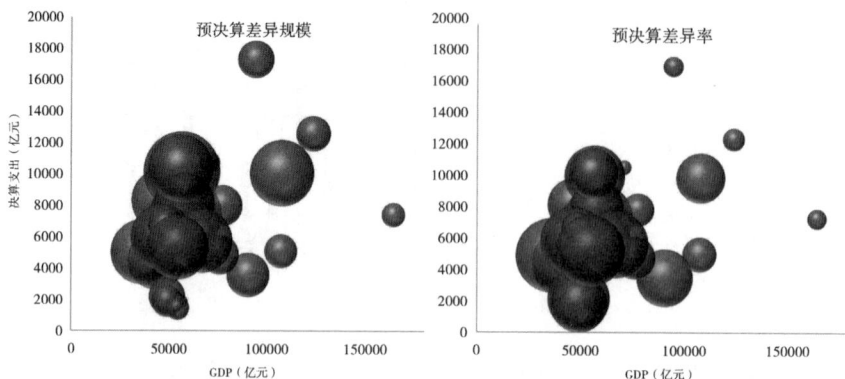

图3-4　不同经济水平和支出规模下预决算差异气泡图

从时间维度来看，2008—2019年各省份预决算支出差异表现出共性特征——预决算差异度总体呈现波动下降趋势。虽然不同年份间预决算支出差异有所波动，但各省份预决算支出差异的均值从2009年的31.08%下降为2019年的14.69%。以江苏省为例，2009年前后预决算差异度均处于10%~15%，但是2016年以来预决算差异度均低于5%。表明近年来我国规范预算支出管理改革取得显著的成效，预算约束力持续增强，如表3-4所示。

2. 省级层面预决算差异动态分析

由于当前对预决算差异有两种口径——决算数减调整预算数、决算数－年初预算数，因此本书利用2018年的数据同时计算了两种口径的预决算差异进行比较，并将调整预算数据单独列出进行分析，旨在明确省级层面预决算差异的动态特征。通过表3-5可以发现，基于

表3-4 2008—2019年各省份一般公共预算支出预决算差异度异情况（年；%）

省份	2009	2010	2011	2012	2013	2014	2015	2016	2017	2018	2019	平均值
北京	15.52	18.07	21.54	8.95	15.47	13.44	21.27	12.91	9.31	10.36	2.45	13.25
天津	9.70	7.43	9.02	-1.98	3.56	2.06	0.85	7.66	-9.29	0.13	19.71	4.13
河北	46.81	56.83	37.02	52.42	45.94	38.28	29.44	24.29	22.51	23.78	16.89	36.52
山西	24.46	37.95	35.04	24.46	17.86	11.37	15.53	23.35	24.78	20.74	11.11	23.30
内蒙古	14.69	2.87	14.09	0.76	-4.00	-1.52	3.23	-2.22	-5.57	-0.38	4.10	3.46
辽宁	26.14	37.05	22.64	10.75	13.51	5.62	-7.55	17.33	14.79	12.84	30.88	18.57
吉林	36.65	47.50	41.04	25.79	17.51	19.33	18.84	26.38	23.94	22.32	31.21	28.44
黑龙江	42.63	42.91	53.13	28.68	19.74	15.11	29.70	31.61	37.84	28.35	33.23	35.64
上海	6.77	8.83	13.94	3.72	5.15	4.31	12.74	3.86	2.41	6.80	-2.45	5.57
江苏	14.13	11.94	15.71	3.59	0.41	0.50	5.99	-4.53	4.23	3.54	3.06	5.94
浙江	10.28	18.81	13.72	2.43	8.25	4.61	16.09	13.11	12.04	14.30	15.09	11.60
安徽	51.65	59.37	41.17	4.22	29.52	20.43	20.18	16.08	20.19	17.69	28.96	30.29
福建	23.23	32.63	36.35	27.97	26.53	16.24	16.94	17.96	19.23	15.22	7.31	21.20
江西	38.08	43.10	45.94	34.41	26.90	26.99	24.97	16.04	25.03	27.50	31.27	32.09
山东	12.91	16.41	8.73	4.48	2.11	-2.51	5.96	-1.27	-1.57	3.42	1.29	4.72
河南	60.77	50.17	44.60	31.72	30.49	27.06	31.50	21.03	22.99	26.20	22.67	35.27
湖北	49.35	47.14	33.95	21.28	24.90	18.90	22.66	-2.68	-2.84	-2.38	6.62	21.65
湖南	39.92	46.14	51.58	30.89	24.77	21.57	39.20	41.62	34.04	29.54	17.90	35.59

续表

省份	2009	2010	2011	2012	2013	2014	2015	2016	2017	2018	2019	平均值
广东	5.20	15.47	12.19	0.91	11.32	1.58	22.58	17.35	9.45	-1.34	2.50	8.95
广西	14.19	17.37	27.41	17.38	12.66	13.79	11.02	10.09	11.92	13.57	11.75	17.32
海南	7.40	16.04	10.72	2.47	2.16	7.22	8.86	7.04	6.61	13.39	2.59	8.69
重庆	41.17	46.95	56.34	26.25	25.14	32.65	19.62	12.51	14.75	14.53	10.88	28.30
四川	69.64	42.44	45.26	26.07	24.78	20.01	18.69	21.83	23.97	27.56	15.18	35.32
贵州	37.23	35.96	49.96	37.78	23.31	18.09	14.19	12.17	12.50	14.31	27.66	27.53
云南	20.68	4.67	13.42	6.01	-2.02	0.29	3.08	2.43	10.55	0.33	6.13	6.53
西藏	33.74	35.91	42.51	35.78	31.06	35.49	31.17	32.82	25.82	26.53	24.11	32.70
陕西	47.26	52.42	51.76	27.45	22.89	20.79	22.20	16.98	33.09	28.80	26.94	33.98
甘肃	8.37	4.90	11.95	2.98	0.42	1.66	5.65	-2.48	-1.36	7.78	-1.21	4.98
青海	61.48	116.92	74.86	72.68	52.20	27.53	33.85	25.57	18.83	22.34	20.10	50.29
宁夏	54.97	60.07	69.04	59.28	38.16	31.32	32.85	33.76	36.81	30.10	-2.83	40.73
新疆	38.60	51.04	53.71	32.11	28.94	23.72	26.12	30.36	38.58	32.21	30.33	36.74
平均值	31.08	35.01	34.14	21.35	18.70	15.35	17.98	15.58	15.99	15.81	14.69	

数据来源：根据历年《中国财政年鉴》和各省省份历年预算报告整理计算得到。

表3-5　2018年各省份中国一般公共预算支出预决算差异情况

省份	预算数（亿元）	预算调整数（亿元）	决算数（亿元）	预决算差异（亿元）	预决算执行差异（亿元）	预决算差异度（%）
北京	6770.20	7782.14	7471.43	701.23	−310.71	10.36
天津	3099.13	3265.17	3103.16	4.03	−162.01	0.13
河北	6241.93	8051.40	7726.21	1484.28	−325.19	23.78
山西	3548.04	4481.64	4283.91	735.87	−197.73	20.74
内蒙古	4850.00	5270.14	4831.46	−18.54	−438.68	−0.38
辽宁	4730.50	5755.07	5337.72	607.22	−417.35	12.84
吉林	3097.98	4005.83	3789.59	691.61	−216.24	22.32
黑龙江	3643.70	5115.39	4676.75	1033.05	−438.64	28.35
上海	7820.00	8583.87	8351.54	531.54	−232.34	6.80
江苏	11259.00	12360.47	11657.35	398.35	−703.12	3.54
浙江	7550.00	9237.69	8629.53	1079.53	−608.17	14.30
安徽	5584.17	6658.44	6572.15	6572.15	−86.29	17.69
福建	4194.37	5213.09	4832.69	638.32	−380.40	15.22
江西	4445.20	6162.41	5667.52	1222.32	−494.89	27.50
山东	9766.80	10506.50	10100.96	334.16	−405.54	−1.79
河南	7303.80	9350.43	9217.73	1913.93	−132.70	26.20
湖北	7435.00	8002.32	7258.27	−176.73	−744.05	−2.38
湖南	5773.80	7843.13	7479.61	1705.81	−363.52	29.54
广东	15943.26	16896.67	15729.26	−214.00	−1167.41	−1.34
广西	4676.00	5479.55	5310.74	634.74	−168.81	13.57
海南	1491.60	1798.40	1691.30	199.70	−107.10	13.39
重庆	3965.00	4767.30	4540.95	575.95	−226.35	14.53
四川	7610.08	10126.32	9707.50	2097.42	−418.81	42.82
贵州	4400.00	5176.67	5029.68	629.68	−146.99	14.31
云南	6055.00	6294.24	6075.03	20.03	−219.21	0.33

省份	预算数（亿元）	预算调整数（亿元）	决算数（亿元）	预决算差异（亿元）	预决算执行差异（亿元）	预决算差异度（%）
西藏	1557.43	2069.20	1970.68	413.25	−98.52	26.36
陕西	4116.84	5622.31	5302.44	1185.60	−319.87	28.80
甘肃	3500.00	3823.35	3772.23	272.23	−51.11	7.78
青海	1346.60	1746.29	1647.43	300.83	−98.86	22.34
宁夏	1090.76	1468.95	1419.06	328.30	−49.89	30.09
新疆	3791.20	5163.59	5012.45	1221.25	−151.14	29.09

数据来源：根据历年《中国财政年鉴》和各省历年预算报告整理计算得到。

年初预算的预决算差异口径，一般公共预算支出除湖北、内蒙古和广东外均表现为超支，该结果与吕冰洋和李岩（2020）的研究结论基本一致；而基于预算调整考虑的预决算差异口径，所有省份均表现为节支，该结果与陈志刚和吕冰洋（2019）的研究结果基本一致。通过对年初预算数、调整预算数、决算数的深入分析，可以发现我国省级预决算差异存在如下几点典型事实。

（1）基于年初预算和调整预算数计算的预决算支出差异存在较大的差别。由于我国通过法定程序进行预算调整的规模较大，因此年初预算数和预算调整数之间的差异明显，基于两者计算的不同口径的预决算差异便产生了较大的差别。

（2）调整预算数据通常要大于预算数据，而且会大于决算数据，表现预算调整倾向于高估支出规模。总体呈现倒V形路径，如图3-5所示。

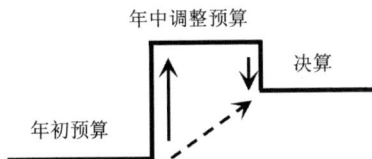

图3-5　省级年初预算、调整预算与决算对比图

四、部门预算层面

本书根据"中央预决算公开平台"上的中央部门预算、决算报告，梳理了2016—2019年部门预算预决算支出差异情况，并选取其中59个部门进行简要分析（详见本书附录一）。根据中央部门预决算信息及对59个部门2016—2019年预决算差异的描述性统计发现如下几点结论。

（1）超支与短支并存，总体表现为超支。横向来看，同一年份既有部门超支又有部门短支；从时间维度看，同一部门在不同年份既可能为超支也可能为短支。但是从总体来看，表现为超支的现象更为普遍。

（2）从预决算差异的整体水平（平均值）来看，无论是财政拨款合计还是项目支出，预决算差异的平均水平不断下降，意味着随着预算管理水平的不断提升，中央部门预决算差异总体收窄。

（3）从不同部门间预决算差异的离散程度（标准差）和散点图（如图3-6所示）来看，2016—2019年标准差从57.55％下降到2019年的16.34％，散点图进一步表明预决算差异表现出趋于收敛的态势。

（4）从部门预决算差异的极值（最大值和最小值）来看，存在预决算大幅偏离的情形，如全国供销总社2016年和2017年预决算差异分别达到412.69%和347.98%。

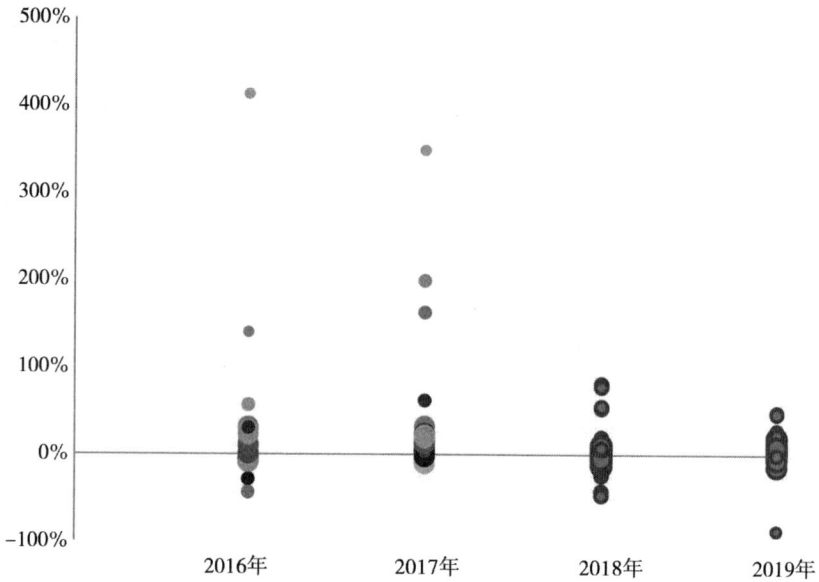

图3-6　2016—2019年中央部门一般公共预算支出预决算差异分布散点图

表3-6　中央部门一般公共预算支出预决算差异
描述性统计（59个部门）（%）

类别	年份	样本数	平均值	标准差	最小值	最大值
财政拨款：合计	2016	59	13.11	57.55	−43.92	412.69
	2017	59	21.93	54.60	−10.97	347.98
	2018	59	2.91	21.05	−47.16	80.64
	2019	59	6.73	16.34	−87.57	47.41
财政拨款：基本支出	2016	53	8.93	17.33	−7.56	112.43
	2017	53	23.52	27.42	−5.00	168.18
	2018	53	0.67	10.47	−25.43	42.79
	2019	53	12.65	10.07	−11.20	34.50

续表

类别	年份	样本数	平均值	标准差	最小值	最大值
财政拨款：项目支出	2016	53	13.83	78.96	−46.27	563.66
	2017	53	16.10	72.15	−29.18	439.72
	2018	53	6.43	32.78	−48.25	170.42
	2019	53	3.76	23.96	−93.00	85.68

注：个别中央部门以图片形式呈现基本支出和项目支出规模难以辨别，因此只分析53个部门。

数据来源：根据中央预决算公开平台和Wind数据库整理计算得到。

通过表3-6可以看出：（1）从部门总收支来看，部门总支出的预决算差异存在较大的差异，超支和节支同时存在，而且超支比例也存在较大差别。（2）从一般公共预算财政拨款来看，预决算差异比例明显高于部门总决算。（3）从基本支出和项目支出来看，基本支出预决算差异相对较小，而项目支出预决算差异相对较大。

第三节　一般公共预算支出预决算差异的结构特征分析

上文是对不同政府或部门整体预决算差异的分析，为了更为深入地把握预决算差异的特点，本节根据支出科目或者总支出性质分析预决算差异的结构性特征。

一、全国层面

我国自2007年实行政府收支科目分类改革，但是2007年、2008年、2009年的决算表主要为类级科目，款级科目较为简化。从2010年开始，相关支出科目才与当前基本相似。因此，类级科目的分析基于2010—2019年的政府收支分类科目数据；同时2014年以后政府收支分类科目进行了相对较大的调整，因此同时利用2014—2019年的政府收支分类科目款级数据进行了分析。

首先分析类级科目。表3-7是根据支出科目分类的2007—2019年中国一般公共预算的预决算差异情况进行的描述性统计，通过数据分析可以发现：一是同一支出科目在不同的年份其预决算差异会出现较大幅度的波动，既可能是超支也可能是短支；二是不同科目之间的预决算差异情况存在较大的差异。进一步根据2019年主要类级科目预决算差异度相对贡献[1]的雷达图（如图3-7所示）分析发现：一般公共服务支出预决算差异度贡献最高，其次分别是城乡社区支出、节能环保支出和农林水支出；而公共安全支出、教育支出等预决算差异总体较小。其中，一般公共服务支出的预决算差异本身并不是最高，但该项支出在总支出中占比较大，使其贡献度最高。

表3-7　2010—2019年类级和款级科目预决算差异描述性统计

科目类别	年份	平均值	标准差	最小值	最大值
类级科目	2019	0.0194	0.0392	−0.0634	0.0891
	2018	0.0582	0.0523	−0.0271	0.2247
	2017	0.0346	0.1032	−0.1477	0.3221
	2016	0.0403	0.0883	−0.1406	0.1954
	2015	0.1021	0.2027	−0.0773	0.8826
	2014	0.0288	0.0929	−0.0804	0.3307
	2013	0.0269	0.0589	−0.0455	0.1508
	2012	−0.0017	0.0875	−0.2997	0.1222
	2011	0.0843	0.1358	−0.1962	0.4788
	2010	0.0928	0.1357	−0.2826	0.3748
款级科目	2019	0.0511	0.3435	−0.9487	2.6227
	2018	0.1012	0.4501	−0.7407	4.3405
	2017	0.0688	0.3560	−0.6542	3.2193
	2016	0.0676	0.2243	−0.6915	1.0517
	2015	0.0858	0.4344	−0.5820	4.0976
	2014	0.0196	0.4218	−0.7767	4.2885

数据来源：根据历年《中国财政年鉴》整理计算得到。

---

[1] 尽管从预决算差异度的数值上来说，部门科目（如金融支出）的预决算差异度较大，但是这并不意味着其对全国预决算差异的贡献度大，因为对预决算差异度的贡献度的分析还应考虑各支出类别在总支出中的比重（陈志刚、吕冰洋，2009）。

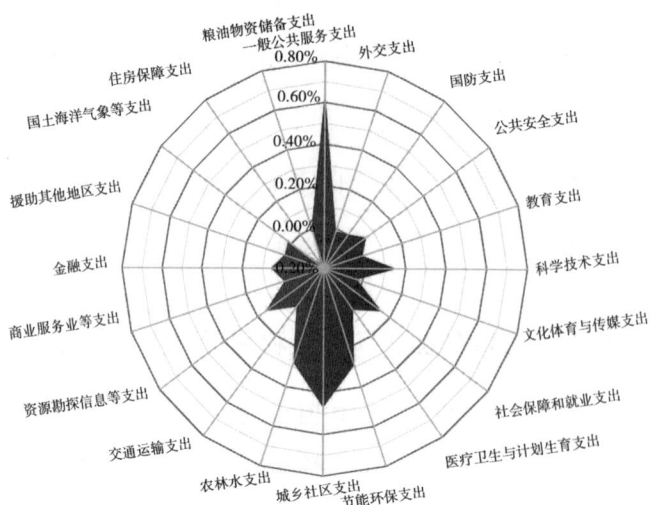

**图3-7　2019年全国一般公共预算主要类级科目
预决算差异度相对贡献的雷达图**

其次分析款级科目。通过表3-7分析可以发现：从平均值的角度来说，款级科目预决算支出差异度的平均值大于类级科目，表明款级科目的预决算差异度相对更大，这也符合预测的基本逻辑，预测得越精细，其面临的预测误差通常会越大；从标准差的角度来说，款级科目的预决算差异度的波动程度较大，不同款级科目之间预决算差异度的差别较大。

二、中央与地方层面

表3-8至表3-10以及图3-8分别是2007—2019年中央和地方一般公共预算的预决算差异情况（基于支出科目分类），通过观察分析可以发现：一是中央一般公共预算支出各科目预决算差异普遍小于地方。以2019年为例，地方一般公共预算支出预决算差异度为2.20%，而中

表3-8 2007—2019年全国一般公共预算支出预决算差异情况（基于支出科目分类）（年；%）

项目	2019	2018	2017	2016	2015	2014	2013	2012	2011	2010	2009	2008	2007
一般公共服务支出	7.24	8.32	11.40	8.36	-7.73	-1.62	3.66	8.86	12.51	8.86	-1.65	-1.15	4.26
外交支出	-4.33	-2.71	-4.84	-7.87	-1.02	-4.44	-0.87	-3.32	-2.61	-4.79	-7.28	-10.77	-7.15
国防支出	0.07	0.04	-0.11	0.00	-0.30	-0.21	0.06	-0.16	0.27	0.23	3.00	0.03	1.30
公共安全支出	0.89	8.98	10.23	19.54	5.40	2.31	1.25	1.34	0.96	7.35	-2.59	-0.92	5.74
教育支出	-0.01	2.33	2.51	4.98	-3.26	-4.12	-4.48	12.22	15.67	5.85	-4.65	-0.79	10.23
科学技术支出	3.69	9.64	6.69	8.15	2.76	-3.88	3.62	2.48	3.75	6.93	3.65	-1.10	10.83
文化体育与传媒支出	-1.56	4.76	6.20	2.58	-0.46	-2.25	1.60	4.11	10.50	5.88	11.62	2.15	10.98
社会保障和就业支出	1.16	3.93	9.28	9.17	3.74	0.47	1.46	-2.72	7.10	9.40	-8.69	1.79	11.40
医疗卫生与计划生育支出	0.62	2.17	2.90	6.44	0.86	1.05	1.65	-1.40	19.95	8.22	16.94	10.32	20.43
节能环保支出	8.91	6.93	17.85	-2.01	19.24	-2.04	4.52	-0.06	-6.05	12.81	10.79	13.24	30.81
城乡社区支出	4.29	3.99	7.20	15.83	12.72	8.06	15.08	5.66	15.48	14.02	8.39	2.58	13.05
农林水支出	2.77	9.36	-1.34	6.13	2.52	-1.60	0.45	6.49	6.51	8.02	16.35	5.95	13.14
交通运输支出	0.56	6.46	2.94	-9.73	11.72	5.34	11.34	-0.35	21.99	2.47	11.40	16.63	38.08

项目	2019	2018	2017	2016	2015	2014	2013	2012	2011	2010	2009	2008	2007
资源勘探信息等支出	7.01	4.20	−9.87	−3.07	13.50	2.78	9.27	1.95	9.88	15.93	—	—	—
商业服务业等支出	0.70	4.46	−7.94	−1.22	29.38	−8.04	−4.55	−10.36	3.20	37.48	—	—	—
金融支出	8.54	22.47	−14.77	13.69	88.26	19.35	−2.92	−29.97	9.54	11.03	95.45	—	—
援助其他地区支出	2.04	11.33	32.21	15.88	9.08	33.07	—	—	—	—	—	—	—
国土海洋气象等支出	2.06	2.82	−0.25	−14.06	−0.88	5.71	14.00	3.01	3.32	29.19	—	—	—
住房保障支出	−6.34	4.62	−4.00	5.03	8.46	−0.54	−4.34	1.85	47.88	25.72	8.45	—	—
粮油物资储备支出	0.51	2.29	2.82	2.85	10.12	8.22	0.32	−2.91	−19.62	−28.26	−11.58	—	—

数据来源：历年《全国一般公共预算支出决算表》，财政部官网。

表3-9　2007—2019年中央一般公共预算支出预决算差异情况（基于支出科目分类）（年；%）

项目	2019	2018	2017	2016	2015	2014	2013	2012	2011	2010	2009	2008	2007
中央本级	-0.79	0.74	0.89	0.18	2.12	0.28	1.33	1.33	-3.14	-0.37	1.87	-3.34	3.44
一般公共服务支出	-0.27	3.43	0.86	0.65	5.01	4.69	-0.95	5.44	2.98	-2.31	6.94	-0.48	-0.02
外交支出	-1.87	-2.88	-4.83	-7.69	-1.42	-4.44	-0.84	-2.90	-3.10	-4.74	-7.15	-10.78	-7.23
国防支出	-0.02	0.00	0.01	0.03	-0.01	0.01	0.00	0.03	0.00	-0.18	2.17	0.00	0.29
公共安全支出	2.32	2.53	0.57	4.42	2.74	6.38	0.55	3.55	1.22	7.16	15.45	2.40	2.42
教育支出	0.04	1.17	1.87	2.77	5.16	4.91	-1.34	7.06	27.03	18.12	-8.93	-6.81	-22.39
科学技术支出	-0.76	0.17	-0.52	-0.75	-4.21	-5.57	-3.77	-1.07	2.13	4.01	0.39	-0.47	9.13
文化体育与传媒支出	-0.23	0.19	-1.33	-4.12	9.14	-2.06	-13.69	-6.64	0.17	-4.96	8.76	-4.63	16.11
社会保障和就业支出	8.44	0.37	0.93	0.42	-0.85	-2.10	2.27	2.64	3.65	46.22	51.21	-6.52	95.14
医疗卫生与计划生育支出	1.70	0.77	-21.48	-26.66	-23.31	-35.87	-5.66	-10.83	12.21	69.85	12.83	20.35	-2.06
节能环保支出	16.13	13.58	18.01	-4.87	37.48	18.60	7.00	0.33	-0.24	25.73	1.50	-17.17	13.41
城乡社区支出	9.84	9.87	111.26	204.94	124.22	176.65	226.93	161.73	174.06	409.60	7.12	108.89	151.01
农林水支出	17.86	0.86	-3.94	7.59	11.83	9.36	11.66	17.56	-1.80	20.48	5.04	-13.44	19.74
交通运输支出	4.95	5.90	-0.10	22.41	5.71	16.03	48.63	98.69	-17.27	15.58	14.39	56.04	55.58

项目	2019	2018	2017	2016	2015	2014	2013	2012	2011	2010	2009	2008	2007
资源勘探信息等支出	8.86	30.71	12.72	27.71	15.32	15.69	18.27	5.00	12.96	12.94	3.86	—	—
商业服务业等支出	-5.49	-22.58	114.79	35.70	10.32	-4.08	95.33	-13.18	9.21	-30.77	—	—	—
金融支出	-0.42	1.67	8.16	-3.75	85.88	18.39	-23.72	-47.25	-3.67	17.48	146.54	—	—
国土海洋气象等支出	-0.05	9.26	4.39	6.84	13.56	18.11	7.18	54.01	38.29	34.32	—	—	—
住房保障支出	0.29	14.05	-3.05	1.27	12.84	7.01	9.32	9.75	12.75	2.63	—	—	—
粮油物资储备支出	2.29	0.30	8.23	6.53	18.73	18.58	5.79	5.85	-32.17	-36.65	-6.80	—	—
其他支出	-33.64	-6.22	-4.79	-48.93	-46.23	-74.11	-15.24	-90.62	-64.97	-52.20	-27.59	-44.01	-37.37

数据来源：历年《中央一般公共预算支出决算表》，财政部官网。

表3-10 2007—2019年地方一般公共预算支出预决算差异情况（基于支出科目分类）（年；%）

项目	2007	2008	2009	2010	2011	2012	2013	2014	2015	2016	2017	2018	2019
地方一般公共预算支出	8.04	3.51	-0.35	7.89	11.50	1.81	1.87	-0.63	2.98	4.90	5.13	6.41	2.20
一般公共服务支出	5.80	-1.37	-2.70	10.10	13.45	9.16	4.04	-2.13	-8.67	9.10	12.38	8.78	8.12
外交支出	4.90	-8.19	-28.07	-14.60	125.41	-51.52	-7.95	-3.97	122.64	-34.10	-6.73	48.02	-88.48
国防支出	-97.31	1.36	49.48	15.98	8.95	-5.82	1.89	-7.29	-10.81	-0.88	-5.56	1.96	4.76
公共安全支出	4772.74	-1.53	-5.78	7.38	0.91	0.91	1.39	1.48	5.96	22.88	12.11	10.18	0.68
教育支出	783.23	-0.42	-4.39	5.18	15.00	12.52	-4.65	-4.59	-3.68	5.10	2.55	2.40	-0.01
科学技术支出	22.61	-1.73	7.47	10.16	5.46	6.25	11.07	-2.41	8.55	15.31	11.86	16.21	6.51
文化体育与传媒支出	-83.64	3.23	11.99	7.20	11.78	5.24	3.19	-2.27	-1.30	3.19	6.91	5.17	-1.67
社会保障和就业支出	215.60	2.28	-10.93	7.99	7.27	-2.97	1.43	0.59	3.93	9.58	9.67	4.10	0.86
医疗卫生与计划生育支出	167.63	10.16	17.01	7.61	20.05	-1.29	1.72	1.57	1.09	6.77	3.14	2.19	0.61
节能环保支出	-66.48	15.26	10.99	12.47	-6.21	-0.07	4.45	-3.70	17.82	-1.81	17.83	6.48	8.50
城乡社区支出	17.87	2.40	8.39	13.87	15.37	5.53	14.95	7.97	12.69	15.75	7.14	3.97	4.27
农林水支出	249.52	7.71	16.98	7.46	6.91	6.05	0.04	-1.99	2.15	6.07	-1.23	9.63	2.46

项目	2019	2018	2017	2016	2015	2014	2013	2012	2011	2010	2009	2008	2007
交通运输支出	-0.02	6.53	3.32	-11.67	12.20	4.61	9.05	-5.87	24.72	-1.68	10.54	0.53	230.36
资源勘探信息等支出	6.87	2.51	-11.30	-4.45	13.39	1.89	8.43	1.60	9.49	16.43	11.10	--	--
商业服务业等支出	1.17	6.23	-9.62	-1.80	29.67	-8.11	-5.48	-10.32	3.09	54.16	--	--	--
金融支出	24.26	81.16	-47.18	51.15	90.53	20.26	22.95	-3.41	44.38	-5.89	--	--	--
援助其他地区支出	2.04	11.33	32.21	15.88	9.08	33.07	--	--	--	--	--	--	--
国土海洋气象等支出	2.43	1.71	-0.90	-17.48	-3.30	3.43	15.20	-3.92	-1.17	--	--	--	--
住房保障支出	-6.94	3.93	-4.06	5.30	8.15	-1.15	-5.51	1.11	52.35	--	--	--	--
粮油物资储备支出	-2.43	6.52	-8.37	-3.68	-6.00	-4.26	-5.60	-9.52	-6.85	-20.57	-13.98	--	--
其他支出	-25.69	102.54	3.62	-53.59	8.18	1.68	3.51	-24.04	3.29	6.51	-17.28	-13.35	271.36

数据来源：历年《地方一般公共预算支出决算表》，财政部官网。

央仅为-0.79%。二是从时间维度看,中央支出预决算的稳定性更高,而地方政府预决算差异在不同年份会出现一定的波动,表明地方政府预决算情况更容易受到经济社会因素的影响。三是中央和地方预决算差异存在结构性的不同,中央层面在社会保障和就业支出、农林水支出、交通运输支出和节能环保支出等方面科目预决算差异较大,而地方政府在一般公共服务、城乡社区支出、节能环保支出、农林水支出等方面预决算差异较大(外交支出、金融支出虽然预决算差异较大,但是支出规模相对较小,对总体影响有限),这也与中央和地方的事权相契合。

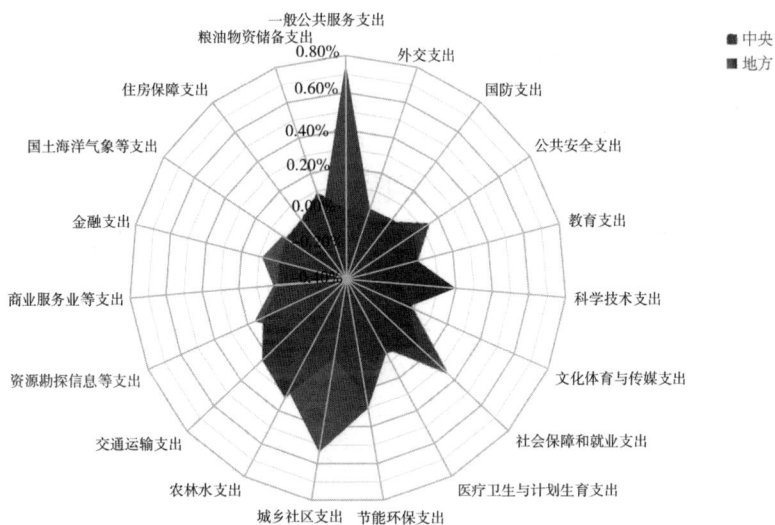

图3-8　2019年中央与地方一般公共预算
主要类级科目预决算差异度相对贡献的雷达图

三、省级层面

尽管上文对地方一般公共预算支出预决算差异进行了分析,但是这是整体层面的数据，可能会损失一些个性化的结论，因此需要从省级层面分析预决算差异的结构性特征。下文以S省为对象展开分析，S省是我国沿海省份，第二产业发达，工业总产值及工业增加值位居中国前三，同时是我国农业大省。近年来通过产业结构调整，第三产业也实现了快速发展。

通过分析可以发现：S省一般公共预算支出预决算差异总体较小，除个别年份外，总体低于7%；不同科目之间的区别较大，一般公共服务支出、教育支出等科目预决算差异较小，且较为稳定，但是节能环保、科技支出和农林水预决算差异较大，这可能与S省的经济结构有关。

进一步分析S省本级预决算差异，可以发现：与省级预决算的整体特征类似，预决算差异大于执行差异，表明预决算差异主要来源于调整差异。

上述内容参见表3–11、表3–12所示。

表3-11 S省2012—2019年一般公共预算支出预决算差异情况（基于支出科目分类）（年；%）

项目	2019	2018	2017	2016	2015	2014	2013	2012
本年支出合计	2.40	3.26	2.22	3.07	5.10	4.98	5.78	7.11
一般公共服务支出	-0.49	0.30	1.60	0.28	-2.20	10.50	1.59	10.47
公共安全支出	4.92	7.38	6.15	13.92	6.36	9.36	3.39	9.36
教育支出	3.23	2.84	2.47	4.01	5.00	0.58	3.60	11.80
科学技术支出	29.30	18.27	17.86	2.20	10.95	-1.89	7.93	9.61
文化体育与传媒支出	7.59	1.69	1.63	0.79	1.58	0.84	6.68	2.62
社会保障和就业支出	1.37	2.96	4.62	3.10	4.52	2.58	3.22	4.05
卫生健康支出	1.70	1.20	2.20	4.46	4.60	13.59	5.03	5.03
节能环保支出	10.96	20.78	10.63	24.46	16.61	7.88	18.26	27.27
城乡社区支出	6.01	7.71	19.59	10.57	19.16	21.32	9.51	3.59
农林水支出	10.54	9.45	3.71	7.12	14.05	4.15	10.11	22.05
交通运输支出	6.12	14.08	-13.51	1.12	24.17	27.75	19.74	9.47
工业商业金融等支出	2.03	12.38	-12.34	6.74	18.02	9.46	4.80	6.56
自然资源海洋气象等支出	1.82	-1.26	13.02	10.48	12.22	14.79	37.04	22.60
住房保障支出	-11.79	16.88	2.62	6.94	--	--	--	--
粮油物资储备支出	11.44	7.90	12.68	23.61	-19.02	6.40	5.92	0.83
债务付息支出	1.23	-1.24	7.97	18.20	--	--	--	--
其他各项支出	-68.39	-62.94	-59.21	-73.67	-40.57	-33.10	-12.34	-34.64

数据来源：历年《S省一般公共预算支出决算表》。

111

表3-12 S省本级2014—2019年一般公共预算支出预决算差异情况（基于支出科目分类）（年；%）

项目	预决算差异						执行差异					
	2014	2015	2016	2017	2018	2019	2014	2015	2016	2017	2018	2019
本年支出合计	10.35	11.02	1.84	-4.46	1.20	7.63	8.67	5.69	2.72	-0.93	-1.02	0.53
一般公共服务支出	6.14	7.94	10.60	18.89	4.84	13.24	6.14	7.94	10.60	18.89	4.84	9.24
公共安全支出	3.71	11.68	31.21	-3.64	15.53	3.07	3.71	6.89	17.32	-7.74	7.80	-1.64
教育支出	6.29	0.53	3.17	-0.47	3.99	3.15	6.29	-2.22	0.01	-0.47	1.26	3.00
科学技术支出	-2.07	-4.07	-0.38	2.55	29.74	-15.35	-2.07	-4.07	-0.38	2.55	2.52	22.04
文化旅游体育与传媒支出	-5.30	-3.49	8.18	-3.79	0.35	16.31	-5.30	-3.49	8.18	-3.79	1.42	11.18
社会保障和就业支出	9.50	7.33	9.56	17.32	18.88	23.70	9.50	7.33	7.42	17.32	18.88	6.00
卫生健康支出	18.54	1.25	3.75	5.50	6.54	6.82	18.54	1.25	3.75	3.77	6.54	1.20
节能环保支出	22.52	-0.47	117.52	49.29	52.42	19.92	22.52	-0.47	117.52	49.29	52.42	17.66
城乡社区支出	36.12	0.47	10.44	-57.84	-7.73	8.76	36.12	0.47	10.44	-57.84	-7.73	6.25
农林水支出	-1.26	49.00	0.13	11.06	6.16	7.25	-1.26	46.15	0.13	11.06	6.16	5.29
交通运输支出	-0.37	13.70	-10.16	-3.11	13.94	-13.11	-0.37	10.42	-10.16	-3.11	13.94	0.68
资源勘探信息等支出	79.38	62.89	24.09	38.64	100.52	0.00	79.38	7.70	24.09	38.64	100.52	0.00

项目	预决算差异						执行差异					
	2019	2018	2017	2016	2015	2014	2019	2018	2017	2016	2015	2014
工业商业金融等支出	654.94	12.83	16.16	12.72	135.82	32.07	4.67	12.83	16.16	12.72	135.82	32.07
自然资源海洋气象等支出	7.95	-0.12	6.81	-3.55	0.87	42.56	2.25	-0.12	5.43	-3.55	0.87	42.56
住房保障支出	-34.74	1.15	-35.95	12.37	9.96	——	-14.65	1.15	0.00	12.37	9.96	429.10
粮油物资储备支出	3.67	3.67	1.19	34.67	-31.76	8.44	3.60	3.89	1.19	34.67	-31.76	8.44
灾害防治及应急管理支出	87.21	0.00	0.00	0.00	0.00	0.00	85.71	0.00	0.00	0.00	0.00	0.00
一般债务付息及发行费用	-6.23	-32.62	0.00	0.00	0.00	0.00	-6.23	-32.62	0.00	0.00	0.00	0.00
其他各项支出	-74.17	-50.98	-51.70	-89.01	13.30	-41.94	-58.60	-51.86	-51.70	-32.94	-28.31	-41.94

数据来源：历年《S省一般公共预算支出决算表》。

第四节 一般公共预算支出预决算差异的区域特征分析

通过上述的省际分析可以看出，全国各地的预决算差异或多或少存在一定的差别，考虑到我国幅员辽阔，有31个省级行政区划单位（不含港澳台），不同地区的经济发展并不均衡，财政实力存在差距，预算管理水平参差不齐，因此有必要研究预决算差异的区域特征，从而全面刻画我国一般公共预算支出预决算差异的真实面貌。

首先，观察预决算差异的区域特征。将各省份分成东部、东北、中部和西部地区，然后分别计算各地区历年预决算差异度的均值。图3-9、图3-10给出了各地区2008—2019年一般公共预算支出预决算差异平均值的趋势。从时间趋势看，所有地区自2008年以来总体呈缓慢下降，其中可能的原因是与2007年政府收支分类科目改革有关（陈志刚、吕冰洋，2019），收支分类科目改革不仅从支出属性清晰完整地反映各级政府和各部门的支出需求，规范各级政府和各部门单位的支出行为，而且为预算编制的科学化、精细化水平提升提供了良好的条件。从地区差异看，东部地区的预决算差异度最小，中部地区预决算差异度最大，但是自2016年以后，东北地区的差异度有所上升。以2019年为例，也可以看出东部地区预决算差异普遍较低，中部地区除湖北外总体处于较高的水平，因此总体而言，东部地区一般公共预算支出的预决算差异明显小于其他地区。

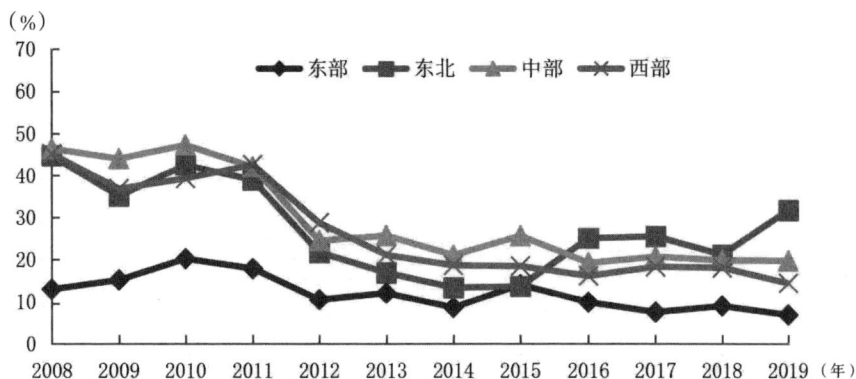

图3-9 2008—2019年分地区预决算差异变动图

数据来源：根据历年《中国财政年鉴》和各省份历年预算报告整理计算得到。

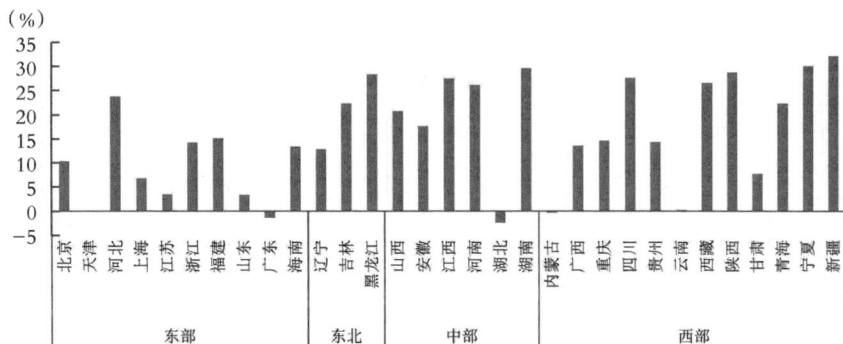

图3-10 2019年各省份预决算差异情况

数据来源：根据历年《中国财政年鉴》和各省份历年预算报告整理计算得到。

其次，观察预决算执行差异区域特征。图3-11、图3-12给出了各地区2008—2019年一般公共预算支出执行差异平均值的趋势图。图中呈现的结果与既有文献利用《中国财政年鉴》数据计算的"预决算偏离度"的结果基本一致——大部分地区执行差异度为负值，即财政实际支出小于调整预算数。从时间维度看，所有地区自2008年以来总体呈缓慢下降，其中，西部地区下降幅度最大。从地区差异看，不同地区执行差异之间的差距总体较小，但是从具体省份而言，各地区内部的差别明显，表明地区因素对预决算差异的影响有限，其更多地受大省际因素影响。

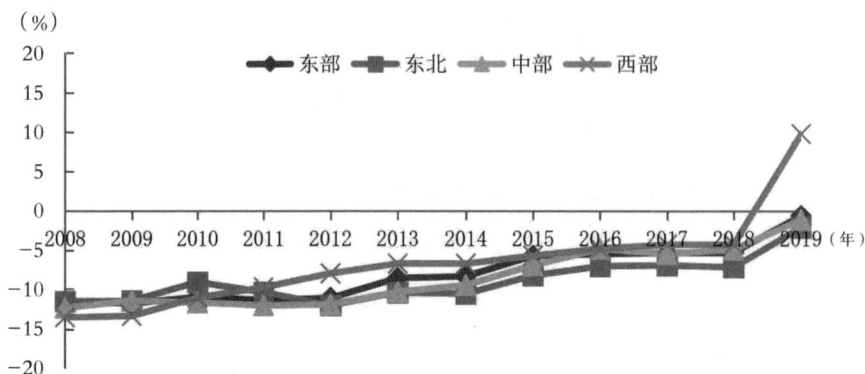

图3-11　2008—2019年分地区预决算执行差异变动图

数据来源：根据历年《中国财政年鉴》和各省份历年预算报告整理计算得到。

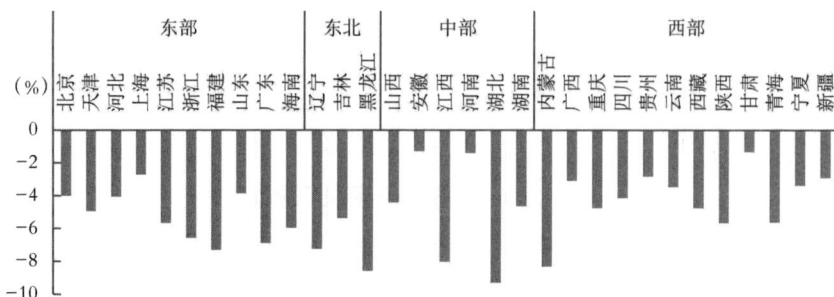

图3-12　2019年各省份预决算执行差异情况

数据来源：根据历年《中国财政年鉴》和各省份历年预算报告整理计算得到。

进一步分析调整差异的特征。图3-13、图3-14给出了各地区2008—2019年一般公共预算支出调整差异平均值的趋势图。从预决算差异的程度来看，调整差异度明显大于预决算差异度，也明显大于预决算执行差异度，其原因是预决算执行差异度通常为负，导致预算调整差异度分别被抵消掉。从时间维度看，与上文分析类似，所有地区自2008年以来总体呈缓慢下降。从地区差异看，不同地区预决算执行差异之间存在一定的差别，总体而言，东部地区最小。

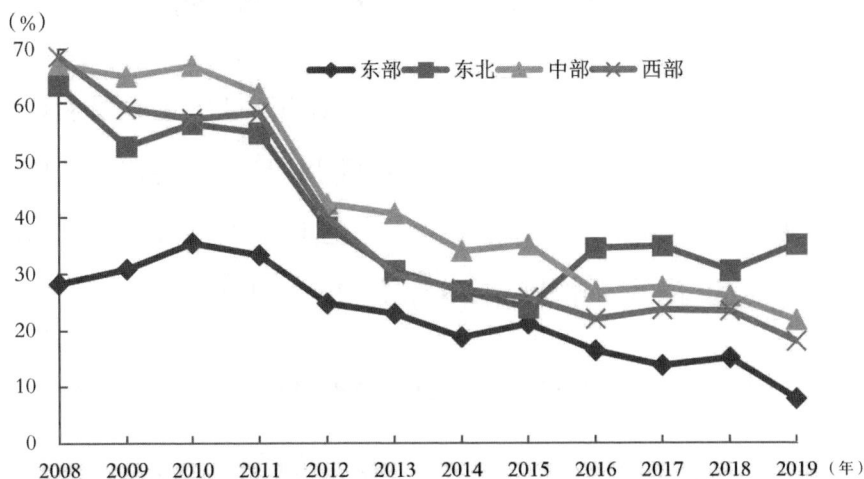

图3-13　2008—2019年分地区预算调整差异变动图

数据来源：根据历年《中国财政年鉴》和各省份历年预算报告整理计算得到。

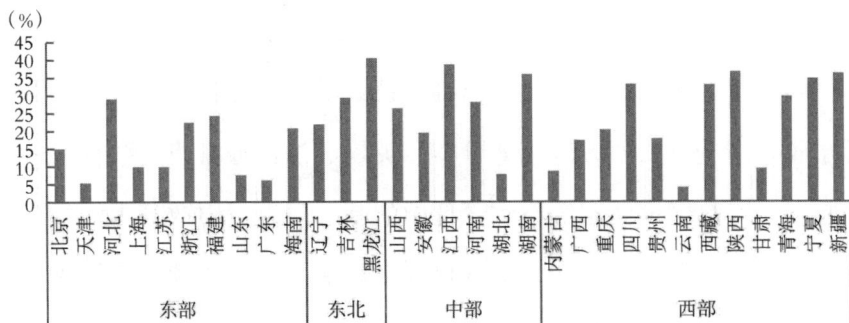

图3-14　2019年各省份预算调整差异情况

数据来源：根据历年《中国财政年鉴》和各省份历年预算报告整理计算得到。

第五节 中国预决算差异管理中存在的问题

通过对我国政府预决算差异的分析可以看出，尽管2023年来预算制度不断完善，规范化程度也越来越高，各预算环节制定了相应的文件和制度，但是预决算差异总体仍然较大。根据上文的分析和现实问题的梳理，认为我国预决算差异管理中存在的问题表现为如下几方面。

一、法律体系尚不完善，立法层级不够高

首先，我国宪法关于预算管理的论述尚不系统，仅零散提及预算权及预算执行管理的规定，但各条款相对分散，无法形成财政预算管理的统领作用。

其次，预算管理会受到财政体制、中央与地方关系、转移支付制度等多种因素的影响，只有明确、稳定的制度保证，预算编制和执行才能有序进行。西方国家如日本、英国、法国通常将财政活动的基本原则、财政管理体制等财政管理中的基本问题以财政基本法的形式进行明确，而我国目前尚未出台财政基本法。虽然《预算法》承担了财政基本法的部分功能，但是无法涵盖财政基本法的全部内容（刘剑文，2015）[1]，也无法取代财政基本法的统领作用。同时我国目前也

---

[1] 刘剑文.财税法治呼唤制定财政基本法[N].中国社会科学报,2015-01-28(A08).

没有对转移支付等制定专门的财税法律，导致我国财税法律体系存在断档，不利于预算管理的法治化和精细化的推进。

最后，尽管新《预算法》及其实施条例完善了预算收支执行制度，但是对预算编制、执行和监督的规定仍不够细化。比如，对预算执行变动的规定过于简单，未明确资金调剂、科目流用的程序和主体责任，未突出人大对预算执行变动的监督，使得预算实践中存在法律空当，法律约束力将会大打折扣。未来还需要将相关规章中的预算管理规定写入《预算法》，进一步强调预算管理的统一性、预算执行的严格规范性，以及预算执行监督的严肃有效性。

二、制度建设缺乏系统性，难以形成正向激励

一是分权制度不完善影响地方政府行为。分权改革是理顺中央与地方关系、驱动我国经济快速发展的重要的制度因素（路遥、张国林，2014）[1]。行政分权和财政分权会对地方政府行为进行制约和引导，最终影响了预算执行结果。首先，行政分权体制下，赋予地方一定的行政管理权限，提高了资源控制和资源配置能力，调动了地方政府的积极性，但面对上级的监督和考核也可能引起地方政府之间激烈的经济竞争。地方政府具有强烈的支出扩张倾向，在预算约束不够有力的背景下，将会通过高报预算、自行安排超收等手段尽可能争取更多的可用资源。其次，财政分权体制下，我国中央与地方财力、事权与支出责任划分尚不清晰，导致财力与支出责任并不匹配，在转移支付分配方面地方政府掌握了更多的双边垄断信息，强化了追求预算最

---

[1] 路遥,张国林.财政分权、行政分权改革与经济增长实证研究——来自省级面板数据的证据[J].制度经济学研究,2014(1):106–124.

大化的动机；同时地方政府通过采取变通的方式如出让土地等获得更多的收入，也会影响政府预算行为。

二是转移支付制度与预算管理衔接不畅。根据省级层面的预决算差异存在的倒V形特征，发现省级层面的预算调整差异较大；同时各省份收入中的转移支付占比与预决算差异存在一定的相关关系。通过分析多个省份的预算调整报告发现，省级预算调整差异的一个重要成因是新增转移支付。由于中央通常在预算年度开始前的11月份提前下达转移支付预算额度，待预算年度开始且全国两会确定预算后，在4—5月再次核定各地转移支付预算，并按照多退少补的原则据实调整。因此提前下达转移支付指标会影响地方政府预算编制的完整性和精确度。但是，目前提前下达预算的精度并不高，且"多退少补"的下达原则意味着地方政府通常需要在年中预算调整过程中调增预算。以2019年为例，一般性转移支付中，中央对地方均衡性转移支付提前下达比例约为87%，意味着地方政府预算安排中无法涵盖剩余的13%，需要通过预算调整的方式经过人大常委会另行审查批准；专项转移支付中，以中央引导地方科技发展专项资金为例，地方政府根据提前下达列入预算的比例约为45%，大部分需要在中央核实下达后进行预算调整。由于中央对地方转移支付规模较大，因此转移支付提前下达指标的不精确成为地方政府预算调整的重要原因，最终形成调整差异的重要来源。

三是政策规划与预算编制过程衔接不畅。各级经济工作会议是各级政府制定第二年宏观经济发展规划，确定经济政策的重要会议。但是我国中央经济工作会议通常在11—12月份，省级和市县经济工作会议通常在中央之后，此时预算编制已经基本进入财政部门下达预算控制数阶段。这意味着预算确定后还会有新政策出台，财政部门必须要提供资金支持。出现该问题的原因是宏观发展规划的制定与预算编制无法有效对接。

三、公共决策与预算衔接不畅，预算环境面临不确定性

尽管我国《预算法》规定，各级政府在预算执行中一般不出台新的增加财政收入和支出的措施，但是各级政府在预算执行过程中仍普遍存在新出台政策、领导"批条子"的现象。由于这些新增政策在预算编制时是难以预计的，因此预算编制时通常没有考虑新增政策对应的财政收支，而随着新政策出台，财政部门必须具有相应的资金配套，这将导致编制的年初预算缺乏约束力。其中的重要原因是当前存在的政策过程与预算过程的脱节。这种脱节表现在两个方面：一是预算编制过程中，战略决策对预算编制的宏观指导不足，政策方针未能准确地细化为各级政府和部门的支出规划，未能体现在预算的资源配置中；二是由于决策者对预算的法定性、严肃性认识不足，没有考虑到人大审议通过的预算报告对新增决策的约束力。

新出台的政策通常需要资金配套，财政部门需要筹集相应的资金，进行资金的调剂或者追加，形成预算和决算的差异。相关调查表明，落实主要领导在预算外的新出台施政举措是仅次于应对突发事件和国家重大政策调整之外追加预算的重要原因。另外在实践中，为应对新增政策的预算执行的影响，财政部门通常会编制大量的预留资金或者预备费，随着预算的执行逐步将预留资金或者预备费细化，调增或者调减相关支出科目，造成各支出科目的预决算差异。因此决策过程与预算过程的脱节将会影响财政收支的执行，最终影响预算与决算

的差异。

四、自由裁量权缺乏有效约束，预算管理权责失衡

权责一致是公共权力运行的基本逻辑，预算管理权责关系亦是如此。部门的自由裁量权有利于提高支出灵活性，从而在面对不确定性时能更快作出反应，但是这种自由裁量权不是无限度的，应该实现权责统一——自由裁量权与支出责任的统一，即自由裁量权越大，预算支出责任越大。否则，预算管理将会出现错乱，陷入"权力大、责任小"或"权力小、责任大"的权责失衡困境。根据上文部门预算层面的分析，发现部门预算的预决算差异总体较大，甚至个别部门超过50%；部门预算的基本支出和项目支出的预决算差异也保持在较高水平。这表明部门预算管理存在诸多管理不善之处，其中一个重要原因是部门拥有较大的自由裁量权，但是在预算编制、执行和绩效评价过程中缺乏有效支出责任约束，从而导致财政支出的灵活性没有服务于完成绩效目标、提高财政支出效率，而是服务于部门利益。

一方面，部门预算编制笼统，预留了大量的自由裁量空间。部门预算存在大量"先定资金后找项目"现象，即年初按大类进行编制，预算执行中根据部门需要再细化确定为具体项目。虽然此举某种程度上提高了财政支出的效率，但是由于绩效考核机制不完善，财政支出责任不确定，相关项目的可行性和必要性无法得到充分保证。另一方面，预算执行过程中，部门的资金调剂和科目流用现象频繁，虽然相关法律规章赋予了部门资金调剂的自由裁量权，但是没有作出明确规定则导致调整比例过大或过于频繁，表明自由裁量权没有受到应有的规范或限制，存在滥用的现象。

五、预算管理不完善，预算执行监管不到位

1. 宏观预测准确度不高

科学准确的宏观经济预测是预算精细化管理的基础。西方国家通常通过构建本国的宏观经济和预测模型，基于对经济增长、物价水平"基线预测"的方式对宏观经济进行预测，为宏观经济决策提供参考。而我国当前对预测模型、预测技术的掌握还不够充分，尚未建立系统科学的框架模型，根据主观判断在GDP或者往年收支基础上加减百分点的现象和资金切块的现象尚存。这种简易预测会削弱预测的科学性，不仅会影响预算编制的准确性，而且资金需求和资金供给的不匹配使得预算完成率难以保证，造成财政支出结构固化和资金的浪费（赵福昌、于长革，2019）[1]。

2. 预算执行的动态监管制度不完善

预决算差异的管理不应仅仅局限于事后的监督问责，而是应该强化事中的动态监控和整改。目前，中央已经出台了《中央财政预算执行动态监控管理办法》（财库〔2020〕3号），明确了预算执行监控的内容和主体责任，这为预决算差异管理提供了极大的便利，但是当前地方政府预算执行动态监控机制尚不完善。同时，目前预算执行的报告和反馈尚未得到有效的运用，财政部门、支出部门、国库部门之间缺乏及时通畅的沟通渠道，无法及时指导将监控到的疑点问题及时预警并反馈给责任部门。预算动态监管制度的不完善，使得对预决算差异的事中管理不到位，无法及时纠正出现的预决算差异。

---

[1] 赵福昌,于长革.财政支出结构固化问题研究[J].财政科学,2019(6):5–23.

3. 预算追加流程不规范，预决算差异控制标准缺失

我国目前的预算追加缺乏明确的规定，部门在预算追加中具有较大的权限，预算追加缺少科学合理的论证，未设定预算追加的比例限制，人大部门和财政部门对预算追加的监督存在缺位现象。该现象在项目支出中尤为明显，有的项目在预算编制时论证不足，预算执行过程中频繁追加资金，最终决算与预算出现较大的差异。目前我国预算管理过程对预决算的差异仍然较为模糊，无法对部门形成实质性的约束。西方国家通常对预算资金调剂的许可调整条件、调剂限制作出了明确的规定，如法国《预算组织法》规定，同一项目的资金流用额的比例限定为2%。

六、约束机制不健全，未充分纳入绩效管理

预决算差异管理是一个持续的过程，需要建立预决算管理的良性循环。然而，我国过大的预决算差异反映预算管理过程存在亟须改善的环节。我国目前预决算差异管理缺乏完备的约束机制，预决算差异的责任主体不明确，问责和整改机制不健全，很少因为预决算过大而被问责。因此预算管理中，相关人员缺失主动控制预决算差异的意识，无法形成控制预决算差异的良性循环。

随着全面实施预算绩效管理，预算执行情况得到重视并纳入绩效评价指标体系，但是，当前其尚未完全融入预算绩效管理。目前资金结转尚未纳入评价指标体系，且对资金支出进度和预算执行情况赋予的比重较低，对最终绩效评价结果的影响权重较小，弱化了其约束力。同时对预决算差异评价结果的应用机制尚未建立，上一年度的预算执行情况无法反馈到下一年度的预算编制，部门没有通过加强预算管理来削弱预决算差异的动力，最终预决算差异持续存在。

第六节　本章小结

本章梳理了我国一般公共预算管理的制度现状，并从不同维度剖析了我国一般公共预算支出预决算差异的整体特征、结构特征和区域特征。最后基于制度现状、典型事实和财政管理实践剖析我国预决算管理中存在的问题。本章结论如下。

我国预算制度体系尚不完善，部分制度立法层级不高，约束力不够。《预算法》仅对总量的预算调整进行规定，而科目流用、资金调剂等仅通过部门规章的方式作出原则性规定。另外转移支付下达、地方政府债务下达等尚未形成稳定的制度安排。

从整体特征来看，我国一般公共预算支出预决算差异问题仍然突出。第一是全国层面。2013年以来，我国一般公共预算支出预决算差异规模均大于一般公共预算收入，表明我国超支成为预决算差异的突出表现形式；2011年以后预决算差异度出现下降，但绝对规模不降反增，2017年支出预决算差异规模超过2011年达到新高。第二是中央和地方对比发现，地方层面的预决算差异规模和差异度均高于中央。第三是省级层面。2008—2019年各省份一般公共预算支出预决算差异总体表现为超支，且省际差异较大；从时间维度看，各省份预决算差异呈波动下降趋势；省级预决算差异、调整差异和执行差异三者呈倒V

形,调整差异通常为正,预算执行差异通常为负,但是决算数通常仍会大于年初预算数。第四是部门层面。通过对部门预算的预决算差异分析发现,超支与短支并存,总体表现为超支;部门间的预决算差异异质性较高,但近年来随着预算管理水平的提升,呈现出收敛趋势。

从结构特征来看,我国一般公共预算支出预决算差异结构特征明显。第一是全国层面,支出科目越细化预决算差异越大,离散程度越高——款级科目预决算差异大于类级科目,且不同科目间差别较大;一般公共服务支出、节能环保、城乡社区支出和农林水支出等科目预决算差异相对较大,公共安全支出、教育支出等科目预决算差异相对较小。第二是通过中央和地方对比发现,中央一般公共预算支出总体小于地方;中央预决算差异稳定度更高,且在社会保障和就业支出、农林水支出、交通运输支出和节能环保支出等科目预决算差异较大,而地方在一般公共服务、城乡社区支出、节能环保支出、农林水支出等科目预决算差异较大。第三是省级层面。以S省为例的分析发现,不同科目间预决算差异区别较大,且其特征与中央并不相同,可能与本省份经济结构有关。第四是部门预算层面。分析其结构发现,项目支出预决算差异总体大于基本支出预决算差异。

从区域特征来看,我国东部地区预决算差异更小。具体而言,各地区预决算执行差异并不明显,但是东部地区调整差异更小,因此,总的来看,东部地区预决算差异更小。

通过梳理发现,我国预决算差异管理中存在的问题主要表现在以下几个方面:一是法律体系尚不完善,部分规定立法层级不够高;二是制度建设缺乏系统性,导致制度间难以有效衔接,一定程度上增加了预算调整差异;三是公共决策与预算衔接不畅,决策过程与预算过程的脱节影响了财政收支的执行;四是部门拥有的自由裁量权缺乏有效的约束；五是预算管理不完善，预算执行监管不到位，无法及时掌握并化解不合理的预决算差异；六是约束机制不健全，预决算差异管理未充分纳入预算绩效管理。

第四章

一般公共预算支出预决算差异的属性分析及成因研究

目前大量文献通过定性描述或定量统计的方法分析了我国各级政府预算与决算之间存在的差异，但是，总体而言，缺少全面性、系统性，特别是对预决算差异固有的属性及其背后的逻辑分析不足。其直接结果便是对预决算差异一概而论，谈"差异"色变，认为"预决算差异的存在一定是不合理的""预算完成度为100%最好"等。因此本部分旨在通过分析明确预决算差异的属性及其影响因素，客观分析预决算差异，并进一步深化对预算决算差异的认知，为妥善处理预算-决算的关系奠定理论基础。

第一节　预决算差异的属性分析

根据前文的定义，预决算差异是从政府预算、政府决算两个概念衍生出来的概念。因此要想全面准确地理解预决算差异，需从政府预算和决算的概念及其相关理论着手。其中，政府决算是政府预算管理流程的最终环节，是对年度政府预算收支执行情况的最终反映，因此政府预算理论对理解政府预决算差异具有更为重要的价值。

根据预算理论基础、预算与决算的相互关系，本书将预决算差异的属性概括为5个方面——普遍性、不可预知性、非对称性、成因的多样性、适度性。

一、普遍性

普遍性是指任何国家或地区、任何层级政府，预算和决算之间的差异具有常见性。首先，从横向维度看，世界各国预算管理过程中预算和决算的差异广泛存在。尽管不同国家的政治体制、经济体制、财政体制、预算管理水平的不同而表现出预决算差异的规模和比例有所不同，但是其存在性是普遍的。其次，从纵向维度看，不同层级政府的预决算差异的广泛存在。不论是中央政府还是地方政府，任何层级的政府预算执行过程中均会出现与预算差异的情形。最后，从时间维度看，不同年份间预决算的差异普遍存在。尽管随着政府预算管理制度的调整，预决算差异的规模或者比例在某一时期可能具有收敛趋势，但是无法长期保持预决算"零"差异的极限状态。

预决算差异的普遍性是应对宏观经济的不确定性和提高财政管理自主性的产物。其逻辑基础是信息不对称理论和现代预算原则中的自由裁量原则，以及执行中的弹性原则。首先，信息不对称会引致预决算存在差异。决算是对年末执行结果的统计，而预算是各级编制预算的层层汇总，而且支出部门与财政部门间信息不对称，其中涉及预算博弈的过程，因此预算信息未必是支出部门真实的预测信息，预算和决算之间难免会产生差异。其次，1945年时任美国联邦财政预算局局长的H.D. Smith提出预算管理八原则[1]（也有人将现代预算原则称为史密斯预算原则[2]）——计划原则、责任原则、以预算报告为依据原

---

[1] 邓子基,等.比较财政学[M].北京：中国财政经济出版社,1987:128.

[2] 马蔡琛.政府预算[M].大连：东北财经大学出版社,2018:3.

则、灵活性原则、程序多样化原则、自由裁量原则、执行中的弹性原则、预算机构协调原则。其中，自由裁量原则体现的含义是对于经立法机构批准的支出项目不应过分限定，应该赋予行政机构一定的自主选择权，即预算要有一定的行政自主权。自由裁量的存在使得政府在履行其职能时拥有一定的自主支配的资金，其支出的规模和投向将直接影响预决算差异的规模和结构。执行中的弹性原则的含义是指预算要有一定的弹性，应该包括随着经济形势的变化而适当调整的内容。预算具有双重属性，不仅具有法律属性，而且有计划属性（徐键，2019[1]）。其计划属性决定预算是对未来的阐述，人类永远无法准确预测未来，经济形势的走向也几乎不可能按照人类设计的路径进行。因此为应对经济存在的不确定性，预算需要根据实际情况作出适量的调整以更好地履行政府的支出责任，实现经济和社会收益的最大化。因此，自由裁量原则和弹性原则在提高政府管理效率的同时，必然会导致预决算差异的存在。

为了应对宏观经济的不确定性和提高财政管理自主性而产生的差异是普遍性的表现形式。但是普遍性并不能成为大规模预决算差异的借口，因为普遍性产生的预决算差异是较小的；而大规模的预决算差异更多的是受到其他因素的影响。

二、不可预知性

不可预知性是指预算和决算的相对关系具有很大的不确定性，难以根据既往规律作出较为精准的预测。决算是事后的结果，而预算是

---

[1] 徐键.论预算调整的义务性条款[J].经济法论坛,2019,23(2):174–188.

事前的预测，因此预算和决算存在时间错位。而在这个时间错位的期间，经济社会运行面临很大的不确定性，如自然灾害、经济波动等。首先，自然灾害的不确定性导致预决算差异难以预知。自然灾害受自然力量左右，且其发生的时间和规模是难以预测，人类只能依靠人力去防御，而无法去避免。当自然灾害发生时，为了保障社会利益和生命财产安全，政府有责任和义务通过财政资金去降低自然灾害的损失，因此自然灾害的不确定性会直接影响财政资金的安排，产生不确定性。其次，经济波动导致预决算差异难以预知。经济波动是经济运行的常态，宏观调控政策只能降低波动的幅度和波动发生的频次，但是始终无法避免经济波动的发生。同时经济波动是经济系统众多主体矛盾的集中体现，是无规律的，难以进行预测。最后，难以预测的社会事件、战争等因素也会影响预算的收支，这些因素共同决定了预决算差异的不可预知性。

预决算差异不可预知性的理论来源是公共风险理论、古典预算原则中的事前批准原则和凯顿提出的现代预算的不可预测性。首先，公共风险理论认为政府的支出责任是防范和对冲公共风险，从而为经济社会运行注入更多的确定性（刘尚希、李成威，2018）[1]。因此预算的编制和审查应基于风险的分析、判断，以风险为导向。但是随着社会风险存在很大的不确定性，旨在应对风险的政府支出责任也存在高度不确定性，进一步导致预算编制和执行也处于不确定状态（刘尚希，2021）[2]。因此社会风险的不确定性，决定预算编制和执行的不确定性，最终表现为预决算差异的不可预知性。其次，古典预算理论

---

[1] 刘尚希,李成威.基于公共风险重新定义公共产品[J].财政研究,2018(8):2–10.
[2] 刘尚希.树立以风险为导向的预算理念[J].经济与管理评论,2021,37(1):5–9.

认为预算是政府的基本财政收支计划或收支计划的说明，是事前确定的。古典预算原则中则明确提出事前批准原则。德国学者Neumark将预算原则分为静态预算原则和动态预算原则[1]，其中，事前批准原则（prior authorization）是动态预算原则的重要内容[2]。他认为政府预算应该在财政年度开始之前，就由立法监督机构审议通过。另一位德国学者Seidel也分别从预算范围、形式、提交时间和约束程度方面提出8条预算原则[3]，其中从预算提交时间方面提出事前确定原则[4]。一方面，由于预算是事前批准的，预算执行过程中的任何不确定性因素导致的财政收支的变动都会带来预决算差异的不确定性。另一方面，预算和决算之间的时间错位导致预算执行过程有很大的不确定性。最后，凯顿（1989）认为现代预算中长期的预算承诺导致支出每年都在变化，并取决于不可改变的去年决策、涉及的受益人数和部门、经济波动等不可控因素，因此预算变得越来越不可预测[5]。

风险的不确定性和预算编制执行的时间错位导致预决算差异是无法精确预知的，表现为预决算差异在不同年份会出现波动，并且波动幅度与经济社会运行的不确定性成正相关关系。

---

[1] Neumark将预算原则分为静态预算原则和动态预算原则。其中，静态预算原则包括全面性原则（comprehensiveness）、收入的非专用性原则（non-assignment of revenue）、一致性原则（unity）和清楚性原则（clarity）；动态预算原则包括准备阶段的准确性原则（accuracy）、事前批准原则（prior authorization）、预算执行阶段的严格性原则（specification）和公开性原则（publicity）。

[2] Sundelson W.. Budgetary Principles[J]. Political Science Quarterly, 1935, 50(2): 236-263.

[3] Seidel认为：预算涵盖的范围应该遵循全面性原则（comprehensive）和准确性原则（acuracy）；预算的形式应该遵循一致性原则（unity）、清楚性原则（clearity）、公开性原则（publicity）、可比性原则（comparability）；预算提交时间应该遵循事前批准原则（prior authorization）；预算约束程度应该遵循严格性原则（specification）。

[4] 转引自Sundelson W.. Budgetary Principles[J]. Political Science Quarterly, 1935, 50(2): 236-263.

[5] Caiden N.. A New Perspective on Budgetary Reform[J]. Australia Journal of Public Ademinstration,1989, 48(1):51-58.

三、非对称性

非对称性是指预算与决算间的差异并非随机，其差异在一定时期内表现出延续性，即一段时期内存在系统性高估或低估。预决算差异有两种情形：决算大于预算，即超支，预决算差异表现为正；决算小于预算，即短支，预决算差异表现为负。财政收支的实际运行过程中，预决算差异的正负并非随机，预决算差异为正的概率明显大于预决算差异为负的概率。Mayper等（1991）[1]通过分析美国人口超过10万人的城市预决算差异，发现预决算存在系统性的偏差，政府会系统性地高估赤字和支出。我国各级政府的预决算差异也具有一定延续性。通过分析图4-1可发现年初预算存在系统性的低估，预算调整数存在系统性的高估，即预算调整差异显著为正，预算执行差异显著为负。

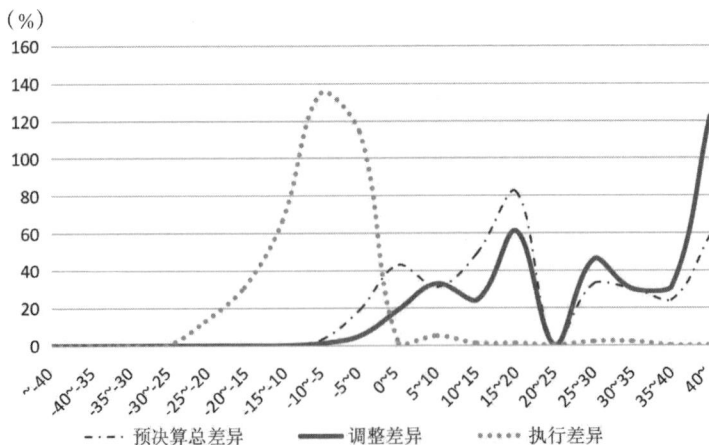

图4-1　2008—2019年省级预决算差异分布频次图

数据来源：根据历年《中国财政年鉴》和各省份历年预算报告整理计算得到。

---

[1] Mayper A.G., Granof M., Giroux G.. An Analysis of Municipal Budget Variances[J]. Accounting, Auditing &Accountability Journal, 1991,4(1):29–50.

预决算差异非对称性的逻辑基础是行为经济学中的损失厌恶。前景理论认为人们在面对得失时的风险偏好是不一致的，表现为损失厌恶，即面对同样数量的收益和损失时，认为损失更加令他们难以忍受。损失厌恶在预算管理领域的表现为——对"结余"资金的厌恶。因为预算是部门决策的参考点，超支会给部门带来额外的收益，表现为拥有更多的财政资源履行职能；而资金结余将会面临资金被财政收回的风险，表现为部门的损失。因此根据损失厌恶原则，支出部门会尽可能避免结余的出现，并在可能的情形下选择超支。综上，根据行为经济学的前景理论可以解释预决算差异的非对称性。

四、成因的多样性

公共预算是一个汲取和使用财政资源的过程，期间涉及不同预算参与者、多个预算环节。而不同的预算参与者存在着不同的利益需求，不同的预算环节可能有不同的预算程序。具体而言，预算编制、审查、执行过程是一个涉及主体众多、时间跨度较大的过程，期间客观环境、经济运行态势、财政政策取向、制度因素等都会对预算或决算产生一定的影响或冲击。为了简洁明了地分析影响预决算差异的成因及其相对重要性，本书将相关影响因素进行简单的归类，分为技术因素、经济因素、管理因素、制度因素和行为因素，后文将进行详细分析。

五、适度性

根据上文分析，预决算差异具有普遍性、不可预知性等，但是这并不意味着预决算差异可以听之任之。相反，在预算管理过程中应该充分发挥预算的控制功能，保证预算资源流向既定领域，履行财政支出责任。尽可能降低人为因素对预决算差异的影响，将预决算差异的来源控制在不确定性因素，实现预决算差异的适度性。

不论是古典预算原则，还是现代预算原则，均对预决算差异的适度性提供了理论依据。第一，古典预算原则方面，较具代表性的是意大利财政学家F. Nitti提出的预算管理六原则和德国财政学家F. Neumark提出的预算管理八原则。Nitti预算原则提出了确定性原则，认为在编制预算时应该依据社会发展趋势作出准确切实的预测，谋求预算的稳定确实性。Neumark预算原则提出了严格性原则，认为政府预算应对政府各项收支项目产生严格的约束力，力求与未来的财政决算尽可能保持一致。因此，古典预算原则认为预算执行应该严格按照编制的预算执行，即预决算的差异要得到严格控制。第二，以H.D. Smith预算八原则为代表的现代预算制度也对预算编制和执行提出要求。Smith认为政府预算执行应该以政府预算报告为依据，严格履行预算安排；同时也强调预算执行中给予行政机构一定的自主权。第三，党的十九大报告提出了"全面规范透明、标准科学、约束有力"的要求，其中"约束有力"要求硬化预算约束，坚持先预算后支出，也对预算和决算的差异管理提出了更高的要求。现代预算原则突出预算的控制性与灵活性的权衡，在预决算差异方面表现为差异的适度性。

预决算差异的适度性是实现预算控制性和灵活性的权衡的结果。按照适度性要求，尽管预算执行过程中，改变预算是不可避免的甚至是必要的，但是预算执行在适应环境变化的同时，要防止削弱预算的约束力。预决算差异的适度性，必须将履行财政责任作为底线（马骏、赵早早，2011）[1]，否则预算管理将会成为无本之木。在保证受

_____

[1] 马骏,赵早早.公共预算：比较研究[M].北京：中央编译出版社,2011:11-15.

托责任有效履行的前提下，赋予政府和支出部门适度的灵活性有利于提高支出绩效，是负责任的体现。但是过度地赋予支出部门自由裁量权和支出灵活性，会削弱对财政行为应有的约束力，财政问责和监督约束的有效性会明显下降，无法保证政策或支出目标的实现。所以，预决算差异的适度性的内涵是，为保证政府更好履行对公众的公共责任需要赋予政府及其部门一定的灵活性，但是应设置一定的约束以保证公共责任不会受到威胁。

在预算管理实践中，为平衡预决算差异的适度性和预算的控制功能，大多数国家均设计了两种不同层次的预决算差异管理制度。一是经立法机关审议的预算调整制度；二是通过规模或比例控制、规范程序严格管控预算变动。

上述内容参见图4-2所示。

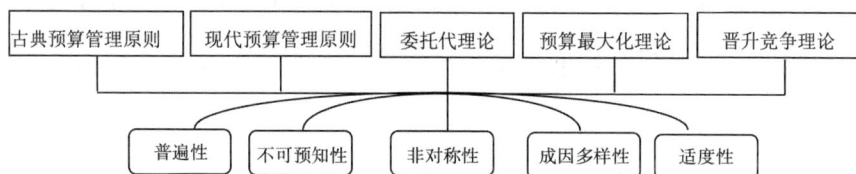

图4-2 预决算差异的属性分析

第二节　中国预决算差异的基本判断

预决算差异管理应正视其客观性。因为根据预决算差异固有的普遍性，预算只是计划的政府收支活动，是基于预算编制时的形势和情况作出的资金分配预测。但是预算环境并非一成不变，无论是项目实施条件、实施环境甚至项目实施主体，都有可能发生变化，原有估计可能出现误差，因此预决算差异具有客观性。

预决算差异管理应符合我国预算管理改革取向。不同的预算功能导向下，对支出结构的预算控制程度存在差异。在预算投入控制导向下，对支出总量、支出结构和资源使用等方面进行控制（王雍君，2005）[1]，确保公共资源的使用合规，从而对预决算差异采取更为严格的态度。而随着公共支出管理重点从投入向产出和绩效转移，对预算的控制程度下降（马蔡琛、苗珊，2018）[2]，更多地关注总额控制，赋予财政支出的内部分配更多的自主权，对预决算差异的控制有所放松。预算管理重点在控制还是注重绩效在国际学界仍是一个有争议的话题（杨志勇，2014）[3]。而目前我国尽管在推进全面绩效管

[1] 王雍君.从投入预算到产出预算[J].河北经贸大学学报,2005(3):34-38.
[2] 马蔡琛,苗珊.中国政府预算改革四十年回顾与前瞻——从"国家预算"到"预算国家"的探索[J].经济纵横,2018(6):39-50,2.
[3] 杨志勇.我国预算管理制度的演进轨迹：1979—2014年[J].改革,2014(10):5-19.

理，但是在"遵从规则文化"尚未完全建立的背景下，预算管理仍然是控制导向型为主（崔惠玉、武玲玲，2013）[1]。同时预算控制功能在所有功能中处于最优先的地位，是约束和引导政府履行其代理责任、控制公共资源池问题的不可或缺的手段，是财政安全性和可持续性的重要保障（王雍君，2013）[2]。因此现阶段我国预决算差异管理应从控制导向兼顾效率的视角去审视。

通过国际横向对比分析发现，我国预决算差异水平总体偏高。一般而言，国际预决算偏离的合理范围在5%以内（肖鹏、樊蓉，2021；韩曙，2017；赵海利、吴明明，2014）。同时根据作者对美国1998—2019年预决算差异的分析，美国政府预决算差异的均值为3.72%[3]，执行差异的均值为3.42%；日本2009—2019年预决算差异的均值为1.95%；法国的预决算差异更是低于1.5%，均明显低于我国的预决算差异水平。并且我国省级政府和部门预算的预决算差异规模更高，表明我国预决算差异总体处于偏高的水平，不符合预决算差异的适度性特征。

因此，针对我国预决算差异偏高的现象，应探究其超出客观因素部分的主要因素来源，并根据其背后的成因对症下药，提高预决算差异管理的针对性。

---

[1] 崔惠玉,武玲玲.中西方政府预算制度的变迁与思考[J].河北经贸大学学报,2013,34(4):60–63.
[2] 王雍君.为什么要坚守预算的控制观[J].中国财政,2013(8):30–32.
[3] 详见本书"第8章 预决算差异的国际比较研究"，下同。

第三节　预决算差异的分析框架及影响因素分析

为进一步分析预决算差异的成因，本书尝试在充分借鉴预决算差异相关文献的基础上，结合预算制度管理体系构建了预决算差异分析框架。

预决算差异直接来源于预算编制和执行过程，因此预决算差异的分析应立足于预算过程，或者说预算过程暗含着影响预决算差异的关键因素。预算是申请资源和配置资源的过程，其基本要素是预算信息、预算结构（主体）、决策模式、预算规则（马骏，2011）。首先，预算信息是预算的起点，外部环境信息发生变化时，政府根据履行其职能的需要，转化为政府的预算信息，成为政府后续安排预算的依据。其次，预算结构决定了预算过程中参与主体之间的关系，既包括纵向预算结构，也包括横向预算结构。纵向预算结构是指不同层级主体之间的预算权力与责任；横向预算结构是同一层级不同主体间的预算权力与责任。再次，决策模式决定了预算活动确定的基本原则，涉及政府是否开展活动、何时开展活动以及开展活动的顺序。最后，预算规则明确规定了预算管理过程中预算主体必须遵守的行为准则，具体包括预算编制、执行、调整等环节哪些行为是被允许的，哪些是必须履行的，哪些是严格禁止的。四个基本要素在相互配合和互动

下，构成一个完整的预算；预算经过往复循环，并不断修正，服务于
国家战略和政策。

　　本书将尝试从预算信息、预算结构、决策模式、预算规则的预算
四要素出发，构建基于"预算过程+预算结构"的预决算差异二维逻
辑分析框架。维度一是预算过程：将预算过程前置，预算过程不仅包
括预算编制、执行过程，还包括处理预算信息的决策过程，因此预算
过程构成预算信息输入–输出的循环过程；维度二是预算结构，影响
预算的预算结果包括两个方面，即横向预算结构（本级政府）和纵向
预算结构（上级政府）。基于该分析框架，将预决算差异的成因分为
技术因素、制度因素、政策因素、经济因素、管理因素、主体互动因
素（如图4–3所示）。其中，环境信息对预算过程的影响表现为技术因
素，横向预算结构的影响表现为主体互动因素，纵向预算结构的影响
表现为制度因素，决策过程的影响表现为政策因素，经济信息的影响
表现为经济因素，预算编制执行等规则的影响表现为管理因素。上述
要素的不同组合决定了预决算差异的不同程度。

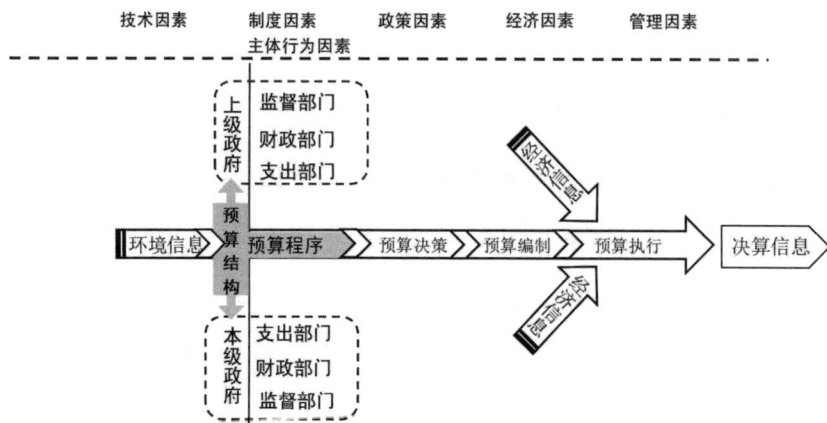

图4–3　预决算差异成因的逻辑分析框架

一、技术因素

由于预算编制与预算执行存在时间差异，且对信息的掌握程度不同，决算和预算之间会存在固有的差异。这种差异主要来自两个方面：一是受到预测技术精确性的限制，无法精确地预测宏观经济和财政运行走向，宏观经济和财政收支预测难免存在误差，预算编制与预算执行结果存在系统性偏差；二是由于宏观经济和社会具有不确定性，技术手段无法预知经济、社会中存在的突发因素和偶然因素，不确定性的客观现实导致预算与决算差异的客观存在性。因此，为应对难以预测的事项，对预算作出某种程度的变通和改变是被允许的；甚至在某种程度上，合理且合法地变更预算是负责任的表现（马骏、赵早早，2011）[1]。这不仅降低了制度性交易成本，提高支出的及时性，而且有利于提高支出效率，更好地履行对公民的责任。客观技术因素引致的预算与决算之间的差异只能被控制但难以根本消除，因此预决算差异的存在有其客观性和普遍性。具体而言，技术因素包括宏观经济的不确定性和预测准确度。

1. 预测技术准确程度

预算的编制与执行具有时间跨度，需要基于一定的模型和技术对宏观经济和财政走势进行预测。宏观经济和财政预测基于复杂的模型和参数，能模拟经济运行过程中各市场和变量之间的复杂关系。各级政策制定均基于预测的场景，财政支出预算编制也基于这样的场景

---

[1] 马骏,赵早早.公共预算：比较研究[M].北京：中央编译出版社,2011:11-15.

假设，因此该项技术的准确性和先进性直接影响各级部门对未来宏观经济的判断、未来的政策方向和预算安排。当经济预测技术准确度越高，越能充分预估宏观经济走势时，相应的政策安排就越为合理，各项财政支出的预算执行规模与预算规模差异越小；相反，当经济预测技术落后，预测误差较大时，相应的政策规划和预算安排将会难以适应宏观调控的需要，因此预算执行过程中预算调整的频次和规模将会增加，最终导致决算与预算之间的差异较大。

一个国家或地区经济预测技术的成熟需要一个漫长的过程。首先需要切实掌握宏观经济运行的规律，把握各个市场、部门之间的联系，设立相应的预测模型。其次需要基于大量的基础数据进行不断的模拟，以调整和修正相关参数，实现对经济运行规律的契合。不仅如此，受到地区制度稳定性、数据准确性和丰富程度的限制，不同地区经济预测技术存在差异，对预算与决算的差异也会产生影响。然而，我国的宏观经济和预测模型正处于探索阶段，目前更多的仍是在GDP增速或上一年基数的基础上加减几个百分点（蔡雅欣，2018）[1]。为克服预算科目编制的不精确，我国编制预算时在编制预备费科目的同时，将大量无法细化的资金列于"其他支出"科目。如某市本级预算中，按功能分类公开到项级科目的"其他支出"加总后占总支出的比重高达25%（刘小兵，2017）[2]。因此可以得出命题：经济预测技术的限制必然会导致预测精确度的差异，具体如下。

> 命题：经济预测准确度影响预决算差异；一般而言，准确度越低，预决算差异越大。

---

[1] 蔡雅欣.地方政府预算执行偏离问题研究——以湖南省为例[J].金融经济,2018,482(8):87-89.
[2] 刘小兵.对我国财税体制改革的思考[J].财政监督,2017,396(6):30-35.

2. 宏观不确定性

年度预算的编制是系统工程和复杂工程，需要必要的准备时间和流程。中国的预算编制从6月或7月开始，经历"二上二下"，最终形成预算草案。因此预算编制是基于实践检验或预测模型对未来宏观经济的预测。然而宏观经济运行受各种因素影响具有较大的不确定性，通常难以按照事前假设运行。特别是在全球化时代，各国经济联系更加密切，一国的宏观经济波动不仅受到自身因素的影响，还会受到其他国家或地区的影响，因此宏观经济的不确定性进一步增加。

首先，在财政的自动稳定器和逆周期调节的作用下，宏观经济的不确定性会使得政府财政支出发生相应的变动。从财政的自动稳定器来看，宏观经济波动直接影响社会福利支出、失业救济支出等，而且这些支出具有相对的独立性而不受预算编制的约束。因此在财政制度的自动稳定器作用下，超预期经济波动会对财政支出产生一定影响，最终导致决算与预算出现差异。

其次，从财政逆周期调控的角度看，政府需要履行保持经济增长、维持物价稳定、增加就业和国家收支平衡的基本职能。当经济运行过程中可能会出现一些难以预计的突发事件，如疫情、自然灾害、社会事件等，政府拥有一定的自由裁量权是必要的。一方面，拥有一定的自由支配的资源可以帮助政府应对经济不确定性，吸收临时冲击，满足应急需求，甚至利用投资机会（Hendrick，2006[1]；Tyer，1993[2]）。另

---

[1] Hendrick R.. The Role of Slack in Local Government Finances[J]. Public Budgeting & Finance, 2010, 26(1):14–46.

[2] Tyer C.B.. Local Government Reserve Funds: Policy Alternatives and Political Strategies[J]. Public Budgeting & Finance, 2010, 13(2):75–84.

一方面，一定的自由裁量权可以适度降低行政成本和经济成本，甚至是政治成本。在财政收支压力较大的情况下，预算不足往往引发来自各种外部和内部利益相关者的政治压力。因此，宏观不确定性对预算执行的直接影响，以及为应对宏观不确定性预留的自由裁量权注定预决算差异的存在。因此可以得出如下命题。

> 命题：宏观不确定性影响预决算差异；一般而言，不确定性程度越高，预决算差异越大。

二、制度因素

我国实行一级政府一级预算。各级政府之间的行政关系、财政关系决定了各级政府的行政管理权限、事权和支出责任，也就决定了各级政府预算的边界和内部结构，对预算管理也会产生重要影响，是影响预决算差异的基本因素。

1. 财政管理体制

财政管理体制反映中央与地方以及地方各级政府之间的关系。根据第一代财政分权理论，地方政府掌握辖区内更多的信息，给予地方政府一定的自主权有利于充分发挥地方政府的信息优势，根据辖区内的经济发展需要对财政资金作出高效的配置。同理，在预算安排环节，地方政府拥有更多的信息，更能把握资金的合理需求。而在集权程度较高的地区，地方政府为了争取更多的资金，往往会高估支出规模，而在实际预算执行过程中会出现结余。因此政府的财政分权程度不仅仅是制度差异，而且也反映了中央政府和地方政府、上级政府和下级政府之间的博弈，这会影响预算与决算的差异。

我国1994年分税制财政体制改革的重点是财政收入责任的划分，改革呈现出财权逐渐上移、事权不断下移的特征，事权和财权之间的差异通过转移支付进行调整。分税制改革后，中央政府集中了大量的财权，而事权主要由地方政府承担，转移支付机制未能充分地解决财权与支出责任不匹配的状态，地方政府面临巨大的财政收支压力。在政策允许和中央默许的范围内，地方政府采取了变通的方式，通过土地出让收入等途径充实自身财力，导致了决算收入的增加，为地方政府履行支出责任提供了可能。地方政府拥有过多的事权和支出责任，被中央赋予一定的自由裁量权，因此为地方政府追求自由裁量权最大化提供了便利的外部制度条件，进一步扩大了财政支出预算与决算的差异。因此可以得出如下命题。

> 命题：财政分权影响预决算差异。财政分权程度越大，预决算差异越小。

2. 转移支付制度

转移支付制度是财政管理体制的重要补充，是均衡各级预算主体或同级不同预算主体之间收支规模不均衡的财政制度。通常包括下级对上级的上解和上级对下级的转移支付。

首先，从转移支付的分配来看，1994年分税制改革后，转移支付收入成为我国地方政府收入的重要来源，地方政府会积极争取上级的转移支付来弥补自身财力不足。一方面，上级下达的转移支付资金如同一个公共池——地方政府可以争取获得更多的收入而相应的成本较低，在中央和地方政府之间存在不对称的情况下，地方政府未必严格按照实际需要申请资金，相反会利用自己的信息优势争取更多的资金。另一方面，相对于自有财力而言，转移支付资金普遍存在"重争取，轻管理"的问题，也导致资金分配的科学性、合理性不高，支出进度和绩效等方面存在不足。部分专项转移支付的下达可能并不符合当地的实际需要甚至存在重复投资，在专项资金管理不规范的情况下，部分地方政府会通过挤占或挪用的方式，对专项资金进行再分配，最终结果也是预算编制与预算执行之间出现差异。

其次，从资金的可预测性来看，不同来源资金的规模和下达时间存在较大的不确定性。地方政府收入通常包括自有收入和上级转移支付收入，自有收入部分地方政府具有较大的可预期性和自主支配权，地方政府编制预算时掌握更多关于自身的信息，因此预算编制更为准确。而上级转移支付收入的规模和下达时间由上级政府决定，具有一定的不确定性，相对于自有收入而言，地方政府对这部分收入的话语权较低。

最后，转移支付的下达时间也具有一定的不确定性。由于财政支出从下划经过层层拨付，到最终支出完成需要一定的流程和时间，因此转移支付的下达时间将会影响年末预算的执行进度。2019年审计结果显示[1]，抽查的3848.76亿元中央专项投资，从国家发展改革委下达计划到财政部下达预算平均用时65天，各级财政分配下达平均用时125天。再考虑到两会一般在3月份召开，因此各基层单位预算实际执行时间仅为3个月左右。

通常而言，政府转移支付比重越大时，政府预算编制面临越大的不确定性，因此预算执行中的偏差越大。相反，当政府转移支付比重

---

[1]《国务院关于2019年度中央预算执行和其他财政收支的审计工作报告》。

偏低时，地方政府收入主要来源于自有收入，地方政府在自有收入筹集中拥有较大的自主性。地方政府预算编制时掌握更多的信息，且在执行过程中，地方政府有更高的主动权和积极性，从而有利于保障预算有效执行，预决算之间的差异通常更小。因此可以得出如下命题。

> 命题：转移支付制度影响预决算差异，转移支付占比越大，预决算差异越大。

3. 预算权力配置

政府预算过程有众多的参与者，各个参与者之间的权力与责任的关系即为预算权力结构。预算权力机构为不同参与主体提供了行动的基本框架，因此不同的权力机构将会产生不同的预算行为（马骏、牛美丽，2007）[1]。

从资金分配权来看，我国的资金分配权呈现"碎片化"现象。名义上，财政部门是核心预算机构，但是在实际运行过程中诸如发展改革委、科技、工业和信息化、农业农村等部门也拥有一定的资金分配的权力。一方面，在部门利益最大化驱使下，各部门会积极争取有利于本部门自由支配的预算资金，增加自由裁量权力。最终的结果往往是产生部门的"二次分配权"或各种法定挂钩事项，如基建、教育、科技等方面存在资金切块分配问题（《财政支出结构固化问题研究》课题组，2019）[2]，从而使支出结构趋于固化，财政资金难以实现高效分配，加剧了支出预决算差异。另一方面，分散的预算权力使得各部门各自为政，各部门的预算支出只增不减，出现"棘轮效应"，财

---

[1] 马骏,牛美丽.重构中国公共预算体制:权力与关系——基于地方预算的调研[J].中国发展观察,2007(2):13-16.

[2]《财政支出结构固化问题研究》课题组.财政支出结构固化问题研究[J].财政科学,2019(6):5-23.

政部门对这部分资金的控制权有限，预算配置的空间被大大压缩，难以根据支出的优先次序统筹分配，降低了预算编制的科学性。由此可以得出如下命题。

> 命题：预算权力配置会影响预决算差异，通常而言，预算权越分散，预决算差异越大。

三、政策因素

预算反映的是政府战略和政策，是贯彻落实各类政策的财力保障，因此其决策模式和方式会影响预算编制和预算执行，是影响预决算差异的重要因素。

1. 公共政策制度

任何公共政策制定后必然会产生资金需求，须通过预算安排为其提供资源保障，因此政策和预算之间存在着紧密的关系。然而现实中，无论是发达国家还是发展中国家在政策过程和预算过程中存在不同程度的分离，其中在发展中国家更为严重（Caiden，1980）[1]。马骏和侯一麟（2005）[2]、马骏和牛美丽（2007）[3]指出，我国同样也存在着严重的政策过程与预算过程分离的现象，从而使得预算过程存在很大的不确定性。

首先，从横向来看，本级政策过程与预算过程存在脱节。一方

---

[1] Caiden N.. Budgeting in Poor Countries:Ten Common Assumptions Re-examined[J]. Public Administration Review, 1980(40):40-46.

[2] 马骏,侯一麟.中国省级预算中的政策过程与预算过程:来自两省的调查[J].经济社会体制比较,2005,(5):64-72.

[3] 马骏,牛美丽.重构中国公共预算体制:权力与关系——基于地方预算的调研[J].中国发展观察,2007,26(2):13-16.

面，预算编制与政策制定的时间错位导致预算草案未充分考虑新增政策。各级的经济工作会议是在财政部门下达预算控制数之后，意味着预算确定后可能还会有新政策出台，财政部门必须要提供资金支持。另一方面，尽管我国预算法规定各级政府"一般不制定新的增加财政收入或者支出的政策和措施"，然而在实践过程中相关规定难以严格落实，预算执行过程中新出台政策、领导"批条子"等现象尚大量存在，超出了预算约束的范畴。相关调查表明，落实主要领导在预算外的施政举措是仅次于应对突发事件和国家重大政策调整之外的追加预算的重要原因。

其次，纵向来看，上级政策加剧了本级政策过程与预算过程的分离。预算执行过程中，上级政府和部门会制定新的政策要求执行，而这些政策通常在预算编制环节难以预期，因此这也加剧了政策过程与预算过程的分离。

因此，公共政策制度与预算制度的匹配程度对财政收支的执行具有重要的影响。我国当前在财政年度内新增政策较多，这是预算编制时难以预计的，因此预算编制时没有考虑新增政策对应的财政收支。新增政策往往是硬性要求，必须具有相应的资金进行配套，将会导致出现新增财政支出或者会挤占其他财政支出，这均会导致预决算差异。因此可以得出如下命题。

> 命题：公共政策制度影响预决算差异，公共政策不确定性越大，预决算差异越大。

2. 官员晋升压力

周黎安（2007）认为，20世纪80年代以来我国快速增长的一个重要线索是地方政府之间存在一种晋升锦标赛。根据晋升锦标赛理论，在行政和人事集权的情况下，地方政府官员为实现仕途晋升，围绕政绩考核的相对位次展开竞争。在以GDP为核心的政绩考核机制下，地方政府官员以GDP为导向展开激烈竞争，容易出现短视化、政府主导型经济、政企合谋等行为。以GDP为导向的政府行为在财政支出方面表现为扩张主义倾向，原因是：一方面，财政支出具有很大的乘数效应，财政支出的增加会带来国内生产总值的增加；另一方面，政府支出具有很强的带动效应，能够引导民间资本和社会资本的流向，因此地方政府官员具有很强的扩张财政支出的倾向。同时，朱军和许志伟（2018）[1]的研究也表明，地区间的竞争会加剧政策的稳定程度，短期而言，地区间经济竞争压力越大，财政支出的波动性越大。

由于预算资源总是有限的，并且预算编制实行的是平衡预算，需要综合考虑各方支出需要，因此预算安排通常难以满足地方政府官员强烈的扩张支出需求。地方政府便出现了强烈的突破预算约束的动机，通过大规模举债、使用超收收入等，扩大生产性支出规模，导致突破预算约束，产生预决算差异。另外，部分政府甚至出现通过挤占民生支出，导致民生支出难以达到预算规模，而生产性支出超支，出现结构化预决算差异现象。因此，可以得出如下命题。

> 命题：官员的晋升压力影响预决算差异，晋升压力越大，预决算差异越大。

---

[1] 朱军,许志伟.财政分权、地区间竞争与中国经济波动[J].经济研究,2018,53(1):21-34.

四、经济因素

宏观经济是财政运行的基础，宏观经济运行态势对财政运行产生重要影响。一方面，财政调控会通过税收效应、支出效应等作用于宏观经济。另一方面，经济运行影响财政收支运行。财政收入来源于经济活动产生的税收收入，经济活动越活跃，税基充足，财政收入增加，为财政支出增加提供了支撑。因此宏观经济因素会影响到财政支出情况，是影响预决算差异的核心要素。

1. 宏观经济增速

经济是财政的基础。宏观经济运行会对财政运行产生重要影响，财政收入筹集来源于宏观经济各类市场主体，财政支出通过营造公平公正市场环境、开展基础设施建设等服务各类市场主体。一方面，经济快速增长时，各类市场主体经济活动活跃，税源充足税基增加，税收收入和财政收入增加，政府可供支配的财政资源增加。在年度预算平衡制度下，超收就转化为当年的支出，这部分收入超出了预算的规模，将会导致预决算差异。在缺乏有效的制度约束下，财政超收容易转化为财政超支。另一方面，在宏观经济受到冲击，宏观经济增速下降或低于预期增速时，税基规模下降，影响财政可用财力，限制财政支出总规模，导致预决算存在差异；同时为应对宏观冲击，财政政策会采取针对性的应对举措，按照支出优先次序进行结构性调整，也会导致预决算差异。因此可以得出如下命题。

> 命题：宏观经济增速影响预决算差异；一般而言，经济增速过高或过低均会导致预决算差异变大。

2. 经济发展水平

马斯格雷夫和罗斯托提出经济发展阶段理论来解释公共支出增加的原因。该理论认为：在经济发展的早期阶段，政府支出占有较高的比重，政府支出提供基础设施等公共产品，如道路、公园、法律与秩序等；在发展中期阶段，政府投资明显压缩，成为对私人投资的补充；一旦经济达到成熟阶段，财政支出将从基础设施支出转向不断增加的教育、保健与福利服务的支出，且支出增长将明显超过其他方面支出的增长，也会快于GDP的增长速度，导致财政支出规模膨胀。因此，在经济发展的不同阶段，财政支出增长的动因存在区别。

不同财政支出类别由于其资金投向、支出方式、项目属性、费用类别不同，其稳定性和可预测性也会存在明显差异。如运维类和奖补类资金支出规模和发生节点的可预测性较强，而基础设施类支出通常由于支出周期长、资金规模大，其支出的可预测性相对较低。对于预算编制而言，预算编制的准确性也必然存在差异。因此在财政支出增长动因存在差别的情况下，不同经济发展阶段下的预决算差异存在差别。基于此，可以得出如下命题。

> 命题：不同发展水平，政府职能侧重不同，支出特征不同，因此经济发展水平影响预决算差异。

五、管理因素

1. 财政透明度

财政透明度是指政府向公众公开关于政府政策的意向、公共部门账户和财政预测、财政收支信息的情况，并且这些信息是可靠的、详细的、及时的、容易理解并且可以进行比较的。根据委托代理理论，预算的公开透明有利于降低委托人和代理人之间的信息不对称，从而降低道德风险和逆向选择的可能，是对预算进行监督和问责的重要前提。财政透明度的提高有利于社会公众及时准确了解政府职能履行情况和财政运行情况，便于加强社会对政府财政收支行为的监督，增加了政府不合规支出的机会成本，从而减弱了政府的自由裁量权（杨翟婷、王金秀，2020）。同时政府部门在预算执行过程中也会受到更大的预算约束，抑制了地方政府不合规预算调整的动机。

一般而言，财政透明度越高，对地方政府支出的合规性约束越强，地方政府预算编制与执行会受到的约束越大，预决算差异通常越小。相反，当财政透明度较低时，地方政府的预算编制和执行情况不需要向社会公开，地方政府在预算编制和预算执行过程中的随意性会增加，预决算差异通常会较大（王志刚、杨白冰，2019）。因此可以得出如下命题。

> 命题：财政透明度影响预决算差异，一般而言，财政透明度越高，预决算差异越小。

2. 预算管理水平

预决算差异是预算编制和执行的直接结果，因此预算编制和预算执行的管理直接影响预决算差异。通常而言，预算管理水平越高，预算编制更加科学准确，预算执行更加规范。

（1）预算编制的科学性和准确性。预算编制是预算执行的基础。预算资源的分配结构和规模合理性，直接影响到预算能否得到有效执行。首先，预算编制的精确性。预算编制的精确性表现为预算是否能落实到具体单位、项目，反映了预算规模的确定是否合理。一般而言，预算编制越精确，预算规模会更加合理，预算执行也会更加规范。其次，不同的预算编制方法影响预算编制的科学性。增量预算与零基预算是不同的编制方法，相比较而言，零基预算思想不受以往预算安排情况影响，根据实际支出需求进行编制，能提升预算编制的科学性。最后，有限资源配置的优先次序也会影响预算编制科学性。相对于巨大的财政支出需求，预算资源总是有限的，因此将有限的资源在不同的支出项目间按照轻重缓急配置变得十分必要。然而在实际操作过程中，常见情形有：预算编制不够细化，部分支出未落实到具体单位或部门；零基预算落实不到位，不能根据预算环境、绩效评价结果和往年预算执行情况及时调整年初预算，导致资金连续结转；在上年度预算执行率较低的情形下，仍按上年预算额度或更高额度安排预算，甚至出现连续多年预算执行为零的情形。另外，部分政府财政管理尚未打通，存在预算重复安排的情形，如同一项目获得不同的资金支持导致资金超过项目实际支出需求而产生大量的结余。

（2）预算执行水平。预算执行是预算管理过程中的重要环节。预算管理水平的高低不仅取决于预算编制的科学合理，还取决于预算能否得到有效的贯彻执行。如果预算执行不到位，将会直接影响预算管理总体水平。

第一，频繁的预算调整影响预算的严肃性。由于预算所固有的预测局限，我国对预算调整实行总规模约束，执行中如需要对政府预算"类"级科目调剂的，应当报财政部门批准；"款"级科目调剂可以由各部门（单位）按照财政部门规定办理。因此在预算执行过程中，各部门会根据经济社会运行实际进行相应的调整，不受财政或者人大部门的约束。但是客观局限所带来的预算调整应该具有一定的比重，如果预算调整的规模或者次数过于频繁，可能受到其他因素的影响。如大连市G区2008年共受理425份请款报告，其中，需要追加预算经费的请款报告289份，最终对277份追加报告进行了审核批准和资金拨付，申请追加经费的部门约占全区预算单位总数的50%以上[1]。频繁的追加和预算调整不仅产生预决算的差异，而且直接降低了预算的严肃性。

第二，财政支出进度影响预算完成度。一方面，我国财政年度与全国人民代表大会存在会期错配，因此在预算执行过程中存在一段真空期（陈志刚、吕冰洋，2019），期间转移支付资金和一些新增项目资金或重大项目支出停滞，加之预算报告经过两会审核后，部分预算资金（主要是上级专项资金）下达较慢[2]，预算支出的实际执行时间较短，给预算执行的缓冲期也较短。倘若预算执行环节中的个别环节出现不畅，财政支出进度将会受到影响，这也是当前地方政府财政支出缓慢的主要原因。另一方面，财政支出进度也受到项目准备的充分程度、项目管理等因素的影响。项目前期的可行性研究、初步设计、评估审查、施工准备等都将会影响到项目的选择，而项目的选择情况直接影响到预算执行。项目准备越充分，项目顺利落实的可能性越大，越有利于项目的顺利实施，否则将会影响项目的开工和进度；同时项目前期准备越充分，项目进展越顺利，有利于保证各项支出的顺利实行，财政支出进度稳步推进。

---

[1] 杨晓萌,张媛.地方政府预算执行差异问题探讨——以大连市G区为例[J].地方财政研究,2009,59(9):36-40.

[2] 2019年审计署相关数据显示，抽查3848.76亿元中央专项投资，从国家发展改革委下达计划到财政部下达预算平均用时65天；地方财政层面，19省份收到23997.33亿元中央转移支付后，各级财政分配下达平均用时125天，至年底结存337.59亿元。

第三，预算执行约束不强。首先是超收转化为超支的约束。2007年以前超收收入的使用并不纳入人大审批和审查范围，各部门在对超收资金处置方面具有较大的自主权。因此财政的超收收入可以较为顺利地用于当前财政支出事项，形成超支。近年来，该问题得到了一定的改善，但是年度预算平衡约束下仍较容易通过预算调整演变为超支。其次是缺乏相关硬约束。预算硬约束的缺失，一方面导致超预算支出能够顺利实施，另一方面削弱了预算精确编制的动机。例如，柳州市某区"城乡社区公共设施"项目年初预算为9505万元，当年调增18.16亿元，调剂金额是年初预算的19倍。这可能是由于预算编制得不精确，但如此大规模的调整必然与预算硬约束缺失相关。

第四，预算执行结果的应用程度。完善的预算管理制度包括预算编制⟷预算执行⟷预算监督⟷决算⟷绩效评价⟷绩效评价结果应用等。绩效评价结果应用有利于发现预算编制过程中存在的问题，不断修正预算编制时存在的系统性偏差，从而不断降低预决算的偏离程度。综上，可以得出如下命题。

> 命题：预算管理水平影响预决算差异，一般而言，预算管理水平越高，预决算差异越小。

3. 财政支出结构

财政支出性质能够影响预决算差异，一般而言，不同支出类别的预算执行情况并不一致，自主性较强的支出类别，预决算差异较大，而且其变动幅度通常也会更大（刘叔申，2010）[1]。不同的支出类别（支

---

[1] 刘叔申.政府预算的科学性与软约束——基于中国财政预算执行情况的实证分析[J].中国行政管理,2010,296(2):110–115.

出科目）的费用类别和支出方式不同，预算编制的准确性和预算执行的变动程度存在差异。以基本建设支出和民生支出为例，基本建设支出主要是基建项目，项目投资规模大、周期长、跨年度，因此预算编制时只是对项目的概算，执行过程还受到市场因素等的影响，因此预算编制存在较大的难度，预决算之间出现差异具有一定的普遍性。而主要以补助形式为主的民生支出，其支出具有较强的可预期性和可控性，因此预算编制与预算执行之间的差异通常会被有效地控制。Anessi（2012）[1]对意大利市级数据研究也有同样的发现，即支出性质会影响预决算差异，资本性支出的预决算差异通常大于经常性支出。

通常而言，对于财政支出较为稳定的支出类别，预算编制具有较大的可预期性，预算执行与年初预算差异较小；对于预算支出波动较大的支出类别，支出规模难以预期或者预测的准确程度偏低。因此可以得出如下命题。

> 命题：财政支出结构会在一定程度上影响预决算差异程度，经济性支出比重越大，预决算差异通常会越大。

4. 财政收入增速

财政收入与财政支出是财政管理的两个方面。在2007年以前，"超收"收入的使用并不会纳入人大的审批，而且也不会进入下一年的预算，这导致超收资金游离了预算监管，有些地方甚至出现鼓励超收的局面。2014年《预算法》对超收收入的使用范围进行了明确的指定，并明确赤字的冲减、预算稳定调节基金的补充是一般公共预算超

---

[1] Anessi-Pessina E., Sicilia M., Steccolini I.. Budgeting and Rebudgeting in Local Governments: Siamese Twins?[J]. Public Administration Review, 2012,72(6):875-884.

收收入的指定用途，除此以外，不可以用于无关的方面。尽管《预算法》对超支的使用给出了明确的使用规范，然而，实践过程中由于缺乏实质性约束，在强烈的财政支出压力或动机下，仍能通过高估收入等方式打破规范，财政收入的增速仍然能影响到预算支出。由此，可以得出如下命题。

> 命题：财政收入状况影响预决算差异，一般而言，财政收入增速越大，预决算差异越大。

六、主体互动因素

1. 财政部门与支出部门的互动

预算的编制是财政部门进行资源配置的过程，通常经历"两上两下"的过程——支出部门提出资金需求、财政部门下达预算控制数、支出部门重新上报预算、财政部门批复预算。因此，在资金需求既定的情况下，财政部门和支出部门之间的互动会影响到资金的分配，进而对预决算差异产生影响。

财政部门与支出部门互动和博弈对预算编制的影响主要表现在两个方面：一是支出部门对政策信息理解不准确会影响到部门支出规划，使得资金配置难以匹配宏观政策导向；二是财政部门掌握的信息不足，不仅将无法确认支出部门的实际资金需求，难以判断部门是否存在虚报预算的情形，增加财政部门的预算编制成本，而且在进行部门间资金配置时难以按照资金的真实需求和轻重缓急作出合理的削减。因此信息不对称会影响到财政部门和支出部门之间的互动。财政部门和支出部门互动的结果体现在各部门获得的财政资源，在实现既定目标条件下，财政资金的使用效率和预决算差异会受到影响。因此，提出如下命题。

> 命题：财政部门和支出部门间的互动会影响预决算差异。

2. 支出部门与监督部门的互动

支出部门与监督部门的互动体现在预算的监督过程。全过程的预算监督有利于加强对预算编制的审查，了解预算执行情况，及时发现预算执行过程中的不规范，及时督促相关部门按照法定预算执行。同时配套的奖惩机制，增加了违反法定预算的机会成本，降低了各部门预算违规的可能性。完善的预算监督体系包括审计监督、人大监督和社会监督。

一是审计监督体制。审计监督是行政系统内部的监督，有利于审查发现预算编制执行过程中的问题。然而我国审计机关独立性缺失，且审计机制不健全，不能有效地发挥内部监督的效果。据统计，2011—2015年均被国家审计部门连续审计的部委仅仅15个，而且大多数部门被审计的时间跨度较大（巩玉坤，2017）[1]；并且现行审计一般未包括税式支出预算以及准财政活动报告，只对现行预算体系中的财政收支进行审计（王秀芝，2015）。

二是人大监督机制。人大对预算拥有审查权和监督权，是有效的外部监督途径，然而现实中我国人大的监督权是形式重于实质，未能充分发挥人大监督的效果。主要的表现为：人大主要行使预算审批权，而预算修正权处于"长期休眠"状态，人大的监督缺少硬约束机

---

[1] 巩玉坤.国家预算执行审计的现状调查与对策分析[J].中国集体经济,2017,526(14):19-20.

制；人大对预算编制和预算执行中的参与不足，未能有效地参与预算编制和执行过程，充分发挥监督作用。

三是社会监督机制。社会监督也是政府监督体系的重要组成部分，包括公众监督和媒体监督。然而，尽管近年来社会公众和媒体对预算的监督意识不断提高，但是监督效力和效果仍然十分有限，未能对地方政府不规范的财政收支行为形成有效约束。因此，可以得出如下命题。

> 命题：预算监督的约束力影响预决算差异，预算监督机制越完善，预决算差异越小。

综合上文的分析，将影响预决算差异的因素总结为技术因素、制度因素、政策因素、经济因素、管理因素和主体互动因素。结合分析，本书梳理得出预决算差异的影响机制，如图4-4所示。

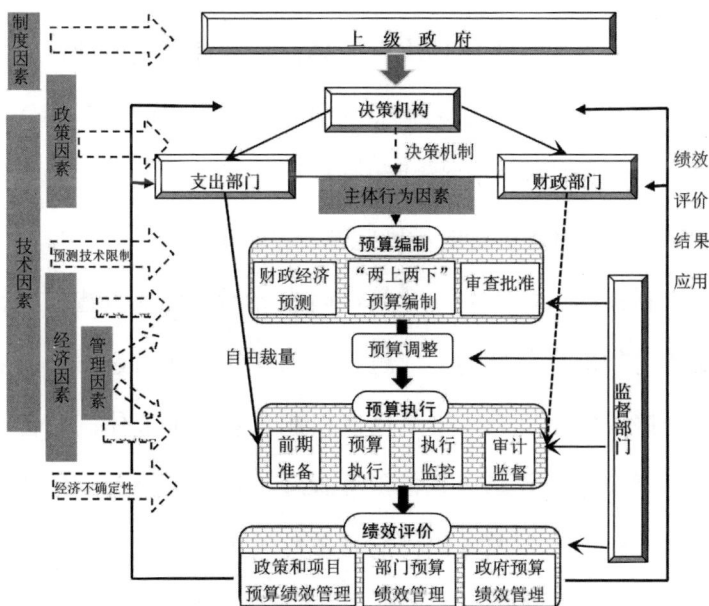

图4-4 预决算差异的形成机制

第四节　预决算差异管理的客观定位

一般公共预算支出预决算差异的固有属性决定了预决算差异的复杂性，因此认识预决算差异不能一概而论，要从导致预决算差异的主要成因出发，抓住问题的主要矛盾和矛盾的主要方面。这一方面有利于客观认识预决算差异的成因，另一方面有利于对症下药，及时采取有效的举措防止预算编制过程中的不科学和预算执行中的不规范。

对于技术因素（预测技术的限制、经济社会中的不确定性等）造成的预决算差异，要认识到预决算差异存在的客观现实性。在预算编制环节增加预备费、预算稳定调节基金等增加支出的机动性，在预算执行环节保证资金使用的规范性和合规性，提高财政资金的效益，做到及时降低经济和财政运行的不确定性。

对于体制性制度性因素、政策性因素等不合理因素造成的预决算差异，要厘清预决算差异的形成过程，抓住预算执行过程中的痛点和堵点。一是捋顺体制机制，推进体制机制重塑，形成体制完善、机制顺畅的预算管理体制。二是完善预算管理制度，发挥制度化效能，提高预算编制的科学性和预算执行的规范性约束性。三是优化政策决策机制，强化规划←→政策←→计划←→预算之间的衔接，在提高对国家重大战略任务财力保障的同时，也有利于弱化政策不确定性对预算执行带来的影响。

对于财政节支带来的预决算差异，要积极鼓励支持。在保证既定预算目标实现的情况下，实现财政资金节支是效率的体现。近年来，为落实减税降费政策和"六稳""六保"任务，各级政府树立了过紧日子思想，认真落实压减"三公经费"和一般性支出规定，财政节支效果明显。2019年，我国各级政府主动大力压减不必要的一般性支出，中央本级部门带头严格规范支出管理，坚持除刚性和重点项目外均实现不同程度压减的原则，项目支出平均压减幅度达到10%。地方也加大压减力度，压减幅度基本超过5%，部分地区甚至达到10%以上[1]。因此对于各级政府压减支出带来的预决算差异，应该秉持支持鼓励的态度。

综上，对于不同的影响因素要差异化认识，理性认识客观因素，主动化解不合理因素，鼓励支持节支因素。

上述内容参见图4-5所示。

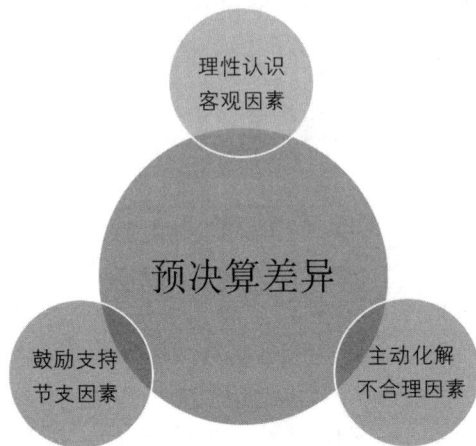

图4-5　预决算差异管理的客观定位

---

[1] 财政部网站：http://www.mof.gov.cn/zhengwuxinxi/caijingshidian/jjrb/201912/t20191230_3451970.htm.

第五节　本章小结

本章从预决算差异的形成过程出发，认为预决算差异具有五个基本属性——普遍性、不可预知性、非对称性、成因多样性和适度性。其中，普遍性是指任何国家或地区、任何层级政府，无论是从横向维度还是纵向维度看，尽管预决算差异的规模和比例不同，但是预算和决算之间的差异具有常见性；不可预知性是指预算和决算的相对关系具有很大的不确定性，难以根据既往规律作出较为精准的预测；非对称性是指预算与决算间的差异并非随机，其差异在一定时期内表现出延续性，即一段时期内存在系统性高估或低估；成因的多样性是指公共预算编制和执行涉及不同预算参与者、多个预算环节，受到客观环境、经济运行态势、财政政策取向、制度因素等多种因素的影响；适度性是指在预算管理过程中应该充分发挥预算的控制功能，尽可能降低人为因素对预决算差异的影响，将预决算差异控制在不确定性带来的差异范围内。

五大基本属性决定了预决算差异的复杂性，因此认识预决算差异不能一概而论，要从导致预决算差异的主要成因出发，分类视之。对于技术因素（预测技术的限制、经济社会中的不确定性等）造成的预决算差异，要认识到预决算差异存在的客观现实性。对于体制性制度性因素、政策性因素等造成的预决算差异，要厘清预决算差异的形成过程，抓住预算执行过程中的痛点和堵点，主动修复导致预决算差异的制度性缺陷。对于财政节支带来的预决算差异，要积极鼓励支持。

最后，本书从预算信息、预算结构、决策模式、预算规则的预算四要素出发，构建基于"预算过程+预算结构"的预决算差异二维逻辑分析框架。通过分析，将决算差异的成因归纳为六类——技术因素、制度因素、政策因素、经济因素、管理因素和主体互动因素。其中，宏观经济不确定性、经济预测水平等技术因素会影响预决算差异；制度因素方面，财政管理体制、转移支付制度和预算权力配置会影响预决算差异；政策因素方面，公共政策制度和官员晋升压力会影响预决算差异；经济因素方面，宏观经济因素和经济发展水平会影响预决算差异；管理因素方面，财政收入增速、财政支出结构、财政透明度和预算管理水平会影响预决算差异；主体互动因素方面，财政部门、支出部门和监督部门之间的博弈会影响各自的行为选择，最终影响预决算差异。

第五章

一般公共预算支出预决算差异的主体博弈分析

第四章立足于预算管理全过程，将影响预决算差异的因素总结为六类：技术因素、制度因素、政策因素、经济因素、管理因素和主体互动因素。但是正如上文所指出——预算管理是一个涉及多主体、多过程的系统工程，不同影响因素对预决算差异的影响逻辑并不完全相同，因此难以利用统一的分析方法对其进行验证和分析。因此本书接下来的第五章、第六章和第七章的分析逻辑如下。

　　首先，第五章是一般公共预算支出预决算差异的主体互动分析。考虑到预算管理中的主体涉及预算部门、支出部门和监督部门，主体间的互动关系贯穿预算的编制、执行和监督整个流程；而预决算差异是主体策略互动的结果反映，因此主体互动分析对于预决算差异分析具有重要价值；同时，博弈分析在研究主体间互动时具有独特的优势[1]，因此第五章先从博弈视角对主体互动因素进行分析。其次，第六章是对技术因素、制度因素、政策因素、经济因素和管理因素的检验，由于这些因素总体相对容易量化，因此采用统计回归分析方法进行实证研究。最后，第七章的分析顺承第六章，旨在利用基于回归的分析方法来研究不同因素的相对重要程度，从而挖掘影响我国一般公共预算支

---

[1] 张维迎.博弈论与信息经济学[M].上海：格致出版社,2012.

出预决算差异的关键因素，使预决算差异管理改革更具有针对性。

第一节　预决算差异的主体博弈概述

政府预算管理是财政部门、支出部门、监督部门等主体在预算编制、执行、监督过程中相互作用的过程，是经济理性与政治标准的混合体（吴俊培、程文辉，2018）[1]。而预决算差异反映主体之间的"讨价还价"和策略互动（吕冰洋、李岩，2020）[2]。各主体以自身利益最大化为行为动机，但是其行为目标并不相同——支出部门追求预算最大化、财政部门追求成本最小化或绩效最大化、监督部门追求部门违规最小化，因此各部门为争夺预算资源、保障预算的有效执行展开不同层面的互动。各主体的互动博弈结果贯穿于政府预算过程（程瑜，2006）[3]，不仅会影响到预算编制过程中财政部门向支出部门配置资源的效率，也会影响到监督部门对支出部门的监督力度。因此研究预决算差异的主体因素分析，本质上是研究预算过程中不同部门之间的相互作用过程。而在研究这种决策主体行为之间相互作用的问题时，博弈论具有独特优势。因为博弈论中，个人的效用不仅依赖自己的选择，而且还受到他人选择的影响。这也与预算编制和执行过程中的各部门决策过程相契合，因此本部分利用博弈论的方法，研究一般公共预算支出预决算差异中的决策主体之间的相互作用。

支出部门与财政部门之间的博弈互动。支出部门作为预算申请

---

[1] 吴俊培,程文辉.基于不完全信息博弈模型的预算效率激励机制设计[J].财政研究, 2018, 429(11): 71–83.

[2] 吕冰洋,李岩.中国省市财政预算偏离的规律与成因[J].经济与管理评论, 2020, 36(4): 92–105.

[3] 程瑜.政府预算执行过程中的博弈分析[J].财政研究, 2006, (7): 26–28.

者，实现其自身利益最大化的策略选择是实现预算最大化；而财政部门作为预算分配者（资源保护者），追求既定绩效条件下的成本最小化。由于存在信息不对称，财政部门难以获取到支出部门的成本信息或绩效信息，而支出部门掌握具体的部门数据，且容易通过混淆、操控等掩盖其真实信息（Radnor，2008）[1]，因此支出部门和财政部门的出发点并不一致，两者的策略选择会存在差异。具体表现为，预算编制过程中，支出部门为实现预算最大化倾向于高报预算，并且其所拥有的项目、成本等信息优势使其成为可能；而财政部门并不掌握这些信息或者信息获取成本较高。因此双方在预算编制中存在着博弈过程，最终财政部门和支出部门在双方行为的相互作用下作出决策，影响财政部门同意分配的预算规模。在支出部门履行职能所需资金规模既定且不考虑资金浪费的情况下，两者博弈的结果最终表现为不同的预决算差异水平。

支出部门之间存在竞争博弈互动。预算管理过程中，代表不同利益集团的支出部门之间会存在相互竞争的博弈（马蔡琛，2008）[2]，在财政资源既定的情况下，支出部门之间预算资源分配存在此消彼长的关系。在部门预算最大化动机以及部门竞争关系的背景下，支出部门为获得更多的预算资源展开博弈。各支出部门的决策行为是提出预算申请，财政部门在信息不对称的情形下根据其决策行为传达的信息进行资源配置。通常而言，在其他条件不变的情况下，预算申请规模越大，传递出的预算需求越大，其在预算配置中越占优势，预决算差

[1] Radnor, Z.. Muddled, Massaging, Maneuvering or Manipulated[J]. International Journal of Productivity and Performance Management, 2008, 57(4): 316–328.

[2] 马蔡琛.公共预算管理中资源配置的竞争性博弈分析[J].云南社会科学, 2008, 165(5): 107–110.

异也会越大。

支出部门和监督部门之间存在博弈互动。由于在预算编制过程中倾向于高报预算，支出部门在预算执行过程中面临着资金使用和资金结余的问题。资金结余通常意味着结余资金的收回，资金不结余通常意味着监督部门的违规处罚，支出部门和监督部门围绕资金的使用和结余展开博弈。最终支出部门和监督部门在双方行为的相互作用下作出决策，影响支出部门对预算结余的处置选择，进而影响预算与决算之间的差异。

根据博弈论的有关理论，博弈论根据参与人行动是否具有先后顺序、对其他参与人信息的是否完全掌握，可以划分为不同的博弈类型。首先，根据参与人行动是否具有先后顺序可以划分为静态博弈（static game）和动态博弈（dynamic game）。其中，静态博弈是指参与人同时行动，或虽然非同时行动，但是后行动者并不知先行动者行为的博弈过程。动态博弈是指参与人的行动有先后顺序，且后行动者能观察到后行动者行为的博弈过程。其次，根据参与人对其他参与人信息是否完全掌握可以划分为完全信息博弈和不完全信息博弈。其中，完全信息博弈是指博弈中每个参与人对其他参与人的特征、战略空间、支付函数等有准确的信息。否则，若有的参与人无法掌握其他参与人的特征、战略空间、支付函数等信息，该博弈为不完全信息博弈。根据上述两个维度的划分，可以得到四种不同的博弈类型：完全信息静态博弈、完全信息动态博弈、不完全信息静态博弈、不完全信息动态博弈。如表5-1所示。

表5-1　博弈类型的划分

信息类型	静态	动态
完全信息	完全信息静态博弈	完全信息动态博弈
不完全信息	不完全信息静态博弈	不完全信息动态博弈

预算编制和执行是一个复杂的过程，不同环节、不同部门之间存在千丝万缕的联系。如果直接分析，将会面临非常多的困难，被其复杂的关系所迷惑。因此我们化繁为简，将预算编制或执行中的主体分离出来，尝试进行两两分析。通过分析，认为其过程涉及的主体主要包括：支出部门、财政部门、监督部门。

因此分别构建如下博弈模型：支出部门和财政部门之间的预算博弈模型、支出部门之间的预算博弈模型、支出部门和监督部门之间的结余博弈模型。

第二节　预算编制：支出部门与财政部门之间的博弈

一、支出部门与财政部门的完全信息静态博弈

1. 博弈特点

完全信息静态预算博弈中，两个参与人（财政部门、支出部门）完全了解对方的特征（战略空间、支付函数等），并且两个参与人同时行动或者虽然行动非同时，但是每个参与人决策时并不知道其他参与人的选择，即每个参与人独立地作出决策。

在该博弈中，由于财政部门手中的财政资源总量既定，支出部门申请的预算规模越大，财政部门剩余的资源越少，因此并不存在纯策略。在完全信息静态的预算博弈中，申请者（支出部门）和审批者（财政部门）在博弈过程中的策略服从一定的概率分布，即属于混合策略博弈，不存在纯策略的纳什均衡[1]。

2. 策略空间

本博弈模型中，支出部门是预算申请者，财政部门是预算审批者。

预算申请者的策略空间是（高报、实报）。申请者高报预算带来的收益主要表现在两个方面：一是申请者可以获得更多的可实际支

---

[1] 高伟明,马笑渊.预算博弈现象以及对策分析[J].财政研究,2003,(4):14-17.

配的财政资金，从而有利于充分实现其部门职能；二是高报预算申请通过时带来的成就感。当然，高报预算需要付出一定的成本，主要是信息包装成本（如信息采集成本、数据加工成本等），因为财政部门会对预算申报材料进行严格审核，预算申请者必须对申报材料进行包装，增强预算的可信性，从而增加预算审批通过的概率。

预算审批者的策略空间是（削减、批准）。预算审批者削减其预算意味着审批者实际可支配财政资金的增加，从而有更充足资金支撑政府决策者的政策意图。预算审批者的成本包括审核预算申报材料的人工成本和时间成本。

3. 模型的建立与推导

根据上文的分析，模型的基本设定如下。

博弈的参与人分别是预算申请者和预算审批者，两者的策略空间分别为（高报、实报）、（削减、同意）。申请者选择高报预算的概率为$x \in [0,1]$，则实报预算的概率为$1-x$；审批者选择削减申请者预算的概率为$y \in [0,1]$，则同意申请者预算的概率为$1-y$。

设申请者高报预算的收益为$\bar{b}$，实报预算的收益为$\underline{b}$；高报预算的成本为c_1，实报预算的成本为c_1'。显然，申请者高报预算的成本要高于实报预算的成本，即$c_1 > c_1'$。财政部门可支配的财政资源总量为R。如果审批者认为申请者高报预算并决定削减，削减系数为λ（反映了审批者的风险倾向）。预算审批者审批预算并决定削减预算时的审批成本为c_2，审批预算并同意预算时的审批成本为c_2'。审批者审批并削减预算时的审批成本要高于同意预算时的审批成本$c_2 > c_2'$。申请者和预算者的收益矩阵，如表5-2所示。

表5-2　财政部门和支出部门之间完全信息静态博弈下的收益矩阵

项目		削减 （y）	同意 （$1-y$）
申请者	高报 （x）	$[\bar{b}-\lambda\bar{b}-C_1, R-(\bar{b}-\lambda\bar{b})-C_2]$	$[\bar{b}-C_1, R-\bar{b}-C_2^{'}]$
	实报 （$1-x$）	$[\underline{b}-\lambda\underline{b}-C_1^{'}, R-(\underline{b}-\lambda\underline{b})-C_2]$	$[\underline{b}-C_1^{'}, R-\underline{b}-C_2^{'}]$

根据上述设定，申请者的混合策略是$S_1=(x, 1-x)$，即申请者以x的概率高报预算，以$1-x$的概率选择实报预算；同理，审批者的混合策略是$S_2=(y, 1-y)$，即审批者以y的概率削减预算，以$1-y$的概率实报预算。

给定x，申请者选择高报（$x=1$）和实报（$x=0$）预算的期望收益分别为：

$$E(1, S_2)=y[\bar{b}-\lambda\bar{b}-C_1]+(1-y)[\bar{b}-C_1] \tag{5-1}$$

$$E(0, S_2)=y[\underline{b}-\lambda\underline{b}-C_1^{'}]+(1-y)[\underline{b}-C_1^{'}] \tag{5-2}$$

令$E(x, S_2)=E(1-x, S_2)$，得出：

$$y^{*}=\frac{\bar{b}-\underline{b}-(C_1-C_1^{'})}{\lambda[\bar{b}-\underline{b}]} \tag{5-3}$$

即：如果审批者削减预算的概率低于y^{*}，申请者的最优选择是高报预算；如果审批者削减预算的概率高于y^{*}，申请者的最优选择是实报预算；如果审批者削减预算的概率等于 y^*，申请者随机地选择高报预算或实报预算。

给定 y，审批者选择削减（$y=1$）和同意（$y=0$）预算的期望收益分别为：

$$E(S_1,\ 1) = x[R - (\overline{b} - \lambda\overline{b}) - C_2] + (1-x)[R - (\underline{b} - \lambda\underline{b}) - C_2] \qquad （5-4）$$

$$E(S_1,\ 0) = x[R - \overline{b} - C_2^{'}] + (1-x)[R - \underline{b} - C_2^{'}] \qquad （5-5）$$

令 $E(x,\ S_2) = E(1-x,\ S_2)$，得出：

$$x^* = \frac{(C_2 - C_2^{'}) - \lambda\underline{b}}{\lambda[\overline{b} - \underline{b}]} \qquad （5-6）$$

即：如果申请高报预算的概率高于 x^*，审批者的最优选择是削减预算；如果申请者高报预算的概率低于 x^*，审批者的最优选择是同意预算；如果申请者高报预算的概率等于 x^*，审批者随机地选择削减或同意预算。

4. 均衡分析

因此，混合策略的纳什均衡是 $x^* = \dfrac{(C_2 - C_2^{'}) - \lambda\underline{b}}{\lambda[\overline{b} - \underline{b}]}$，$y^* = \dfrac{\overline{b} - \underline{b} - (C_1 - C_1^{'})}{\lambda[\overline{b} - \underline{b}]}$，即申请者以 x^* 的概率选择高报预算，审批者以 y^* 的概率选择削减预算。因此可以得出如下结论。

一是在申请者和审批者均为理性人的前提下，双方均以其预期效用最大化为目标，但由于双方并不知对方的策略选择，因此申请者的最优策略是以 x^* 的概率选择高报预算（即以 $1-x^*$ 的概率选择实报预算），而审批者的最优策略是以y^*的概率选择削减预算（即以$1-y^*$的概率选择同意预算）。

二是预算博弈的纳什均衡与审批者的削减系数λ、高报预算的额外成本c_1-c_1'、削减预算的额外成本c_2-c_2'、虚报规模$\overline{b}-\underline{b}$有关。

三是申请者的策略选择与审批者的削减系数λ、削减预算的额外成本c_2-c_2'以及自身虚报规模$\overline{b}-\underline{b}$有关。当削减系数越小、削减预算的额外成本越大、虚报规模越小，申请者高报预算的概率越大。即当审批者预算削减系数较小，预算申请者存在较大的机会主义倾向，或者审批者识别信息的成本较高时，选择高报预算的概率增大。那么，为什么虚报规模越大，申请者高报预算的概率越小（或虚报规模越小，申请者高报预算的概率越大）呢？是因为，虽然虚报规模增大可能会带来潜在的收益，但是虚报规模越大，审批者削减预算的概率越高，申请者反而不敢虚报预算。这与现实也基本相符，当支出部门申报预算规模较大时或者较往年大幅增加时，预算部门会严格审批，确保新增支出的科学性和合理性。

四是审批者的策略选择与审批者的削减系数λ、高报预算的额外成本c_1-c_1'以及自身虚报规模$\overline{b}-\underline{b}$有关。审批者的削减系数越小、申请者高报预算的额外成本越小、虚报规模越大，审批者削减预算的概率越大。即当审批者削减系数较小时，预知到申请者高报预算的概率增加，因此削减预算的概率也随之增加；当申请者虚报预算的成本较小时，审批者削减的概率会较高；当申请者虚报预算的规模较大，超过了审批者的心理预期时，其倾向于削减预算。

二、部门预算编制的不完全信息动态博弈

通过对上文的完全信息静态博弈模型的分析，已经获得关于预算博弈的基本结论。但完全信息静态模型对支出部门和财政部门的特征进行了简化，是相对理想化的模型，比如没有涉及权力的寻租、策略选择的先后顺序等。因此本部分对支出部门和财政部门的特征进行进一步细化，建立不完全信息动态博弈模型。

1. 博弈特点

该模型的主要特点是：一是博弈双方（预算申请者和审批者）仅掌握自己的信息，对对方的信息和行为并不完全了解，双方之间存在信息不对称，预算申请者掌握信息优势；二是博弈双方的策略选择存在先后次序，首先由申请者提交预算申请，然后审批者进行审核，并作出相应的策略选择。

2. 模型的建立与均衡分析

如图5-1所示。

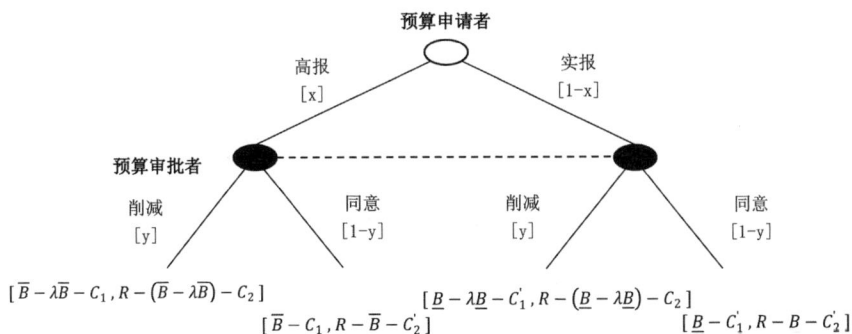

图5-1　财政部门和支出部门之间不完全信息动态博弈模型

根据上述设定，申请者首先行动，其混合策略是 $S_1 = (x, 1-x)$，即申请者以 x 的概率高报预算，以 $1-x$ 的概率选择实报预算；然后审批者对申请者的预算申请进行审核，其混合策略是 $S_2 = (y, 1-y)$，即审批者以 y 的概率削减预算，以 $1-y$ 的概率实报预算。

首先，分析第二阶段预算审批者的策略选择。审批者选择削减（ $y=1$ ）和同意（ $y=0$ ）预算的期望收益分别为：

$$E(S_1, 1) = x[R - (\overline{B} - \lambda\overline{B}) - C_2] + (1-x)[R - (\underline{B} - \lambda\underline{B}) - C_2] \tag{5-7}$$

$$E(S_1, 0) = x[R - \overline{B} - C_2'] + (1-x)[R - \underline{B} - C_2'] \tag{5-8}$$

令 $E(S_1, 1) > E(S_1, 0)$ 时，即 $x > \dfrac{(C_2 - C_2') - \lambda B}{\lambda[\overline{B} - \underline{B}]}$ 时，审批者的最优化选择是削减预算。

令 $E(S_1, 1) < E(S_1, 0)$ 时，即 $x < \dfrac{(C_2 - C_2') - \lambda B}{\lambda[\overline{B} - \underline{B}]}$ 时，审批者的最优选择是同意预算。

其次，分析第一阶段预算申请者的选择。申请者选择高报（ $x=1$ ）和实报（ $x=0$ ）预算的期望收益分别为：

$$E(1, S_2) = y[\overline{B} - \lambda\overline{B} - C_1] + (1-y)[\overline{B} - C_1] \tag{5-9}$$

$$E(0, S_2) = y[\underline{B} - \lambda\underline{B} - C_1'] + (1-y)[\underline{B} - C_1'] \tag{5-10}$$

令 $E(1, S_2) > E(1-x, S_2)$ 时，即 $y < \dfrac{\overline{B} - \underline{B} - (C_1 - C_1')}{\lambda[\overline{B} - \underline{B}]}$ 时，申请者最优选择是高报预算。

令 $E(0, S_2) < E(1-x, S_2)$ 时，即 $y > \dfrac{\overline{B} - \underline{B} - (C_1 - C_1')}{\lambda[\overline{B} - \underline{B}]}$ 时，申请者最优选择是实报预算。

根据上文分析结果可以得出如下结论：

当 $0 < y < \frac{\overline{B} - \underline{B} - (C_1 - C_1')}{\lambda[\overline{B} - \underline{B}]}$ 时，且 $\frac{(C_2 - C_2') - \lambda B}{\lambda[\overline{B} - \underline{B}]} < x <$ 时，申请人选择高报预算，审批人应该选择削减预算。

当 $\frac{\overline{B} - \underline{B} - (C_1 - C_1')}{\lambda[\overline{B} - \underline{B}]} < y < 1$ 时，且 $0 < x < \frac{(C_2 - C_2') - \lambda B}{\lambda[\overline{B} - \underline{B}]}$ 时，申请人选择实报预算，审批人应该选择同意预算。

当处于上述两个区间时，预算博弈将达到动态均衡状态。

三、不完全信息两期序贯博弈（部门预算博弈策略）

2000年以来，中国开始试点推行部门预算改革，并逐渐形成了部门预算与财政总预算相结合的政府预算体系。一般来说，部门预算按照"两上两下"的程序编制，即支出部门两次将预算草案上报给财政部门，财政部门相应返回两次预算的过程。其中，"一上"阶段支出部门编报预算建议数，"一下"阶段财政部门下达预算控制数，"二上"阶段支出部门上报预算，"二下"阶段财政部门批复预算。部门预算"两上两下"的预算编制流程见图5-2所示。

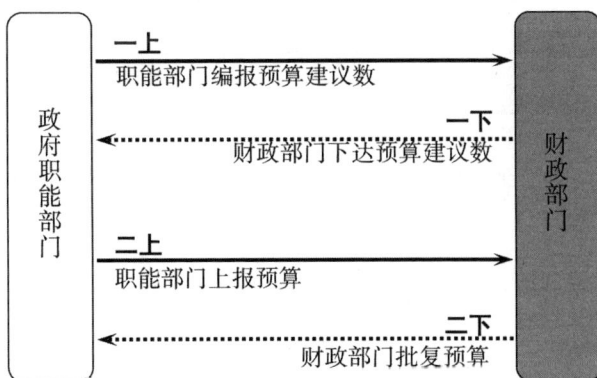

图5-2 部门预算编制流程

1. 部门预算编制的博弈策略

为了刻画部门预算编制过程中财政部门和支出部门存在的关系，将部门预算编制过程简化为不完全信息下的单边出价、两期序贯议价模型[1]。在该模型中，有两个参与人——支出部门、财政部门，两者就部门预算的规模进行博弈。

在时期t（t=1或2），支出部门编报预算数b_t，财政部门可以选择"接受"或"不接受"。如果t以前的预算数被拒绝，支出部门的一个策略就是在时期t的一系列出价b_t，财政部门的一个策略就是在每一期选择"接受"或"不接受"，该选择依赖于公共知识、以前各期出价形成的序列。如图5-3所示。

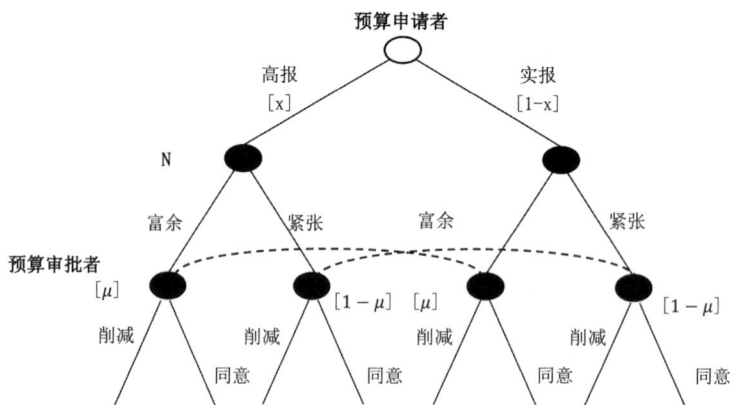

图5-3 财政部门和支出部门之间不完全信息两期序贯博弈模型

假设财政部门有两种类型：一是财力充足型，部门预算的上限为$\bar{R}$；二是财力紧张型，部门预算的上限为$\underline{R}$。其中，财政部门为$\bar{R}$型的先验

---

[1] Fudenberg D., Tirole J.博弈论[M].黄涛译. 北京:中国人民大学出版社,2015:381-383.

概率为$p(o \leq p \leq 1)$，财政部门为R型的先验概率为$1-p$。

令支出部门和财政部门的贴现因子分别为t_e和t_f [t_e、$t_f \in (0,1)$]，并且贴现因子大小与交易成本负相关，即交易成本越高，t_e和t_f越小，反之亦然。因为财政部门更具有耐心，即交易成本更低，所以令$t_f > t_e$。

博弈顺序为：

（1）"一上"。支出部门编报预算建议数$b_1 \in [\bar{R}, \underline{R}]$。

（2）"一下"。财政部门进行初审，并作出"接受"或"不接受"，体现为预算控制数B与预算建议数的相对大小关系。当预算控制数B等于b_1，表示接受，博弈结束（虽然"二上""二下"仍会进行，但是不存在实质性博弈过程，因此简化认为博弈结束）；当预算控制数B小于b_1，表示不接受，则博弈进入"二上"环节。

（3）"二上"。部门重新上报预算$b_2 \in [\bar{R}, \underline{R}]$。遵循贝叶斯法则调整后验概率，令财政部门为$\bar{R}$型的后验概率为$\mu(o \leq \mu \leq 1)$，财政部门为$\underline{R}$型的后验概率为$1-\mu$。

（4）"二下"。财政部门批复预算。$\underline{R}$型财政部门接受$b_2 = \underline{R}$，拒绝$b_2 > \underline{R}$，而$\bar{R}$型的财政部门接受$\underline{R} \leq b_2 \leq \bar{R}$，两者一定达成一致。

支出部门和财政部门均追求预期收益最大化原则，其中，支出部门的预期收益最大化表现为部门预算规模的最大化，财政部门的预期收益最大化表现为剩余资源的最大化，即效率最大化（支出部门在履行既定职能的条件下实现财政资金的最小化）。因此，博弈结束后，支出部门的收益（支付，payoff）为支出部门获得的预算，即$U_e = b_t$，财政部门的收益为剩余的资源，即$U_f = \bar{R} - b_t$。

2. "二上"的后续博弈

"二上"是支出部门的最后一次上报预算，支出部门会按照预期收益最大化（预算规模最大化）的原则确定部门预算方案是$\bar{R}$还是$\underline{R}$。

支出部门选择$b_2 = \bar{R}$时，$\bar{R}$型财政部门会接受b_2，$\underline{R}$类型的财政部门不接受b_2，所以当期预期收益为$\mu \cdot \bar{R} + (1 - \mu) \cdot 0 = \mu\bar{R}$。

支出部门选择$b_2 = \underline{R}$时，$\bar{R}$型财政部门和$\underline{R}$类型的财政部门均接受b_2，所以当期预期收益为$\mu \cdot \underline{R} + (1 - \mu) \cdot \underline{R} = \underline{R}$。

所以支出部门在"二上"阶段的最优策略如下。

① 若$\mu > \dfrac{\underline{R}}{\bar{R}} \equiv \alpha$，则$\mu\bar{R} > \underline{R}$。

意味着支出部门的最优策略是$b_2 = \bar{R}$，支出部门的预期收益为$U_e = t_e\mu\bar{R}$。

② 若$\mu < \dfrac{\underline{R}}{\bar{R}} \equiv \alpha$，则$\mu\bar{R} < \underline{R}$。

意味着支出部门的最优策略是$b_2 = \underline{R}$，支出部门的预期收益为$U_e = t_e\underline{R}$。

③ 若$\mu = \dfrac{\underline{R}}{\bar{R}} \equiv \alpha$，则$\mu\bar{R} > \underline{R}$。

意味着$b_2 = \bar{R}$或$b_2 = \underline{R}$对支出部门无差异，即$U_e = t_e\mu\bar{R} = t_e\underline{R}$。

如果引入支出部门在第二期上报预算为$\bar{R}$的概率为$x \in [0,1]$，则支出部门的最优策略可表示为：

$$x = \begin{cases} 1, & \text{如果}\mu > \dfrac{\underline{R}}{\bar{R}} \equiv \alpha \\ 0, & \text{如果}\mu < \dfrac{\underline{R}}{\bar{R}} \equiv \alpha \\ \in [0,1], & \text{如果}\mu = \dfrac{\underline{R}}{\bar{R}} \equiv \alpha \end{cases} \qquad （5\text{--}11）$$

3. "一下"的后续博弈

"一下"是财政部门对支出部门的预算建议数进行初审，财政部门根据预期收益最大化（效率最大化）决定"接受"或"不接受"。

（1）当$b_1 = \underline{R}$时，$\bar{R}$型财政部门和$\underline{R}$类型的财政部门均接受b_1。

（2）当$b_1 > \underline{R}$时，$\underline{R}$型财政部门拒绝b_1，因为一旦同意该预算数，财政部门的预期收益为负数。

$\bar{R}$型财政部门的策略需要进行讨论分析。因为$\bar{R}$型财政部门会依据对支出部门后验概率μ的预测，选择实现预期收益最大化的策略。

1）若财政部门"一下"阶段接受$b_1 > \underline{R}$，财政部门的预期收益为$\bar{R} - b_1$。

2）若财政部门"一下"阶段拒绝$b_1 > \underline{R}$，财政部门的预期收益与支出部门"二上"阶段的策略有关。

①第一种可能：假设财政部门拒绝b_1传递给支出部门"乐观信念"，即$\mu > \alpha$，那么支出部门的最优策略是$b_2 = \bar{R}$，因此拒绝b_1给财政部门的预期收益是0，财政部门在"一下"阶段的最优策略是接受b_1。又因为b_1被$\bar{R}$型财政部门拒绝，由贝叶斯法则$\mu = 0$，则相互矛盾。所以$\mu > \alpha$不成立。

②第二种可能：假设财政部门拒绝b_1传递给支出部门"悲观信念"，即$\mu < \alpha$，那么支出部门二上阶段的最优策略是$b_2 = \underline{R}$，因此"一下"阶段拒绝$b_1 > \underline{R}$给财政部门的预期收益是$t_f(\bar{R} - \underline{R})$。

在第二种可能（$\mu < \alpha$）条件下，比较财政部门接受$b_1 > \underline{R}$时的预期收益为$\bar{R} - b_1$与拒绝的预期收益是$t_f(\bar{R} - \underline{R})$，具体分析如下。

当$t_f(\bar{R} - \underline{R}) \leqslant (\bar{R} - b_1)$时，即$b_1 \leqslant (1 - t_f)\bar{R} + t_f\underline{R} \equiv \tilde{b}$时，财政部门的最优选择是接受$b_1$。（此时不进行第二阶段；如果进行，由贝叶斯法则可知$\mu = p$）

当$t_f(\bar{R} - \underline{R}) > (\bar{R} - b_1)$时，即$b_1 > (1 - t_f)\bar{R} + t_f\underline{R} \equiv \tilde{b}$时，财政部门的最优选择是拒绝$b_1$。由贝叶斯法则，可知$\mu = p$。

所以，"一下"阶段财政部门的最优策略是：

$$\begin{cases} \text{当}\mathbf{b_1} = \underline{R}\text{时，}\underline{R}\text{型和}\bar{R}\text{型财政最优选择都是接受}b_1\text{。} \\ \text{当}\underline{R} < b_1 \leqslant \tilde{b}\text{时，}\underline{R}\text{型财政最优选择是拒绝}b_1\text{，}\bar{R}\text{型财政选择接受}b_1\text{。} \\ \text{当}b_1 > \tilde{b}\text{时，}\underline{R}\text{型财政最优选择是拒绝}b_1\text{，}\bar{R}\text{型财政选择拒绝}b_1\text{（}\mu = p\text{）。} \end{cases}$$

③第三种可能：假设财政部门拒绝b_1未传递给支出部门"信念"，即$\mu = \alpha$。那么支出部门在"二下"阶段$b_2 = \overline{R}$或$b_2 = \underline{R}$无差异。另外，为了实现$\mu = \alpha$，财政部门在"一下"阶段选择混合策略，令混合策略中接受b_1概率为$y \in [0,1]$，那么：

$$\mu = P\left(\overline{R}\mid 拒绝b_1\right) = \frac{P\left(\overline{R},\ 拒绝b_1\right)}{P(拒绝b_1)} = \frac{(1-y)\times p}{p(1-y)+(1-p)}$$

又因为$\mu = \alpha$，即$\mu = \frac{(1-y)\times p}{p(1-y)+(1-p)} = \alpha$。所以"一下"阶段混合策略中接受$b_1$的概率为$y = \frac{p\overline{R}-R}{p(\overline{R}-\underline{R})}$。所以"一下"阶段混合策略下的财政部门预期收益为：

$$\begin{aligned} U_f &= y(\overline{R} - b_1) + (1-y)t_f[x \times 0 + (1-x)(\overline{R}-\underline{R})]\\ &= y(\overline{R}-b_1) + (1-y)t_f(1-x)(\overline{R}-\underline{R}) \end{aligned} \quad (5\text{-}12)$$

比较接受b_1与混合策略下拒绝b_1，即：

当$\overline{R}-b_1 \geqslant y(\overline{R}-b_1)+(1-y)t_f(1-x)(\overline{R}-\underline{R})$时，即$b_1 \leqslant [1-(1-x)t_f]\overline{R}+(1-x)t_f\underline{R} \equiv \hat{b}$，$\overline{R}$型财政部门的最优选择接受$b_1$；

当$\overline{R}-b_1 < y(\overline{R}-b_1)+(1-y)t_f(1-x)(\overline{R}-\underline{R})$时，即$b_1 > [1-(1-x)t_f]\overline{R}+(1-x)t_f\underline{R} \equiv \hat{b}$，$\overline{R}$型财政部门的最优选择是选择混合策略（即接受$b_1$概率为$y = \frac{p\overline{R}-R}{p(\overline{R}-\underline{R})}$）。

4. "一上"的后续博弈

（1）在财政部门拒绝传递给支出部门"乐观信念"，即$\mu < \alpha$条件下时，其分析如下。

1）当$p < \alpha$时：

首先看"二上"阶段。由于$\mu \leqslant p$，所以$\mu \leqslant p < \alpha$，所以"二上"阶段，支出部门的最优选择是$b_2 = \underline{R}$。

其次看"一下"阶段。

①当 $b_1 = \underline{R}$ 时，"一上"阶段 $\underline{R}$ 型财政最优选择是接受 b_1，$\bar{R}$ 型财政最优选择是接受 b_1。财政部门的总收益是 $\bar{R} - \underline{R}$，支出部门总收益为 $\underline{R}$。

②当 $\underline{R} < b_1 \leqslant \tilde{b}$，"一上"阶段 $\underline{R}$ 型财政最优选择是拒绝，$\bar{R}$ 型财政选择接受 b_1。由上文可知，$\underline{R}$ 型财政时，支出部门进入"二上"阶段的最优策略是 $b_1 = \underline{R}$，所以支出部门的预期收益为 $t_e\underline{R}$；$\bar{R}$ 型财政时，支出部门选择接受 b_1，所以 $\bar{R}$ 型财政"一上"阶段支出部门的收益为 b_1，又因为 $\underline{R} < b_1 \leqslant \tilde{b}$，所以支出部门的最优选择是 $b_1 = \tilde{b}$。因此，支出部门在"一上"阶段的期望收益为 $U_e = p\tilde{b} + (1-p)t_e\underline{R}$。

③当 $\bar{R} > b_1 > \tilde{b}$ 时，$\underline{R}$ 型财政最优选择是拒绝，$\bar{R}$ 型财政选择拒绝 b_1。

此时 $\mu = p$，所以 $\mu = p < \alpha$。$\underline{R}$ 型财政时，支出部门进入"二上"阶段的最优策略是 $b_1 = \underline{R}$，所以支出部门的预期收益为 $t_e\underline{R}$。同理，$\bar{R}$ 型财政时，支出部门进入"二上"阶段的最优策略是 $b_1 = \underline{R}$，所以支出部门的预期收益为 $t_e\underline{R}$。因此，支出部门在"一上"阶段的期望收益为 $U_e = pt_e\underline{R} + (1-p)t_e\underline{R} = t_e\underline{R}$。

综上所述，当 $p > \alpha$ 时，支出部门在"一上"阶段面临三种选择：$b_1 = \underline{R}$、$\underline{R} < b_1 \leqslant \tilde{b}$ 和 $\bar{R} > b_1 > \tilde{b}$。比较 $b_1 = \underline{R}$ 与 $\underline{R} < b_1 \leqslant \tilde{b}$，发现：

$$\underline{R} - [p\tilde{b} + (1-p)t_e\underline{R}] = \underline{R} - p\tilde{b} - (1-p)t_e\underline{R}$$
$$= \underline{R} - p(1-t_f)\bar{R} - pt_f\underline{R} - (1-p)t_e\underline{R}$$
$$\geqslant \underline{R}(t_f - t_e)(1-p)t_e\underline{R} > 0，恒成立$$

其次，比较 $b_1 = \underline{R}$ 与 $\bar{R} > b_1 > \tilde{b}$，发现：

$$\underline{R} - t_e\underline{R} > 0，恒成立$$

因此，综合三种选择，方案 $b_1 = \underline{R}$ 是支出部门在 $p < \alpha$ 时的最优选择。

2）当 $p > \alpha$ 时：

首先看"二上"阶段。由于 $\mu \leqslant p$，所以 $\mu < \alpha < p$，所以"二上"阶段，支出部门的最优选择是 $b_2 = \underline{R}$。

其次看"一下"阶段。

当 $b_1 = \underline{R}$ 时，"一上"阶段 $\underline{R}$ 型财政最优选择是接受 b_1，$\overline{R}$ 型财政最优选择是接受 b_1。财政部门的总收益是 $\overline{R} - \underline{R}$，支出部门总收益为 $\underline{R}$。

当 $\underline{R} < b_1 \leqslant \overline{b}$ 时，"一上"阶段 $\underline{R}$ 型财政最优选择是拒绝 b_1，$\overline{R}$ 型财政最优选择是接受 b_1。由上文可知，$\underline{R}$ 型财政时，支出部门进入"二上"阶段的最优策略是 $b_1 = \underline{R}$，所以支出部门的预期收益为 $t_e\underline{R}$；$\overline{R}$ 型财政时，支出部门选择接受 b_1，所以 $\overline{R}$ 型财政"一上"阶段支出部门的收益为 b_1，又因为 $\underline{R} < b_1 \leqslant \overline{b}$，所以支出部门的最优选择是 $b_1 = \overline{b}$。因此，支出部门在"一上"阶段的期望收益为 $U_e = p\overline{b} + (1-p)t_e\underline{R}$。

当 $\overline{R} > b_1 > \overline{b}$ 时，$\underline{R}$ 型财政最优选择是拒绝 b_1，$\overline{R}$ 型财政最优选择是拒绝 b_1。此时 $\mu = p$，所以 $\mu = p < \alpha$。与上文假设相矛盾。

综上所述，支出部门在"一上"阶段面临两种选择：$b_1 = \underline{R}$、$\underline{R} < b_1 \leqslant \overline{b}$。比较两种选择的预期收益：$\underline{R}$ 与 $[p\overline{b} + (1-p)t_e\underline{R}]$ 两者均有可能最大，即其大小随时发生参数变化。

3）当 $p = \alpha$ 时：

首先看"二上"阶段。由于 $\mu \leqslant p$，所以 $\mu \leqslant p = \alpha$，所以"二上"阶段，支出部门的最优选择是 $b_2 = \underline{R}$。

其次看"一下"阶段。

当 $b_1 = \underline{R}$ 时，"一上"阶段 $\underline{R}$ 型财政最优选择是接受 b_1，$\overline{R}$ 型财政最优选择是接受 b_1。财政部门的总收益是 $\overline{R} - \underline{R}$，支出部门总收益为 $\underline{R}$。

当$\underline{R} < b_1 \leqslant \tilde{b}$时，"一上"阶段$\underline{R}$型财政最优选择是拒绝$b_1$，$\bar{R}$型财政最优选择是接受$b_1$。由上文知，$\underline{R}$型财政时，支出部门进入"二上"阶段的最优策略是$b_1 = \underline{R}$，所以支出部门的预期收益为$t_e\underline{R}$；$\bar{R}$型财政时，支出部门选择接受$b_1$，所以$\bar{R}$型财政"一上"阶段支出部门的收益为$b_1$，又因为$\underline{R} < b_1 \leqslant \tilde{b}$，所以支出部门的最优选择是$b_1 = \tilde{b}$。因此，支出部门在"一上"阶段的期望收益为$U_e = p\tilde{b} + (1-p)t_e\underline{R}$。

当$\bar{R} > b_1 > \tilde{b}$时，$\underline{R}$型财政最优选择是拒绝$b_1$，$\bar{R}$型财政最优选择是拒绝$b_1$。此时$\mu = p$，所以$\mu = p = \alpha$。与上文假设相矛盾。

综上所述，支出部门在"一上"阶段面临如下选择：$b_1 = \underline{R}$、$\underline{R} < b_1 \leqslant \tilde{b}$。比较两种选择的预期收益：$\underline{R}$与$[p\tilde{b} + (1-p)t_e\underline{R}]$发现：

$$\underline{R} - [p\tilde{b} + (1-p)t_e\underline{R}] = \underline{R} - p\tilde{b} - (1-p)t_e\underline{R}$$
$$= \underline{R} - p(1-t_f)\bar{R} - pt_f\underline{R} - (1-p)t_e\underline{R}$$
$$\geqslant R(t_f - t_e)(1-p)t_e\underline{R} > 0, \text{恒成立}$$

因此，综合两种选择，方案$b_1 = \underline{R}$是支出部门在$p < \alpha$时的最优选择。

（2）在财政部门拒绝b_1未传递给支出部门"信念"，即$\mu = \alpha$时，其分析如下。

1）当$p < \alpha$时，又由于$\mu \leqslant p$，$\mu = \alpha$，所以是矛盾的。

2）当$p > \alpha$时，由于$\mu \leqslant p$，$\mu = \alpha$，所以$\mu = \alpha < p$。

首先看"二上"阶段。由于$\mu \leqslant p$，所以$\mu \leqslant p = \alpha$，支出部门选择接受或者拒绝。用接受时的$\underline{R}$来衡量。

其次看"一下"阶段。

当$b_1 = \underline{R}$时，$\underline{R}$型财政"一下"最优选择是接受b_1，$\bar{R}$型财政最优选择是接受b_1。

支出部门总收益为$U_e = \underline{R}$。

当 $\underline{R} < b_1 \leqslant \bar{b}$ 时，$\underline{R}$ 型财政"一下"最优选择是拒绝 b_1，$\bar{R}$ 型财政最优选择是接受 b_1。由上文可知，$\underline{R}$ 型财政时，支出部门进入"二上"阶段的最优策略是 $b_1 = \underline{R}$，所以支出部门的预期收益为 $t_e\underline{R}$；$\bar{R}$ 型财政时，支出部门选择接受 b_1，所以 $\bar{R}$ 型财政"一上"阶段支出部门的收益为 b_1，又因为 $\underline{R} < b_1 \leqslant \bar{b}$，所以支出部门的最优选择是 $b_1 = \bar{b}$。支出部门在"一上"阶段的收益为 $U_e = p\bar{b} + (1-p)t_e\underline{R}$。

当 $\bar{R} > b_1 > \bar{b}$ 时，$\underline{R}$ 型财政最优选择是拒绝，$\bar{R}$ 型财政混合策略决定 b_1。此时 $\mu = p$，又因为所以 $\mu = \alpha$。所以 $\alpha = p$，相矛盾。

综上所述，支出部门在"一上"阶段面临两种选择：$b_1 = \underline{R}$、$\underline{R} < b_1 \leqslant \bar{b}$。比较两种选择的预期收益：$\underline{R}$ 与 $[p\bar{b} + (1-p)t_e\underline{R}]$ 两者均有可能最大，即其大小随时发生参数变化。

3）当 $p = \alpha$ 时，又由于 $\mu \leqslant p$，$\mu = \alpha$，所以 $\mu = \alpha = p$。

在"二上"阶段。由于 $\mu \leqslant p$，所以 $\mu \leqslant p = \alpha$，支出部门选择接受或者拒绝。用接受时的 $\underline{R}$ 来衡量。其次看"一下"阶段。

当 $b_1 = \underline{R}$ 时，$\underline{R}$ 型财政"一下"最优选择是接受 b_1，$\bar{R}$ 型财政最优选择是接受 b_1。支出部门总收益为 $\underline{R}$。

当 $\underline{R} < b_1 \leqslant \bar{b}$ 时，$\underline{R}$ 型财政"一下"最优选择是拒绝 b_1，$\bar{R}$ 型财政最优选择是接受 b_1。此时 $\mu < p$，$\mu = \alpha$，所以 $\mu = \alpha < p$，相矛盾。

当 $\bar{R} > b_1 > \bar{b}$ 时，$\underline{R}$ 型财政最优选择是拒绝，$\bar{R}$ 型财政混合策略决定 b_1。

进入"二上"阶段："二上"阶段由于 $\mu = p = \alpha$，$\underline{R}$ 型财政最优选择是拒绝。$\bar{R}$ 型财政"一下"阶段支出部门的最优选择是接受或者混合策略无差异。用接受时的 $\underline{R}$ 来衡量。所以一下阶段支出部门的收益为：$U_e = p[y\underline{R} + (1-y)t_e\underline{R}] + (1-p)t_e\underline{R}$。

综上所述，在当 $p = \alpha$ 时，支出部门在一上阶段面临的两种选择

$b_1 = \underline{R}$、$\bar{R} > b_1 > \bar{b}$。$\underline{R}$ 与 $U_e = p[y\underline{R} + (1-y)t_e\underline{R}] + (1-p)t_e\underline{R}$ 无法比较，因为 b^大小受到 x 影响。

5. 小结

综合上文的分析，可得出如下结论。

当 $p < \alpha = \dfrac{R}{\underline{R}}$ 时，方案是支出部门的最优选择。

当 $p \geq \alpha = \dfrac{R}{\underline{R}}$ 时，支出部门比较 $b_1 = \underline{R}$、$\underline{R} < b_1 \leq \bar{b}$、$\bar{R} > b_1 > \bar{b}$ 的预期收益选择最优方案。因为，随着参数变化，3个方案均可能成为期望收益最高的策略，形成唯一的精炼贝叶斯均衡。

从上文的均衡战略可以看出：一是支出部门对财政部门的财政类型（可用财力）的先验概率 p 的判断会影响均衡。二是支出部门的收益会受到贴现因子 t_e 影响，进而影响均衡结果。

上文的结论对于预算编制过程具有重要的价值。首先，财政部门和支出部门应该加强协调沟通，明确财力状况和当年的财政政策取向，降低支出部门对预算上限的先验概率 p 的判断，引导支出部门根据实际需求申报预算。其次，财政部门应该严格预算审查，提高"二上"阶段博弈的交易成本，降低支出部门的贴现因子 t_e，通过影响其收益来引导部门编制预算的策略行为。

第三节 预算编制：支出部门之间的博弈

一、博弈特点

在财政部门的预算资源既定的情况下，各支出部门之间的资金分配存在此消彼长的关系。在无协调机制的背景下，支出部门之间不可能实现平等的分配，因为支出部门在自身利益最大化（预算最大化）的动机驱使下会展开激烈的预算竞争。支出部门之间争夺预算资源的方式有多种，既可以利用信息优势虚报预算，又可以通过利益集团向财政部门施加压力，或者通过游说、寻租等方式。

二、策略空间

本博弈模型中，存在两个支出部门：支出部门1和支出部门2。两个支出部门均按照自身利益最大化（预算最大化）的原则作出最优的策略选择。由于预算资源的规模既定，因此支出部门围绕既定的预算资源展开竞争。

一个支出部门高报预算带来的收益同样来自两个方面：一是自身高报预算时，支出部门可以获得更多的可实际支配的财政资金，拥有更多的自由裁量权，从而有利于充分履行其部门职能或满足官员的政绩需求；二是高报预算申请通过时带来的成就感。当然，支出部门高报预算需要付出一定的成本，主要是信息包装成本（如信息采集成本、数据加工成本等），通过信息包装后支出部门预算的可信度只要超过其余支出部门即可。

三、模型的建立与推导

根据上文的分析，模型的基本设定如下。

博弈的参与人分别是支出部门1和支出部门2，两者的策略空间分别为（竞争，不竞争）、（竞争，不竞争）。设两者竞争时，支出部门1和支出部门2都选择高报预算，申报预算的规模分别为 $\overline{b_1}$ 和 $\overline{b_2}$，对应的申报成本分别为 C_{11} 和 C_{12}[1]；两者不竞争时，支出部门1和支出部门2都选择实报预算，申报预算的规模分别为 $\underline{b_1}$ 和 $\underline{b_2}$，对应的成本分别为 C_{11}' 和 C_{12}'。由于不竞争时，支出部门选择实报预算，不需要付出相应的信息包装成本（如信息采集成本、数据加工成本等）或寻租成本，因此有 $C_{11} > C_{11}'$ 和 $C_{12} > C_{12}'$。

设既定的预算资源规模为R。当支出部门1和支出部门2均实报预算时，申报预算总规模小于R，即 $\underline{b_1} + \underline{b_2} < R$，最终支出部门1和支出部门2的收益分别为 $\underline{b_1}$ 和 $\underline{b_2}$；当支出部门1和支出部门2均高报预算时，申报预算总规模大于R，即 $\overline{b_1} + \overline{b_2} > R$，则支出部门1和支出部门2的收益按比例进行分配，所以支出部门1和支出部门2的收益分别为 $\frac{\overline{b_1}}{\overline{b_1} + \overline{b_2}}$ 和 $\frac{\overline{b_2}}{\overline{b_1} + \overline{b_2}}$；当支出部门1或支出部门2选择高报预算规模时，申报预算总规模大于R，即 $\overline{b_1} + \underline{b_2} > R$ 或 $\underline{b_1} + \overline{b_2} > R$，同理按比例进行分配。支出部门1和支出部

---

[1]一般而言，由于支出部门预算规模较大，高报预算的收益要远大于高报预算的成本，即b>C。

门2的收益矩阵如表5-3所示。

表5-3 支出部门之间预算博弈的收益矩阵

项目		支出部门2	
		竞争	不竞争
支出部门1	竞争	$[\frac{\overline{b_1}}{b_1+\overline{b_2}}R-C_{11},\ \frac{\overline{b_2}}{b_1+\overline{b_2}}R-C_{12}]$	$[\frac{\overline{b_1}}{b_1+\underline{b_2}}R-C_{11},\ \frac{b_2}{b_1+\underline{b_2}}R-C_{12}]$
	不竞争	$[\frac{b_1}{b_1+\overline{b_2}}R-C_{11}',\ \frac{\overline{b_2}}{b_1+\overline{b_2}}R-C_{12}]$	$[\underline{b_1}-C_{11}',\ \underline{b_2}-C_{12}']$

四、均衡分析

根据对预算竞争博弈矩阵的分析，可以发现：尽管支出部门的策略是竞争或不竞争，但是每个支出部门的最优战略都是"竞争"。例如，如果支出部门1选择竞争 $\overline{b_1}$，支出部门2选择竞争的收益为 $\frac{\overline{b_2}}{b_1+\overline{b_2}}R-C_{12}$，支出部门2选择不竞争的收益为 $\frac{b_2}{b_1+\underline{b_2}}R-C_{12}'$，显然支出部门2选择竞争比选择不竞争能获取更多的收益；如果支出部门1选择竞争 $\underline{b_1}$，支出部门2选择竞争的收益为 $\frac{\overline{b_2}}{b_1+\overline{b_2}}R-C_{12}$，支出部门2选择不竞争的收益为 $\underline{b_2}-C_{12}'$，由于 $\underline{b_1}+\underline{b_2}<R$ 且 $\overline{b_2}>\underline{b_2}$，所以支出部门2选择竞争比选择不竞争能获取更多的收益。因此"竞争"是支出部门2的占优策略，同理"竞争"也是支出部门1的占优策略。

综上，两个支出部门之间预算博弈的唯一纳什均衡为（竞争，竞争）。由此可以推及N个支出部门的情形，各方的行为选择将会得到同样的结果——N个支出部门的竞争行为使得各方均选择"竞争"策略。该均衡结果显然是无效率的，一方面，支出部门为竞争而付出的成本并未创造任何价值；另一方面，各支出部门均获得了超过其实际需求的资金规模，可能导致财政支出效率低下。

由于预算规模既定，各支出部门之间的资金竞争存在"此消彼长"的关系，即为零和博弈；同时，如果考虑到博弈过程中的信息包装成本和寻租成本，支出部门之间的博弈竞争接近于某种"负和"的社会损失（程瑜，2006）[1]。因为，即使不考虑资金错配导致的效率损失，仅就资金分配过程而言，支出部门之间的竞争并不创造任何社会价值，而且博弈过程会消耗大量的社会资源和交易成本。因此支出部门之间的博弈竞争若不加以合理引导，将会造成支出部门之间的恶性竞争，应该设定合理的机制，引导部门有序竞争。

---

[1] 程瑜.政府预算执行过程中的博弈分析[J].财政研究,2006,(7):26–28.

第四节　预算监督：支出部门与监督部门之间的博弈

财政结余是联结不同年份预算、联结预算执行与编制的重要环节。财政部多次出台文件要求盘活存量资金，结余资金就是其中一个重要的内容。但是从监督部门的审计情况来看，支出部门通过各种途径来延迟资金的结余，导致资金没有得到最为有效的利用。这表明期间可能存在复杂的利益关系，因此本书尝试用博弈论视角进行分析。

一、博弈特点

完全信息静态博弈中，两个参与人（支出部门和监督部门）完全了解对方的特征，并且双方的博弈是同时行动的，或者虽然行动非同时，但是先行动参与人的信息并不会被对方知晓，即每个参与人独立地作出决策。

在该博弈中，支出部门和监督部门独立作出决策，支出部门决定预算执行过程中是否产生结余；监督部门决定是否进行监督。如果由于项目提前完成或终止，支出部门决定结余资金，尚未列支的资金原则上由财政部门收回；但是在现实中支出部门可以通过延迟清算、"以拨代支"等违规方式，防止资金被收回。

监督部门每年对财政资金的执行情况进行审计，旨在及时发现支出部门的违规操作，对于发现的违规现象进行通报、惩处等。但监督部门可以决定是否对该部门进行审计。

二、策略空间

本博弈模型中有两个参与人——支出部门和监督部门。

支出部门的策略空间是（结余、不结余）。支出部门选择结余的成本是第二年财政部门可能会在某种程度上削减预算规模；支出部门选择不结余时，一旦监督部门发现，不仅结余资金被收回，还会被处以罚款。当然，支出部门选择不结余也会产生额外的成本，无论是延迟清算、"以拨代支"等都会面临交易费用。

监督部门的策略空间是（不监督、监督）。假定监督部门选择监督一定能发现未按规定上缴结余资金的现象。监督部门的收益与其查获的违规收益呈正比。同样，监督部门选择监督也会有监督成本。

三、模型的建立与推导

根据上文的分析，模型的基本设定如下。

博弈的参与人分别是支出部门和监督部门，两者的策略空间分别为（结余、不结余）、（不监督、监督）。支出部门选择预算结余的概率为 $x \in [0,1]$，则不结余的概率为 $1-x$；监督部门选择不监督的概率为 $y \in [0,1]$，则监督的概率为 $1-y$。

设支出部门选择结余的收益为0，但是在下一年度可能面临预算规模的削减，为简化分析，认为削减规模为A；支出部门选择不结余时，收益为未按时结余的资金规模Q。监督部门选择监督的收益为审计出现违规时的罚款收入，当选择不监督时的收益为0。支出部门和监督部门均追求预期收益最大化。至于两个参与人的成本，支出部门选择结余时没有存在额外的成本，选择结余时会存在相应的信息处理成本C_1；监督部门选择不监督时，也不会存在额外的成本C_2，但是在选择监督时会存在相应的监督成本。

本模型假设，如果监督部门选择监督一定会发现其中的问题，并且一旦发现不仅会没收未按规定上缴的结余，而且会对支出部门处以相应的罚款为F，罚款规模与监督部门的收益直接挂钩，相关系数为α，体现的是对监督部门的监督激励，α越大，对监督部门增强审计力度的激励效果越明显。

支出部门和监督部门的收益矩阵如表5-4所示。

表5-4　支出部门和监督部门之间博弈的收益矩阵

项目		监督部门	
		监督y	不监督1-y
支出部门	结余x	$(0-A,-C_2)$	$(0-A,0)$
	不结余1-x（超支或者低效支出）	$(B-C_1-F,-C_2+F)$	$(B-C_1,0)$

给定x，支出部门选择结余和不结余的期望收益分别为：

$$E（1，S_2）= -A \times y + (-A) \times (1-y)$$
$$E（0，S_2）= (B-C_1-F) \times y + (B-C_1) \times (1-y)$$

令$E（1，S_2）= E（0，S_2）$，则得出：

$$y^* = \frac{B+A-C_1}{F} \qquad （5-13）$$

即：如果监督部门监督的概率低于 y^*，支出部门的最优选择是不结余；如果监督部门审计的概率高于 y^*，支出部门的最优选择是结余；如果监督部门监督预算的概率等于 y^*，支出部门随机地选择结余或不结余。

给定 y，监督部门选择监督和不监督的期望收益分别为：

$$E（S_1,1）= -C_2 \times x + （-C_2 + F）\times（1-x）$$
$$E（S_1,0）= 0 \times x + 0 \times（1-x）$$

令 $E(x, S_2) = E(1-x, S_2)$，则得出：

$$x^* = \frac{F - C_2}{F} \tag{5-14}$$

即：如果支出部门结余的概率低于 x^*，监督部门的最优选择是监督预算；如果支出部门结余预算的概率低于 x^*，监督部门的最优选择是不监督预算；如果支出部门结余的概率等于 x^*，监督部门随机地选择监督或不监督预算。

四、均衡分析

因此，纳什均衡是 $x^* = \dfrac{F - C_2}{F}$，$y^* = \dfrac{B + A - C_1}{F}$，即支出部门以 x^* 的概率选择结余预算，监督部门以 y^* 的概率选择监督。因此可以得出如下结论。

一是在支出部门和监督部门均为理性人的前提下，双方均以其预期效用最大化为目标，但由于双方并不知对方的策略选择，因此申请者的最优策略是以 x^* 的概率选择结余预算（即以 $1-x^*$ 的概率选择不结余），而监督部门的最优策略是以 y^* 的概率选择削减预算（即以 $1-y^*$

的概率选择同意预算）。

二是预算博弈的纳什均衡与监督部门对未及时结余的惩罚力度F、实质结余资金规模B、结余后第二年度的削减规模B、支出部门选择不结余的处理成本C_1、监督部门选择监督的成本C_2有关。

三是支出部门的策略选择与违规未结余的惩罚力度F、监督部门的监督成本有关。当对未结余的惩罚力度F越大、监督部门的监督成本越小，支出部门选择结余的概率越大。即当未结余的惩罚力度F越大，支出部门选择未结余的成本越高，或者支出部门选择未结余的风险较大，选择结余的概率增大。那么，为什么对下一年度的预算削减不会影响支出部门的决策呢？是因为预算削减规模不在监督部门的收益函数中，因此在本博弈中不会体现预算削减规模对支出部门的影响；但是通过下文的分析发现预算削减规模会影响监督部门选择是否监督的概率。因此预算削减规模的影响集中体现在支出部门与财政部门的博弈过程中。

四是监督部门的策略选择与对未结余的惩罚力度F、结余的规模B、预算削减规模A以及选择不结余的处理成本C_1有关。对未结余的惩罚力度越小、结余的规模B越大、预算削减规模A越大、选择不结余的处理成本C_1越小，监督部门选择监督的概率越大。因为未结余的惩罚力度越小、不结余的处理成本C_1越小，意味着选择不结余的成本较低；而不结余时的收益结余的规模B和避免预算削减规模越大，带来的收益越大，因此监督部门会选择加大监督的概率。

第五节　影响因素分析与政策启示

上文通过建立博弈模型，分析预算编制和执行过程中不同部门之间面临的行为选择。通过分析可以发现：预决算差异管理蕴含一个博弈的过程，期间支出部门、财政部门、监督部门内部及其相互博弈，影响资金的配置和支出部门、监督部门的行为选择，最终影响到预决算差异。

一、主体博弈因素分析

根据上文的分析，在主体博弈过程中影响预决算差异的因素分别如下。

（1）预算编制过程中，分析支出部门与财政部门之间的博弈发现：财政部门对部门预算的削减比例、财政部门审核预算的成本、支出部门虚报预算的成本、财政部门和支出部门的信息不对称从程度上会影响预算编制过程的均衡结果。

（2）预算编制过程中，分析支出部门之间的博弈发现：由于预算规模既定，各支出部门之间的资金竞争存在"此消彼长"的关系，即为零和博弈；同时，如果考虑到博弈过程中的信息包装成本和寻租成本，支出部门之间的博弈竞争接近于某种"负和"的社会损失。因此应该通过相应的机制设计或综合支出规划，避免部门间纯粹的博弈竞争，从而改变各部门博弈中的得益情况。

（3）预算监督过程中，通过分析是否财政结余的博弈过程发现，均衡结果与监督部门对未及时结余的惩罚力度F、实质结余资金规模B、结余后第二年度的削减规模、支出部门选择不结余的处理成本、监督部门选择监督的成本有关。

二、政策启示

上文的结论对于预决算差异管理具有重要的价值。预算管理过程是多主体的博弈过程，主体行为不仅受到自身影响，还会受到其他主体决策的影响。因此，纠正预决算差异中的主体互动因素，可以从以下方面着手。

一是需要通过制度完善，明确权责关系，矫正部门之间的部门利益最大化倾向，实现激励相容。

二是财政部门和支出部门应该加强协调沟通，明确财力状况和当年的财政政策取向，降低支出部门对预算上限的先验概率的判断，引导支出部门根据实际需求申报预算。

三是财政部门应该加大预算审核力度，提高"二上"阶段博弈的交易成本，监督部门应该加大监督力度，增加部门的违约成本，规范支出部门行为，降低预决算差异。

当然，预算博弈过程本身十分复杂，本书在分析时进行了简化，采取两两分析的方法。尽管与现实存在一定的差异，但是能基本反映不同部门之间的博弈关系，对了解预算博弈背后的行为关系具有重要的意义。

第六章

一般公共预算支出预决算差异影响因素实证检验分析

第五章分析并验证了主体行为因素会影响预算主体间的策略选择，进而影响预决算差异。本章将进一步验证技术因素、制度因素、政策因素、经济因素和管理因素对预决算差异的影响。相较于主体互动因素的复杂性和难以量化，这些因素能在不同程度上进行量化，进而可以充分发挥多元回归分析的优势对其进行实证检验。

本章的逻辑结构是：首先，利用静态和动态面板模型实证检验技术因素、制度因素、政策因素、经济因素和管理因素对决算差异的影响。其次，为进一步分析预决算差异的动态特征，明确各因素在预算调整阶段和预算执行阶段的作用区别，利用模型检验各因素分别对预算调整差异和预决算执行差异的影响。再次，进行异质性分析，了解预决算差异的地区异质性和时间异质性，并对预决算差异的成因作进一步分析。最后，进行稳健性检验。

第一节　回归模型设定

一、静态面板模型

2007年我国实施了政府收支科目分类改革，按照公共财政管理需要划分为收入分类科目、支出经济分类科目和支出功能分类科目。该项改革提升了预算的完整性和控制的有效性，并影响了了预算管理模式（宋友春，2007）[1]。2007年前后，预决算差异的结构特征发生了变化，同时其总量特征也受到了重要影响。同时，截至2021年5月，全国和大部分省份2020年财政决算数据尚未公布（通常在历年7—8月份公布），最终的预算调整数、决算数以及准确的转移支付数据等无法获取。因此，综合考虑到预算管理的稳定性和动态性、数据可得性，本书最终选择2009—2019年的样本区间进行分析。

为探究影响预决算差异的因素，本书利用省级层面数据进行实证检验。已有的关于预决算差异的研究主要利用静态面板模型进行实证分析，因为静态面板模型能够控制无法观测且不随时间变动的个体因素对回归结果产生的误差。最终本书利用31个省份（不含港澳台）2009—2019年数据建立面板模型，可表示为：

$$bv_{i,t} = \beta_0 + \beta_1 object_{i,t} + \beta_2 instit_{i,t} + \beta_3 policy_{i,t} + \beta_4 economy_{i,t} \atop + \beta_5 fiscal_{i,t} + \alpha_i + \gamma_t + \varepsilon_{i,t}} \tag{6-1}$$

式中，被解释变量$bv_{i,t}$表示地区i在t年的预决算差异；$bv\_1_{i,t}$表示地区i在t年的预算调整差异，$bv\_2_{i,t}$表示地区i在t年的预决算执行差异；解释变量$object_{i,t}$表示技术因素、$instit_{i,t}$表示制度因素、$policy_{i,t}$表示政策因素、$economy_{i,t}$表示经济因素、$fiscal_{i,t}$表示管理因素。各因素的指代变量名称及其具体含义见本章后面的表6-1所示。α_i为不可观测且不随时间变化的个体效应；γ_t为随时间变化但不因个体变化的时间效应；$\varepsilon_{i,t}$

---

[1] 宋友春.政府收支分类改革对我国预算管理模式影响分析[J].财政研究,2007(5):36-39.

表示随机扰动项。

二、动态面板模型

上文构建的静态面板模型能够较好地解决不同省份之间的个体效应，得到的结论将是稳健的。但是相关研究表明，由于制度因素和管理因素具有一定的延续性，因此预决算差异是一个长期的动态过程，地方政府的预决算差异不仅受到当前因素的影响，也会受过去相关因素的影响，因此，实证分析中有必要在动态面板模型的框架下分析。本书尝试构建动态面板模型，以深入分析预决算差异的成因。动态面板数据的基本形式为：

$$bv_{i,t} = \varphi_1 bv_{i,t-1} + \cdots + \varphi_j bv_{i,t-j} + \beta_0 + \beta_1 object_{i,t} + \beta_2 instit_{i,t} \\ + \beta_3 policy_{i,t} + \beta_4 economy_{i,t} + \beta_5 fiscal_{i,t} + \alpha_i + \gamma_t + \varepsilon_{i,t}$$

（6-2）

式中，$bv_{i,t-j}$是预决算差异的滞后项，j是其最大滞后阶数，其他变量的含义与静态面板模型的设定相同。

动态面板数据在解释变量中引入了滞后项$bv_{i,t-j}$，导致滞后项$bv_{i,t-j}$与α_i的个体效应相关，因此直接进行回归将会出现内生性问题，传统的面板估计量不再是无偏的。为了有效解决动态方程的滞后因变量导致的内生性问题，Arellano和Bond（1991）[1]提出了差分GMM方法，其原理是：首先对动态方程取一阶差分，去除个体间的效应，然后使用所有可能的滞后变量作为工具变量，以提高估计的效率。由于差分GMM引入了工具变量，较好地解决了工具变量问题。Arellano和Bover

---

[1] Arellano M., Bond S.. Some Tests of Specification for Panel Data: Monte Carlo Evidence and an Application to Employment Equations[J]. Review of Economic Studies,1991,58:277-298.

（1995）[1]和Blundell、Bond（1998）[2]均认为在Y的动态特征很强的情形下，差分GMM选取的工具变量选取方法可能存在弱工具变量问题，因此提出通过引入水平方程增加工具变量的系统GMM估计法，提高了动态面板模型的估计效率。需要指出的是，尽管系统GMM提高了估计效率，但是并不总是最优的，其使用需满足一定的前提，Bond（2002）[3]曾指出在被解释变量滞后项的系数小于0.8时，差分GMM优于系统GMM。因此，模型的最终确定需要根据具体模型结果进行判断。

[1] Arellano M., Bover O.. Another look at the Instrumental Variable Estimation of Error-components Model[J].Journal of Econometrics, 1995(68):29–52.

[2] Blundell R., Bond S.. GMM Estimation with Persistent Panel Data: an Application to Production Functions[J]. Journal of Econometrics,1998(87):115–143.

[3] Bond S.. Dynamic Panel Data Models: A Guide to Micro Data Methods and Practice[M]. Portuguese Economic Journal, 2002,1(2):141–162.

第二节　变量与数据来源说明

根据上文确定的预决算差异影响因素，本书在充分借鉴既有文献的基础上，采用合适的指标衡量相关变量。具体设定如下。

（1）被解释变量：预决算差异度（bv）。预决算差异在此有三个层面，一是预决算（总）差异度（bv），表示为决算与年初预算的差异度；二是预算调整差异度（bv_1），表示为调整预算数与年初预算的差异；三是预决算执行差异度（bv_2），表示为决算与调整预算数的差异。

（2）解释变量。

① 技术因素。

宏观经济的不确定（macro）。用宏观经济不确定性来度量经济由于不确定性因素导致的经济与潜在经济增长之间的偏离。因此本书借鉴刘金全、张鹤（2003）[1]，以及郭庆旺、贾俊雪（2004）[2]等衡量宏观经济波动率的做法，首先对各国GDP使用HP滤波分解为趋势成分（和周期成分），然后用周期成分表示宏观经济因当年受到的冲击而与潜在GDP的偏离，该绝对值越大，表示经济偏离潜在GDP增长率的程度越大，即经济波动越大。由于使用的是年度数据，本书滤波分解中

---

[1] 刘金全,张鹤.经济增长风险的冲击传导和经济周期波动的"溢出效应"[J].经济研究,2003(10):32-39,91.
[2] 郭庆旺,贾俊雪.中国经济波动的解释:投资冲击与全要素生产率冲击[J].管理世界,2004(7):22-28.

的平滑参数取值6.25。

经济预测偏差（forec）。宏观经济预测技术是指政府对宏观经济运行判断的准确性，反映政府的经济预测水平和精准度。本书用政府工作报告中公布的GDP预计增速与当年GDP的实际增速之差的绝对值表示宏观经济预测的精准程度。数据来源是根据各省份历年政府工作报告和Wind数据库计算得到。

② 制度因素。

财政分权（fd）。当前文献度量财政分权的方法主要有收入分权、支出分权、税收分成率等指标[1]。结合本研究的特点，本书分别从收入角度和支出角度度量财政分权程度并相互印证。借鉴郭庆旺、贾俊雪（2010）[2]，以及贾俊雪、应世为（2018）[3]等文献做法，本书构建如下省级财政分权指标。中央、省级财政收支数据来源于《中国统计年鉴》和《中国财政年鉴》。

$$财政支出（收入）分权 = \frac{省级人均财政支出（收入）}{省级人均财政支出（收入）+中央人均财政支出（收入）}$$

转移支付占比（transf）。转移支付占比反映各省份财力中的转移支付占比。由于纳入地方政府预算安排的转移支付是上级政府提前下达的指标数，因此转移支付占比也在一定程度上反映了预算编制的完整性。相关数据来自历年全国财政决算数据。

---

[1] 毛捷,吕冰洋,陈佩霞.分税的事实:度量中国县级财政分权的数据基础[J].经济学(季刊),2018(2):499-526.

[2] 郭庆旺,贾俊雪.财政分权、政府组织结构与地方政府支出规模[J].经济研究,2010 (11): 59-72, 87.

[3] 贾俊雪,应世为.财政分权与企业税收激励——基于地方政府竞争视角的分析[J].中国工业经济,2016 (10): 23-39.

③ 政策因素。

官员晋升压力（promote）。借鉴相关文献（钱先航等，2011）[1] 的做法，从GDP增长率、财政盈余及失业率三个方面考察晋升压力。考虑到上级对地方官员的考核通常采取相对绩效评价（周黎安，2007），因此将以上变量与全国均值进行比较以构建指数，在计算均值时，采用以各地GDP总量为权重的加权平均数。在计算方法上，对GDP增长率和财政盈余的赋值原则为：小于当年加权均值赋值为1，否则为0；对失业率则是大于当年均值为1，否则为0；然后再将得分相加就得到地方官员的晋升压力指数。因此该变量取值范围为［0，3］。以上数据均取自历年《中国统计年鉴》。

公共政策制度（EPU）。目前关于经济政策不确定性指数主要有两个。第一个是EPU指数，是由斯坦福大学和芝加哥大学的Scott R. Baker、Nicholas Bloom和Steven J. Davis三位学者编制，主要用来反映世界各大经济体的经济和政策的不确定性。其中关于中国的经济政策不确定性指数是基于《南华早报》进行编制的。第二个是CNEPU指数，是香港浸会大学陆尚勤和黄昀对114份中国内地的报纸进行文本挖掘，编制了一系列全新的中国经济政策不确定性指数（china economic policy uncertainty index，CNEPU）。基于样本选取的代表性，本书选取CNEPU指数表征中国公共政策的不确定性。

④ 经济因素。

潜在经济增长率（ggdp）。潜在经济增长率反映了一个地区财政运行所依托的宏观经济的总体状况，而剔除了偶然性因素和周期性因

---

[1] 钱先航,曹廷求,李维安.晋升压力、官员任期与城市商业银行的贷款行为[J].经济研究,2011,46(12):72—85.

素的影响。为了避免不同影响因素间的多重共线性，本书在衡量宏观经济增速时使用的是潜在经济增长率。潜在GDP的测算同样利用HP滤波分解的方式计算得到。此处的数据来源是《中国统计年鉴》。

经济发展水平（pgdp）。经济发展水平用人均GDP衡量，反映一个地区的经济社会发展水平和发展程度，数据来源是《中国统计年鉴》。

⑤ 管理因素。

财政收入增速（grev）。财政收入增速反映了财政收入端的运行状况，尽管按照法律规定财政超收并不能直接转化为超支，但是其反映了财政支出面临的资源约束情况。财政收入增速用各省份本年财政收入合计的增速来表示，数据来源是《中国财政年鉴》。

财政支出结构（struc）。财政支出结构反映各省份财政支出投向的差异。本书用各省份的经济事务支出占总支出的比重来表示。其中，经济事务支出包括农林水、交通运输、城乡社区、金融、资源勘探电力信息、国土资源气象、粮油物资储备、商业服务业支出等8个类级科目。数据来源是历年《中国财政年鉴》。

财政透明度（trsp）。财政透明度指标利用历年上海财经大学公布的省级《中国财政透明度报告》。

表6-1报告了主要变量的定义与描述性统计。预决算差异的均值为21.425，调整差异的均值为32.113，预决算执行差异的均值为-7.096，说明预算调整差异最大，预决算执行差异通常为负，预决算差异介于两者之间。从标准差来看，调整差异的标准差最大为22.130，说明调整差异之间存在较大的差异；执行差异的标准差为6.921，说明执行差异间的离散程度相对较小。参见表6-2所示。

表6-1 变量的描述性统计

类别		变量名	变量说明	平均值	标准差	最小值	最大值
被解释变量		bv	预决算差异程度（%）	21.425	17.067	-9.290	116.920
解释变量		bv_1	调整差异程度（%）	32.113	22.130	-6.140	144.650
		bv_2	执行差异程度（%）	-7.096	6.921	-24.930	34.080
	技术因素	macro	宏观经济不确定性（%）	-0.380	5.244	-26.470	11.94
		forec	经济预测偏差（%）	1.195	1.331	0	8.500
	制度因素	transf	转移支付占比（%）	41.353	20.751	2.345	97.207
		fd	财政分权（%）	85.528	4.588	72.820	96.130
	政策因素	prom	官员晋升压力	1.704	0.795	0	3
		cnepu	政策不确定性指数（%）	140.960	13.002	125.030	165.740
	经济因素	ggdp	潜在GDP增速（%）	9.400	2.965	-2.500	17.400
		lnpgdp	人均GDP的对数	10.692	0.497	9.303	12.009
	管理因素	grev	财政收入增速（%）	13.368	11.884	-33.370	58.100
		struc	财政支出结构（%）	34.380	4.377	22.906	47.258
		trsp	财政透明度	35.424	16.097	11.520	77.700

表6-2　预决算差异影响因素的预期效应

变量名	预期效应
macro	+
forec	+
ggdp	+
lnpgdp	−
grev	+
struc	+
trsp	+
transf	+
fd	−
prom	+
cnepu	+

第三节　预决算差异影响因素的实证结果

本节立足于中国省级政府预决算差异的典型事实，在梳理经典文献中关于影响预决算支出差异主要因素的基础上，进行实证检验并对实证结果进行分析说明。Hausman检验结果为30.64，显示拒绝原假设，即采用固定效应模型。为进行对比，下文列出除固定效应之外的混合OLS和随机效应回归结果，如表6-3中的（1）（2）（3）列所示。

动态面板模型自相关检验显示扰动项的差分存在一阶自相关［AR（1）=-2.335］，但不存在二阶自相关［AR（2）=-1.358］，故接受扰动项无自相关检验，可以用GMM模型；过度识别检验结果Sargan值显示，无法拒绝"所有工具变量都有效"的原假设，通过过度识别检验；进一步地来说，Bond（2002）[1]提出当被解释变量滞后项的系数小于0.8时，差分GMM优于系统GMM，因此动态面板估计最终选择差分GMM模型。差分GMM模型回归结果见表6-3中的第（4）列。

通过分析可以发现，静态面板模型和差分GMM的回归结果基本一致，但是在考虑了预决算差异的延续性后，更多因素的效果显现出来。因此，总体而言，影响预决算差异的主要有经济不确定程度（macro）、潜

---

[1] Bond S.. Dynamic Panel Data Models: A Guide to Micro Data Methods and Practice[J]. Portuguese Economic Journal, 2002,1(2):141–162.

在GDP增长率（ggdp）、转移支付占比（transf）、晋升压力（prom）、政策不确定性（cnepu）、财政收入增速（grev）、财政支出结构（struc）、财政透明度（trsp）。

表6-3 预决算差异影响因素的回归结果

变量	预决算差异			
	（1）混合OLS	（2）随机效应	（3）固定效应	（4）差分GMM
L.y	–	–	–	0.172***
	–	–	–	（0.049）
L2.y	–	–	–	0.052
	–	–	–	（0.037）
macro	−0.012	0.140	0.173	0.139*
	（0.155）	（0.105）	（0.107）	（0.076）
forec	0.207	0.655	0.526	−0.256
	（0.596）	（0.439）	（0.458）	（0.885）
transf	0.480***	0.263**	0.410**	1.295***
	（0.075）	（0.104）	（0.192）	（0.230）
fd	−0.781***	−0.309	−0.201	1.846
	（0.244）	（0.387）	（0.523）	（1.798）
prom	3.920***	2.819***	2.459**	1.903***
	（1.072）	（0.987）	（1.036）	（0.725）
cnepu	0.019	0.035	0.026	0.066**
	（0.063）	（0.043）	（0.045）	（0.029）
ggdp	0.726***	0.463***	0.428***	0.554*
	（0.201）	（0.155）	（0.160）	（0.352）
lnpgdp	12.873***	−5.124	−7.692*	0.586
	（4.134）	（3.896）	（4.150）	（5.028）

续表

变量	预决算差异			
	（1） 混合OLS	（2） 随机效应	（3） 固定效应	（4） 差分GMM
grev	0.454***	0.352***	0.328***	0.421***
	（0.092）	（0.065）	（0.067）	（0.040）
struc	−0.089	−0.073	−0.057	1.146***
	（0.207）	（0.190）	（0.199）	（0.226）
trsp	−0.071	0.063	0.083*	0.097***
	（0.058）	（0.044）	（0.045）	（0.027）
常数项	−87.328**	71.826*	85.423*	−256.742
	（39.089）	（38.117）	（43.917）	（166.729）
R^2	0.453	0.527	0.530	–
F/Wald值	24.76	347.70	30.59	–
Arellano–Bond AR（1）	–	–	–	−2.335**
Arellano–Bond AR（2）	–	–	–	−1.358
Sargan检验	–	–	–	24.323
N	341	341	341	248

注：*、**和***分别表示在10%、5%和1%的水平上显著，括号内为标准误差，下同。

　　技术因素中，经济不确定程度（macro）对预决算差异的影响在10%的水平显著为正，表明经济不确定程度与预决算差异正相关，即经济中的不确定因素越多，预决算差异越大。

　　制度因素中，转移支付（transf）的系数在1%的水平上显著为正，表明在控制其他变量的条件下，转移支付占比与预决算差异显著正相关，即转移支付占比越大，预决算差异通常会越大。其原因是：一方面转移支付比重越大，转移支付指标的不确定性将会增加地方财政预算数的不确定性；另一方面地方政府的机会主义行为，将会驱动地方政府增加支出，减少资金结余。该结果与吕冰洋、李岩（2020）的研究成果一致。

政策因素中，晋升压力（prom）的系数在1%的水平显著为正，表明晋升压力与预决算差异正相关。主要原因是：晋升压力越大的情况下，政府将竞争越激烈，有很大的"扩张"倾向，使得预决算差异较大；财政支出政策不确定指数（cnepu）的系数显著为正，表明政策不确定程度越高，预决算差异通常会更大。

经济因素中，潜在GDP增长率（ggdp）的系数在10%的水平显著为负，表明潜在GDP增长率与预决算差异负相关。

管理因素中，三个变量的系数均显著，财政收入增速（grev）的系数在1%的水平显著为正，表明财政收入增速与预决算差异显著正相关，财政收入增速越大，预决算差异通常会越大；财政支出结构（struc）与预决算差异呈正相关关系，表明经济事务支出比重越大，预决算差异通常会越大；财政透明度（trsp）的系数显著为正，表明财政透明度促进了预决算差异的提高。这与预期不符，其中的原因可能是财政透明度提高导致短期内政府资金管理更为透明，随着部门"小金库"管理趋严，隐性超支显现出来，从而促进了预决算差异的提高。

尽管在动态面板模型中，经济预测偏差（forec）、人均GDP（lnpgdp）、财政分权（fd）的系数并不显著，但在固定效应模型中，人均GDP（lnpgdp）对预决算差异的影响在10%的水平显著为负，即在控制其他变量的条件下，经济发展水平一定程度上与预决算差异负相关，即经济发展水平越高，预决算差异通常越小。无论在静态模型还是动态模型中，经济预测偏差（forec）、财政分权（fd）的系数均不显著，表明预测技术和体制性因素对预决算差异的影响并不明显。

第四节　预算调整差异和执行差异成因的实证结果

根据上文定义，预决算差异是预算调整差异和预决算执行差异共同作用的结果，因此影响预决算差异的因素同样会影响调整差异或执行差异。但是考虑到各因素的性质区别和影响机制的差异，因此调整差异与执行差异的核心影响因素可能存在不同，表现为预决算差异成因的动态特征。为探究影响预决算差异的内部动态特征，本部分分别对调整差异和执行差异进行分析。回归结果参见表6-4所示。

表中的前3列和后3列分别报告了对调整差异、执行差异影响因素回归的结果。通过分析发现，影响调整差异的因素主要有经济预测偏差（forec）、转移支付占比（transf）、财政收入增速（grev）、财政支出结构（struc）、财政透明度（trsp），即影响预算调整差异的主要是制度因素、管理因素和技术因素。影响预决算执行差异的因素主要有宏观经济不确定程度（macro）、转移支付占比（transf）、财政分权（fd）、政策不确定性（cnepu）、潜在GDP增长率（ggdp）、人均GDP（lnpgdp）、财政支出结构（struc）。

从变量的显著性来看，可以将变量分为四类：（1）在调整差异、执行差异中均显著——转移支付占比（transf）、财政支出结构（struc），表明这些因素对预决算差异的影响贯穿预算编制和预算执

表6-4 预算调整差异和执行差异影响因素的回归结果

项目	预算调整差异			预算执行差异		
	(1) 混合OLS	(2) 固定效应	(3) 差分GMM	(4) 混合OLS	(5) 固定效应	(6) 差分GMM
L.y	—	—	0.150**	—	—	0.282**
			(0.067)			(0.116)
L2.y	—	—	0.074**	—	—	0.146*
			(0.032)			(0.086)
macro	-0.239	0.150	-0.025	0.149**	0.030	0.122***
	(0.195)	(0.132)	(0.059)	(0.075)	(0.036)	(0.025)
forec	0.916	0.285	-1.062**	-0.308	0.269	0.376
	(0.748)	(0.721)	(0.453)	(0.286)	(0.215)	(0.230)
transf	0.527***	1.094***	1.470***	0.071*	-0.142	1.171***
	(0.094)	(0.249)	(0.460)	(0.036)	(0.130)	(0.207)
fd	-1.144***	0.031	-0.921	0.162	-0.837**	3.963***
	(0.307)	(0.800)	(2.240)	(0.117)	(0.358)	(1.031)
prom	3.500***	2.069*	-0.127	0.579	0.183	0.341
	(1.345)	(0.994)	(1.434)	(0.515)	(0.254)	(0.671)
cnepu	0.025	-0.004	0.008	0.001	0.033	0.044***
	(0.079)	(0.050)	(0.022)	(0.030)	(0.027)	(0.012)

续表

项目	预算调整差异			预算执行差异		
	(1) 混合OLS	(2) 固定效应	(3) 差分GMM	(4) 混合OLS	(5) 固定效应	(6) 差分GMM
ggdp	0.903*** (0.253)	0.567*** (0.172)	0.084 (0.384)	0.052 (0.097)	-0.001 (0.030)	-0.505*** (0.130)
lnpgdp	14.828*** (5.185)	-17.952*** (2.091)	-6.707 (6.029)	2.568 (1.985)	13.756*** (3.688)	18.009*** (3.935)
grev	0.670*** (0.116)	0.378*** (0.076)	0.495*** (0.037)	-0.156*** (0.044)	-0.024 (0.043)	-0.003 (0.016)
struc	0.103 (0.260)	-0.022 (0.384)	1.144*** (0.202)	-0.158 (0.099)	0.025 (0.046)	0.196** (0.080)
trsp	-0.175** (0.073)	0.045 (0.053)	0.096*** (0.035)	0.074*** (0.028)	0.033*** (0.009)	-0.005 (0.013)
常数项	-77.254 (49.031)	160.777** (54.437)	66.286 (200.546)	-47.552** (18.775)	-83.706*** (18.595)	-596.199*** (115.762)
R^2	0.488	0.707	-	0.233	0.416	-
Arellano-Bond AR (1)	-	-	-2.060**	-	-	-2.086**
Arellano-Bond AR (2)	-	-	-1.578	-	-	1.424
Sargan检验	-	-	23.258	-	-	21.499
N	341	341	248	341	341	248

注：*、**和***分别表示在10%、5%和1%的水平上显著，括号内为标准误，下同。

行整个环节。（2）在调整差异中显著，在执行差异中不再显著——经济预测偏差（forec）、财政收入增速（grev）和财政透明度（trsp），表明三者对预决算差异的影响主要体现在预算编制环节，即预测技术和管理因素主要作用在预算调整过程中。（3）在调整差异中不显著，在预算执行差异中显著——宏观经济不确定程度（macro）、财政分权（fd）、政策不确定性（cnepu）、潜在GDP增长率（ggdp）、人均GDP（lnpgdp），表明这五个因素对预决算差异的影响主要体现在预算执行过程中，即经济不确定程度、经济因素和政策因素的影响主要体现在执行差异中。（4）在调整差异、执行差异中均不显著——晋升压力（prom）。参见表6-5所示。

表6-5 预决算差异影响因素分类

执行差异 调整差异	显著	不显著
显著	转移支付占比（transf） 财政支出结构（struc）	经济预测偏差（forec） 财政收入增速（grev） 财政透明度（trsp）
不显著	财政分权（fd） 政策不确定性（cnepu） 宏观经济不确定程度（macro） 潜在GDP增长率（ggdp） 人均GDP（lnpgdp）	晋升压力（prom）

第五节　时空异质性分析

一、地区异质性分析

为了比较不同区域间预决算差异影响因素的差别，按照国家统计局经济地带的划分标准进行东中西[1]部省份划分，进行分样本回归，以分析不同地区的一般公共预算支出预决算差异的主要影响因素是否存在差异。分样本回归结果显示，各变量的显著性确实在不同地区存在差异——财政分权（fd）、潜在GDP增长率（ggdp）、财政支出结构（struc）等经济性和财政性因素在东部地区更为显著；转移支付（transf）、政策不确定性（cnepu）等制度和政策性因素在西部地区更为显著。其原因是东部地区经济水平相对较高，对转移支付依赖度较低，年初预算相对更为完整；同时政策稳定性强，各项制度趋于完善，政府治理水平总体较高，制度因素对预决算差异的影响偏小，而主要受到经济因素和管理因素的限制；而中西部地区，对转移支付依赖度较高，且各项政策具有较大不确定性，政府治理水平还有待提高，因此预决算差异受到制度因素和政策因素影响。

---

[1] 按照国家统计局东部、中部、西部划分标准，东部样本包括河北、辽宁、江苏、浙江、福建、山东、广东；中部样本包括吉林、黑龙江、山西、安徽、江西、河南、湖北、湖南；西部样本包括内蒙古、广西、四川、贵州、云南、陕西、甘肃、宁夏。

二、时间异质性分析

2014年8月31日，第十二届全国人大常委会第十次会议表决通过了《预算法》修改决定，自2015年1月1日起正式实施。新《预算法》在年初预算编制、预算下达、预算公开、绩效管理等方面作出了更为具体的规范，强化了对政府预算的审查和监管，增强了政府预算约束力（李建军、刘媛，2020）[1]。

为了分析不同预算约束下预决算差异影响因素的作用差别，本书以2015年为节点，进一步将样本细分为：2009—2014年、2015—2019年两个子样本，回归结果见表6-6所示。一方面，可以发现在2009—2014年，宏观经济不确定程度、转移支付占比的系数均在1%或10%的水平显著，而在2015—2019年，两个因素的系数不再显著，表明两因素对预决算差异的影响有所下降。其中可能的原因是：随着新《预算法》的出台，预算管理方法不断优化、转移支付制度不断完善，预算编制的科学性和完整性不断提高，政府预算的约束力得以提升，因此客观技术因素和制度衔接问题带来的影响被弱化。另一方面，2015—2019年经济预测偏差、潜在GDP增长率、人均GDP、财政透明度等因素的系数变为显著，其原因是制度性因素的影响弱化，导致经济因素和管理因素的影响得以凸显，而经济因素是预决算差异普遍存在的客观重要来源。参见表6-7所示。

---

[1] 李建军,刘媛.新《预算法》能够降低地方政府预决算偏离度吗——来自四川省市州的证据[J].财政研究,2020(7):39-52.

表6-6 预决算差异的区域异质性分析

变量	东部地区 (1)	东部地区 (2)	中部地区 (3)	中部地区 (4)	西部地区 (5)	西部地区 (6)
L.bv	—	0.238** (0.120)	—	0.033 (0.153)	—	0.200* (0.105)
L2.bv	—	0.201** (0.101)	—	-0.213 (0.132)	—	0.102 (0.079)
macro	-0.025 (0.104)	-0.086 (0.131)	0.277 (0.213)	0.145 (0.215)	0.086 (0.088)	0.210 (0.197)
forec	-0.553 (0.371)	-0.774 (0.681)	-0.256 (1.002)	0.500 (1.204)	1.381 (1.110)	-0.228 (1.001)
transf	-0.069 (0.281)	1.142 (0.758)	-0.995*** (0.291)	0.198 (0.989)	0.549*** (0.154)	0.869*** (0.256)
fd	-1.801*** (0.498)	3.345* (1.957)	-3.461** (1.442)	0.100 (4.037)	1.785 (1.170)	4.305 (2.717)
prom	-1.156 (0.999)	-0.378 (1.782)	3.469** (1.485)	2.607 (2.500)	4.233** (1.691)	1.859 (1.952)
cnepu	0.034 (0.055)	0.017 (0.055)	0.146 (0.082)	0.142* (0.079)	0.041 (0.093)	0.128* (0.070)

续表

变量	东部地区		中部地区		西部地区	
	(1)	(2)	(3)	(4)	(5)	(6)
ggdp	-0.332	-1.943***	-0.164	-0.17	0.875***	-0.003
	(0.223)	(0.375)	(0.393)	(0.585)	(0.182)	(0.454)
lnpgdp	-2.431	-2.517	-17.557	-6.769	-4.596	4.104
	(2.992)	(6.740)	(13.993)	(16.396)	(3.771)	(7.087)
grev	0.537***	0.675***	0.440***	0.474***	0.298***	0.389***
	(0.095)	(0.111)	(0.081)	(0.178)	(0.049)	(0.098)
struc	0.452*	0.742**	0.171	0.679	-0.563	0.702
	(0.220)	(0.353)	(0.701)	(0.812)	(0.503)	(0.526)
trsp	0.053	0.004	0.044	0.076	0.058	0.144*
	(0.036)	(0.067)	(0.127)	(0.120)	(0.071)	(0.087)
常数项	172.568***	-296.934*	505.481***	29.274	-125.085	-511.319**
	(44.453)	(159.228)	(111.383)	(415.942)	(99.737)	(246.266)
R^2	0.467	–	0.704	–	0.611	–
F	121.985	117.91	931.106	57.91	1029.687	227.010
N	121	88	77	56	143	104

注：*、**和***分别表示在10%、5%和1%的水平上显著，括号内为标准误。

表6-7 预决算差异的时间异质性分析

变量	2009—2014年		2015—2019年	
	（1）	（2）	（3）	（4）
L.bv	–	0.093	–	0.253***
	–	（0.071）	–	（0.097）
L2.bv	–	0.054	–	−0.028
	–	（0.066）	–	（0.035）
macro	0.952***	1.103***	0.065	−0.069
	（0.214）	（0.227）	（0.095）	（0.060）
forec	−0.417	−0.361	−0.137	−0.490*
	（0.632）	（0.451）	（0.660）	（0.272）
transf	0.569**	1.171***	−0.488	−0.403
	（0.284）	（0.306）	（0.310）	（0.370）
fd	0.098	1.882	3.562**	3.015***
	（0.921）	（1.818）	（1.739）	（1.149）
prom	1.693	1.398*	1.744	1.452*
	（1.428）	（0.736）	（1.610）	（0.766）
cnepu	−0.103	−0.156	−0.014	−0.030*
	（0.073）	（0.125）	（0.066）	（0.017）
ggdp	0.850*	0.252	−1.019**	−1.191***
	（0.481）	（0.503）	（0.465）	（0.294）
lnpgdp	−16.176	−12.797	−12.901**	−12.998***
	（13.249）	（25.410）	（5.640）	（3.864）
grev	0.182*	0.309***	0.415***	0.335***
	（0.098）	（0.056）	（0.081）	（0.045）
struc	−0.581*	0.976**	0.121	0.774***
	（0.347）	（0.396）	（0.298）	（0.188）

续表

变量	2009—2014年		2015—2019年	
	（1）	（2）	（3）	（4）
trsp	−0.001	0.012	0.019	0.104***
	（0.069）	（0.021）	（0.053）	（0.026）
常数项	180.084	−76.268	−131.734	−111.882
	（113.269）	（195.482）	（150.314）	（111.370）
R^2	0.373	–	0.377	–
F	21.859	1410.23	6.222	1286.89
N	186	93	155	155

注：*、**和***分别表示在10%、5%和1%的水平上显著，括号内为标准误。

第六节　稳健性检验

上文给出了一般公共预算支出预决算差异影响因素的实证检验。为了保证结果的可靠性和稳健性，本部分对上述模型进行稳健性检验。首先，将相对比率的预决算差异度，替换为预决算差异规模，重复进行回归，将结果与上文比较。其次，将影响预决算差异的关键因素——财政收入增速（grev）替换为财政支出增速（gexp），将回归结果与正文进行分析。如表6-8所示。

表6-8　稳健性检验

变量	替换被解释变量		替换财政支出增速	
	（1）固定效应模型	（2）差分GMM	（3）固定效应模型	（4）差分GMM
L.y	–	–0.298***	–	0.348***
	–	（0.073）	–	（0.057）
L2.y	–	–0.089**	–	0.106***
	–	（0.044）	–	（0.025）
macro	0.018	0.051***	0.548***	0.672***
	（0.021）	（0.009）	（0.065）	（0.095）
forec	0.017	–0.014	0.604	–0.866**
	（0.029）	（0.025）	（0.606）	（0.381）

续表

变量	替换被解释变量		替换财政支出增速	
	（1）固定效应模型	（2）差分GMM	（3）固定效应模型	（4）差分GMM
transf	−0.023	−0.006	0.480***	0.161
	（0.014）	（0.020）	（0.124）	（0.363）
fd	−0.021	0.199***	0.123	−1.452
	（0.045）	（0.065）	（0.234）	（1.482）
prom	0.065	−0.003	1.690**	0.707
	（0.043）	（0.033）	（0.584）	（1.150）
cnepu	0.007	0.012***	−0.022	−0.047***
	（0.005）	（0.002）	（0.030）	（0.014）
ggdp	0.000	−0.063***	0.331	−1.637***
	（0.030）	（0.018）	（0.355）	（0.345）
lnpgdp	0.286	0.842**	−2.171	−8.201
	（0.175）	（0.378）	（3.709）	（5.665）
grev	0.009	0.012***	−	−
	（0.006）	（0.002）	−	−
gexp	−	−	0.718***	0.773***
	−	−	（0.090）	（0.060）
struc	0.026	0.036***	−0.036	0.849***
	（0.021）	（0.010）	（0.190）	（0.138）
trsp	0.005**	−0.001	0.018	−0.013
	（0.002）	（0.002）	（0.041）	（0.019）
常数项	1.595	−24.961***	−53.459	131.996
	（3.498）	（6.037）	（50.963）	（169.455）
R^2	0.108	−	0.610	−
Arellano−Bond AR（1）	−	−2.17**	−	−1.84*
Arellano−Bond AR（2）	−	−0.19	−	−1.89*

续表

变量	替换被解释变量		替换财政支出增速	
	（1） 固定效应模型	（2） 差分GMM	（3） 固定效应模型	（4） 差分GMM
Sargan检验	-	24.25	-	23.69
N	341	248	341	248

注：*、**和***分别表示在10%、5%和1%的水平上显著，括号内为标准误。

根据上文的稳健性检验结果，替换变量后相关影响因素的系数基本未发生明显变化，进一步证明了本书结果的稳健性，证实了本书结论的可靠性。

第七节　本章小结

本章通过构建静态面板和动态面板模型对技术因素、制度因素、政策因素、经济因素、管理因素的影响进行实证检验，结论如下。

影响预决算差异的变量有——经济不确定程度（macro）、转移支付占比（transf）、晋升压力（prom）、政策不确定性（cnepu）、潜在GDP增长率（ggdp）、财政收入增速（grev）、财政支出结构（struc）、财政透明度（trsp）。

财政分权（fd）、经济预测偏差（forec）、人均GDP（lnpgdp）的系数不显著。

内部动态特征分析结果表明：从变量显著性来看，各因素对调整差异和执行差异的影响存在不同，部分因素在调整差异中显著而在执行差异中不再显著——经济预测偏差（forec）、财政收入增速（grev）、财政透明度（trsp）；部分因素在调整差异中不显著而在预算执行差异中显著——经济不确定程度（macro）、财政分权（fd）、政策不确定性（cnepu）、潜在GDP增长率（ggdp）、人均GDP（lnpgdp）。

地区异质性分析结果发现，东部地区受转移支付占比（transf）等制度因素影响偏小，而主要受到经济因素和技术因素的限制，而中西部地区受到制度因素影响较大；时间异质性分析表明，随着新《预算法》的出台，预算管理制度不断完善，政府预算的约束力得以提升，因此制度衔接或决策机制问题带来的影响被弱化。

第七章

一般公共预算支出预决算差异成因的贡献度分解

从逻辑上讲，虽然影响预决算差异的因素有很多，但是不同因素的相对重要性不同。本书认为这些因素不可能均是主要影响因素，其中必有主次之分。那么，既然发现了许多影响预决算差异的因素，那么究竟哪些因素是影响预决算差异的关键因素呢？目前为止，尚没有论文进行系统的研究。然而，科学地分析不同因素的相对重要性，对于正确理解和把握中国一般公共预算支出预决算差异以及制定科学合理的应对之策具有重要意义。

目前，关于评价变量相对重要性的方法，学术界尚未形成统一的观点。目前文献中常用的分析变量经济重要性的方法包括标准化系数、夏普利值、均值分解、Q指数等。其中，标准化系数是消除了单位不同影响后的回归系数，将其绝对值的大小表征为自变量对因变量的影响程度。夏普利值分解是基于传统回归分解和夏普利值相结合的方法，认为拟合优度代表了因变量被所有自变量解释的比例，进而可以把目标变量的不平等分解为其决定因素的贡献，并量化为各回归变量对因变量不平等的贡献。均值分解是将回归系数与均值乘积的绝对值大小代表了变量的重要性，从而将变量X的经济重要性等于其回归系数与均值乘积的绝对值在所有具有统计显著性变量中的比重

（Holgersson，2014）[1]。Q指数是指将自变量变化所引起的因变量方差变动大小代表了变量的重要性，从而变量X所引起的被解释变量变化在总变化中所占的比例为变量X的贡献度（Sterck，2019）[2]。因此本章将利用夏普利值分解法、基于方差分解和均值分解的MQ指数来测度一般公共预算支出预决算差异各影响因素的贡献度。

第一节　测度贡献度的基本原理

一、基于R²的贡献度指标——夏普利值分解

Issreli（2006）在Field（2003）等人研究的基础上提出了重要性分析（dominance analysis）的方法，旨在确定线性回归中，不同解释变量对决定系数R²的贡献程度。事实上，对于决定系数R²的贡献程度也反映了不同解释变量对被解释变量方差的贡献度。

1. 夏普利值分解简介

夏普利值（Shapely value）是由美国教授Lloyd Shapley提出的，用于多人合作博弈中根据"所得与贡献相等"的原则进行利益分配的一种分配方式。由于合作博弈过程中，不同的博弈联盟或者不同的参与次序带来的边际贡献不同，那么，如何确定各博弈主体的贡献并进行公平合理的利益分配成为重要的内容。夏普利提出的衡量合作博弈的贡献的方法是：在决定贡献程度时，充分考虑所有可能联盟次序下博

[1] Holgersson, H., T. Norman, S. Tavassoli. In the Quest for Economic Significance: Assessing Variable Importance through Mean Value Decomposition[J]. Applied Economics Letters, 2014, 21(8): 545–549.

[2] Sterck O.. Stars, Wars, and Development[R]. SSRN Working Paper, 2019.

弈主体对联盟的边际贡献，根据博弈主体可能的边际贡献之和与各种可能的联盟组合的收益的比值，即为该博弈主体的贡献程度——夏普利值。

令 $G(N, R)$ 表示有 N 个局中人参与的合作博弈，$r(c)$ 表示联盟 c 的最大收益。若 i 是联盟 c 中的一员，则 $r(c) - r(c|\{i\})$ 为联盟中博弈主体 i 对联盟 c 的贡献，其中 $(c|\{i\})$ 是联盟 c 除去主体 i 之后的集合。若 i 不是联盟 c 的成员，则 $(c|\{i\}) = c$，故主体 i 对联盟 c 的贡献为零。此时 i 对联盟 c 的贡献就是 i 对联盟 c 的边际贡献，故而，若 i 要求在联盟 c 中获得分配，则这种分配不会大于 i 对联盟 c 的贡献。由于在不同的博弈组合和博弈顺序中，主体 i 的边际贡献并不相同，因此需要确定各种博弈组合下主体 i 的边际贡献，进而通过其平均贡献来刻画其贡献程度。

记 j 为合作 c 中的成员个数，称为联盟 c 的规模。记 $j = |c|$，给定规模 j，规模为 j 的包括 i 合作有 C_{N-1}^{j-1} 个，其中 C_{N-1}^{j-1} 是 $N-1$ 成员中抽取 $j-1$ 个主体组合数。主体 i 对规模为 j 的所有合作的贡献之和为：

$$\sum_{|c|=j} [r(c) - r(c|\{i\})]$$

则 i 对规模为 j 的合作的平均贡献为：

$$\frac{1}{C_{N-1}^{j-1}} \sum_{|c|=j} [r(c) - r(c|\{i\})]$$

对规模为 j 求和，然后除以 N，则得到 i 对所有规模的所有合作的平均贡献，即：

$$\theta_N = \sum_{j=1}^{N} \frac{1}{N C_{N-1}^{j-1}} \sum_{|c|=j} [r(c) - r(c|\{i\})]$$

$$= \sum_{j=1}^{N} \frac{(j-1)!(N-1-(j-1))!}{N!} \sum_{|c|=j} [r(c) - r(c|\{i\})]$$

$$= \sum_{j=1}^{N} \frac{(j-1)!(N-j)!}{N!} \sum_{|c|=j} [r(c) - r(c|\{i\})]$$

上式中的 θ_i（i=1……N）为合作G（N，R）的夏普利值，刻画了局中人在合作博弈中的贡献程度。由于夏普利分配过程中，符合对称性原则、有效性原则和可加性原则，使得各主体获得的收益与其位置无关，而与其贡献紧密相关，因此成为合作博弈中利益分配的重要方式。

2. 基于回归的夏普利值分解法

从20世纪70年代早期开始，学者开始利用回归分析方法量化分解不平等。由于基于回归的分解方法能够量化自变量对因变量不平等程度的贡献，并且分析不受变量数量的限制（Shorrocks，1982）[1]，因此其使用灵活，特别是处理收入决定因素的内生性与随机误差的能力，使得该方法对经济学家与政策制定者都很有吸引力（万广华，2008）[2]。Oaxaca（1973）[3]与Blinder（1973）[4]是提出使用回归分析方法分解不平等指标的先驱。此后基于回归的不平等分解方法不断完善、丰富发展。联合国世界发展经济学研究院Shorrocks（1999）[5]将合作博弈中利益分配的夏普利值思想引入基于回归的不平等分解，提出了基于

[1] Shorrocks A. Inequality Decomposition by Factor Components[J]. Econometrica, 1982,50(1):193–211.

[2] 万广华.不平等的度量与分解[J].经济学(季刊),2009,8(1):347–368.

[3] Oaxaca R.. Male and Female Wage Differentials in Urban Labor Market[J]. International Economic Review, 1973,14 (3):693–709.

[4] Blinder A.. Wage Discrimination: Reduced Form and Structural Estimates[J]. Journal of Human Resources, 1973,8(4): 436–455.

[5] Shorrocks A. Decomposition Procedures for Distributional Analysis: A Unified Framework Based on the Shapley Value [Z]. Department of Economics, University of Essex,1999.

回归方程的夏普利值分解方法（Shapley value decomposition）。通过将回归方程与夏普利值相结合，该分解法可以把不平等分解为其分解指标的贡献程度。该方法充分结合了回归分析方法的灵活性和夏普利值分解的公平合理性，具有不受函数形式和分解指标的限制，具有分解完全与限制因素少的特点（Wan，2004）[1]。

夏普利值分解法的核心思想为：影响目标变量的因素有很多，对于任意要素都会对目标变量产生边际贡献，在将该因素按照所有可能的次序加入回归时，所产生的边际贡献的均值即为该因素对目标变量的贡献（姚东旻等，2020）[2]。具体而言，该方法的基本思路为：将某一个自变量X取样本均值，然后再将X的平均值和其他变量的实际值一起代入回归方程，推测出因变量，并且计算对应于这个估计的因变量，记作Y′。此时，该指数已经不包含X的影响了。于是，我们可以将Y′与根据真实数据计算出的Y之间的差作为X对于因变量Y的贡献。如果将X取了均值后，Y′变小了，说明X是导致Y增加的因素，它对Y的贡献为正；反之则为负。值得指出的是，在度量X对Y的贡献时，其他每个变量的选取及其次序并不是唯一的，可以是实际值也可以是平均值，这样便会得到不同的推测数据。

由于夏普利值是所有可能排列中对R^2边际贡献的平均值，在回归中需要逐一加入变量确定边际贡献，因此，夏普利值分解方法的计算量随着影响因素的增加而呈几何级数增加。

[1] Wan G.. Accounting for Income Inequality in Rural China: A Regression-based Approach[J]. Journal of Comparative Economics, 2004,32(2): 348-363.

[2] 姚东旻,许艺煊,高秋男,等.省际预算支出结构的差异及其主要来源[J].财贸经济,2020(9):21-38.

3. 夏普利模型分解的步骤

第一步，建立线性回归模型，如下式所示。这一步可以通过与预决算差异影响因素的回归，得到预决算支出差异的估计值$\widehat{BD}$：

$$BD = \alpha + \sum \beta_k X_k + \varepsilon$$

第二步，设各省份在预决算支出时的差异为$G = g(BD)$，将估计值$\widehat{BD}$代入其中，可以得到差异与各影响因素之间的关系，如下式：

$$G = g(\widehat{BD}) = g(\alpha + \sum \beta_k X_k) = g[f(X)]$$

然后计算出影响因素X_k对省际预决算差异的夏普利值：

$$SV_k = \sum \varphi_k \{g[f(x)] - g[f(x \mid X_k)]\}$$

其中，$g[f(x)] - g[f(x \mid X_k)]$为在特定的一种剔除路径下，$X_k$对差异的边际贡献。$\varphi_k(x) = \frac{(K'-1)!\,(K-K')!}{K!}$为博弈集合X的加权因子，$K'$为X中参与变量的个数。在实际分解过程中，$X_k$取均值时，其余变量是否取均值，夏普利值边际贡献的计算共有K'种可能。以其加权求解的均值，最终作为因素X_k的边际贡献。最后，将影响因素X_k对差异的边际贡献与所有因素的边际贡献之和作对比，可以得到因素X_k的相对贡献度RC_k：

$$RC_k = \frac{SV_k}{\sum SV_k}$$

二、基于方差分解和均值分解的MQ指数

1. MQ指数简介

夏普利值分解是分析经济重要性及其贡献度的重要指标，但是计算夏普利值的基础是变量间的相关性及其加入回归次序的多重性，分解结果也可能出现不可靠的情形（Grömping，2015）[1]。Holgersson et al.（2014）[2]认为变量的水平值与被解释变量的大小具有重要的意义，因此提出均值分解法（mean value decomposition）。该方法主要思想是将因变量的期望 $E(Y)$ 分解到各个自变量，并将各个自变量在因变量期望中所占的比例 $\frac{\beta E(X_i)}{E(Y)}$ 作为变量的经济重要性。其数学表达式为：

$$\frac{\beta E(X_i)}{E(Y)} = \frac{|\beta_i \bar{x}_i|}{\sum_{i \in \Omega} |\beta_i \bar{x}_i|}$$

但这一方法不仅受变量单位、因变量X均值、自变量Y均值的影响（Sterck，2018）[3]，而且也没有考虑统计显著性对结果的影响。Sterck（2019）从方差分解的思路出发，提出了度量变量经济重要性的Q指数。该指数的核心是利用自变量变化所引起的因变量方差变动与因变量总方差的比值来代表变量的重要性和贡献程度。公式如下。

---

[1] Grömping U.. Variable Importance in Regression Models[J]. Wiley Interdisciplinary Reviews: Computational Statistics, 2015,7(2):137–152.

[2] Holgersson, H., T. Norman, S. Tavassoli. In the Quest for Economic Significance: Assessing Variable Importance through Mean Value Decomposition[J]. Applied Economics Letters, 2014, 21(8): 545–549.

[3] Sterck,O. On the Economic Importance of the Determinants of Long–Term Growth [R]. Centre for the Study of African Economies Working Paper，2018.

$$Q = Var(\beta_i x_i)/\left[Var(\epsilon) + \sum_{i \in \Omega} Var(\beta_i x_i)\right]$$

冯根福等（2021）[1]认为Q指数在分析时遗漏了变量的统计显著性，因为经济重要性与统计显著性的结果有可能是相互矛盾的，因此应该同时考虑经济重要性和统计变量显著性，因而构建了衡量变种重要程度的新指标——MQ指数，作者的做法是在计算QM和QV指数时将不显著的变量赋予权重为0。本书认为MQ指数在衡量预决算差异方面有其突出优势：将水平分解和方差分解的优势结合在一起，同时考虑了水平值的贡献和方差值的贡献，使得对贡献的刻画和度量更加综合全面，但是，如果直接将显著性较低的变量排除，将会影响分析的完整性。因此，为保证分析的完整性，在冯根福等人（2021）的基础上，考虑经济重要性和变量显著性，当变量不显著的时候赋予其方差或均值以更小的权重D，从而弱化其对被解释变量的贡献程度。

2. MQ指数的计算步骤

第一步，建立线性回归模型，如下式所示。通过与预决算差异影响因素的回归，得到变量x_i的回归系数β：

$$BD = \alpha + \sum \beta_i X_i + \varepsilon$$

第二步，借鉴Holgersson等人（2014）的均值分解方法，从水平值角度测度变量的贡献度QM。QM的数学表达式为：

[1] 冯根福,郑明波,温军,等.究竟哪些因素决定了中国企业的技术创新——基于九大中文经济学权威期刊和A股上市公司数据的再实证[J].中国工业经济,2021(1):17-35.

$$QM(x_i) = \begin{cases} |\beta_i \bar{x}_i| / \sum_{i \in \Omega} |\beta_i \bar{x}_i| & , if\, p_i \leq p_0 \\ |\beta_i \bar{x}_i| / \sum_{i \in \Omega} D \times |\beta_i \bar{x}_i| & , if\, p_i > p_0 \end{cases}$$

式中，Ω 为所有自变量的集合；β_i 为变量 x_i 的回归系数；$\bar{x}_i$ 为变量的样本均值；p_i 为变量 $\bar{x}_i$ 的P值；p_0 为显著性水平，可以根据需要设定为1%、5%或10%；为了防止不同变量间贡献的正负性相抵消，在计算时取绝对值；D为一个参数，本书设定当 $p_0 > 0.1$ 时，D取值为0.5，当 $p_0 \leq 0.1$ 时，取值为1。因此，变量 x_i 的贡献度等于 x_i 的回归系数与均值乘积的绝对值在所有显著的变量间的比重。

第三步，借鉴Sterck（2019）的方法，从方差角度测度变量的贡献度QV。QV的数学表达式为：

$$QV(x_i) = \begin{cases} Var(\beta_i x_i) / \left[Var(\epsilon) + \sum_{i \in \Omega} Var(\beta_i x_i) \right] & , if\, p_i \leq p_0 \\ Var(\beta_i x_i) / \left[Var(\epsilon) + \sum_{i \in \Omega} D \times Var(\beta_i x_i) \right] & , if\, p_i > p_0 \end{cases}$$

式中，$Var(\beta_i x_i)$ 为变量的方差，其余含义同上。变量 x_i 的贡献度等于引起的因变量的变化 $Var(\beta_i x_i)$ 在因变量总变化中的比重。该指标的特点是仅考虑了 x_i 对因变量的直接影响，并不考虑其可能存在的中介效应或间接影响。

第四步，综合水平贡献度QM和方差贡献度QV，形成本书的贡献度指标MQ（即Modified Q）。在此，基于两者对称性的考量，两者的权重均赋值为0.5，即 $\rho = 0.5$，其自变量的MQ指数的数学表达式为：

$$MQ(x_i) = \rho QM(x_i) + (1 - \rho)QV(x_i)$$

由于水平值贡献度中考虑的是常数项的贡献，方差值贡献中考虑的是残差项的贡献，因此常数项和残差项的贡献需要另行计算，公式如下：

$$\begin{cases} MQ(\varepsilon) = Var(\beta_i x_i)/2\left[Var(\epsilon) + \sum_{i \in \Omega} Var(\beta_i x_i)\right] \\ MQ(\beta_0) = |\beta_0|/2\sum_{i \in \Omega} |\beta_i \bar{x}_i| \end{cases}$$

根据MQ指数的构造过程可以发现，变量贡献度的大小受到回归系数、均值和方差的影响，涵盖了变量的主要特征，能够更为全面、准确地衡量自变量对因变量的贡献度。另外，MQ指数所有变量的贡献度之和为1，且贡献度只受到变量本身特征影响，即符合变量的可解释性和贡献无关性，符合贡献度指标的基本标准和原则（冯根福，等，2021）。

第二节　预决算差异的贡献度分解

尽管面板回归模型通过了变量显著性检验，说明了变量的重要性，但是通过其系数无法判断因素的相对重要性。因此需要利用相关方法进行因素贡献度的判断。本节主要利用基于R^2的贡献度指标——夏普利值、基于方差分解+均值分解的贡献度指标——MQ指数进行分析。

一、基于R^2的贡献度指标

在明确影响预决算差异的基础上，本节需要探究不同影响因素解释力的大小，找出影响因素中的关键因素。通过表7-1中的第（1）~（3）列可以看出，在夏普利值分解下，11个因素对预决算差异的总体解释力达到了45.3%。其中不同因素的贡献程度呈现较大的差异，转移支付占比（transf）、财政收入增速（grev）、人均GDP（lnpgdp）是贡献度最大的三个指标，贡献度分别为25.56%、20.59%和18.55%。这三个指标的贡献度已经超过60%，表明基于11个变量对预决算差异的影响，这三个变量的贡献度达到这11个变量总体贡献度的60%以上。

进一步分析，根据变量类别——技术因素、制度因素、政策因素、经济因素、管理因素，进行分组夏普利值分解，具体分解结果见

表7-1中的第（4）列。根据表中结果可以看到，五组因素中制度因素的贡献度最高，达到30.21%；其次分别是经济因素为28.74%、管理因素为25.92%、政策因素为11.21%；技术因素的贡献度最低，仅为3.92%。

分组分解的结果表明：一是技术因素对我国预决算差异贡献度相对较小，意味着我国预决算差异的成因中存在较多的不合理因素如制度因素、经济因素、管理因素等。二是当前我国预决算差异最主要的来源是制度因素，如财政体制和转移支付制度等，因此破除我国预算管理中的体制性制度性障碍是我国降低预决算差异的重要方向。三是财政管理不完善也是造成我国预决算差异较大的重要因素，其中财政收入增速对预决算差异的贡献度最大，意味着预算收支的约束力仍有较大提升空间，应进一步优化对财政超收收入的管理。政策因素的影响程度排序低于预期，可能原因是：政策因素更多的是导致科目之间的调剂，而本部分分析的主要是总量层面。

表7-1 预决算差异的夏普利值分解结果

变量类别	变量名	预决算差异			
		（1）夏普利值	（2）贡献度	（3）贡献度排名	（4）分组贡献度
技术因素	macro	0.003	0.56%	10	3.92%
	forec	0.012	2.61%	8	
制度因素	transf	0.116	25.56%	1	30.21%
	fd	0.012	2.68%	7	
政策因素	prom	0.044	9.67%	5	11.21%
	cnepu	0.006	1.29%	9	
经济因素	ggdp	0.059	13.02%	4	28.74%
	lnpgdp	0.084	18.55%	3	

续表

变量类别	变量名	预决算差异			
		（1）夏普利值	（2）贡献度	（3）贡献度排名	（4）分组贡献度
管理因素	grev	0.093	20.59%	2	25.92%
	struc	0.002	0.50%	11	
	trsp	0.023	4.97%	6	
合计		0.453	100%	–	100%

二、基于方差分解和均值分解的MQ指数

表7-2是利用面板固定效应模型的估计结果，第（1）（2）（3）列分别是基于该面板固定效应模型计算的基于方差分解的QV指数、基于均值分解的QM指数、MQ指数。表中的QV和QM指数的结果均显示，影响预决算支出差异最重要的变量为转移支付，其重要性占比分别为23.129和79.095，说明转移支付占比是影响预决算差异的重要因素。

表7-2　预决算差异的MQ指数分解结果

变量名	（1）QV指数	（2）QM指数	（3）MQ指数
macro	0.131	0.002	0.066
forec	0.078	0.004	0.041
transf	23.129	79.095	51.112
fd	0.136	0.480	0.308
prom	1.224	0.172	0.698
cnepu	0.018	0.106	0.062
ggdp	2.057	1.865	1.961
lnpgdp	4.671	4.130	4.400

续表

变量名	（1）QV指数	（2）QM指数	（3）MQ指数
grev	4.863	5.376	5.120
struc	0.010	0.014	0.012
trsp	0.577	1.691	1.134
Residual	63.105	—	31.553
常数项	—	7.064	3.532

　　本书进一步根据MQ指数评价预决算差异的主要决定因素。与QV和QM指数的结果基本一致，MQ指数结果仍然显示转移支付占比是影响预决算差异最重要的因素，其重要性占比提高达到了51.112，其次分别为财政收入增速和人均GDP。与前文的夏普利值分解结果对比发现，两者尽管存在一定的差异，但是其对影响因素的相对重要性排序基本一致，两种方法的结论基本一致，进一步验证了本书相关结论的可靠性。

第三节　预决算差异贡献度的内部动态分析

为了解析预决算差异贡献度的内部动态特征，本节将分别分析调整差异和执行差异。

一、基于R²的贡献度指标

首先是基于R²的贡献度指标。根据表7-3结果可以看出：调整差异和执行差异的总体解释力分别为48.8％和23.3％。在影响预决算差异的关键因素方面，两者的核心影响因素并不完全相同。影响调整差异最重要的三个因素分别是收入增速（grev）、潜在GDP增长率（ggdp）、人均GDP（lnpgdp）；而影响执行差异最重要的三个因素分别为财政透明度（trsp）、经济增速（ggdp）和收入增速（grev）。

进一步分析，根据变量类别——技术因素、制度因素、政策因素、经济因素、管理因素，进行分组夏普利值分解，具体分解结果参见表7-3所示。根据表中结果可以看到，预算调整差异中，管理因素的贡献度最高，达到34.07％，其次分别是经济因素为30.95％、制度因素为21.61％、政策因素为6.98％，技术因素的贡献度最低（仅为6.39％）；预决算执行差异中，管理因素的贡献度最高（达到47.72％），经济因素的贡献度为23.14％、技术因素的贡献度为12.69％、制度因素的贡献度为

表7-3 预算调整差异和执行差异的夏普利值分解结果

变量类别	变量名	调整差异				执行差异			
		(1)夏普利值	(2)贡献度	(3)排名	(4)分组贡献度	(5)夏普利值	(6)贡献度	(7)排名	(8)分组贡献度
技术因素	macro	0.003	0.63%	10	6.39%	0.010	4.27%	8	12.69%
	forec	0.022	4.58%	7		0.016	7.05%	5	
制度因素	transf	0.080	16.48%	4	21.61%	0.015	6.42%	6	12.12%
	fd	0.016	3.33%	8		0.012	5.29%	7	
政策因素	prom	0.025	5.04%	6	6.98%	0.004	1.82%	10	4.32%
	cnepu	0.007	1.50%	9		0.004	1.91%	9	
经济因素	ggdp	0.082	16.86%	2	30.95%	0.032	13.96%	3	23.15%
	lnpgdp	0.082	16.86%	2		0.021	9.15%	4	
管理因素	grev	0.123	25.19%	1	34.07%	0.061	26.36%	1	47.72%
	struc	0.002	0.50%	11		0.004	1.66%	11	
	trsp	0.044	9.03%	5		0.051	22.10%	2	
合计		0.488	100%	—	100%	0.233	100%	—	100%

12.12％，政策因素对预决算执行差异的影响仅为4.32％。其中，执行差异与调整差异的影响因素的相对重要性变动较大的主要是转移支付占比（transf）、财政透明度（trsp）。其中，转移支付占比对执行差异的贡献度比对调整差异的贡献度明显下降，从16.48％下降为6.42％，其中的原因是，转移支付占比越大的地区，预算编制阶段受转移支付提前下达指标影响，预算的完整性不高，导致预算调整的比例较大；而在预算执行阶段，转移支付更多地影响预算支付下达的及时性，其下达的时间和及时性将会影响预算执行剩余期限，从而影响执行差异。财政透明度（trsp）对执行差异的贡献度大于对预算调整差异的贡献度，主要原因是财政透明度影响财政支出的资金调剂或科目流用，而这些基本不属于法定预算调整的范畴。

以上的结果与经验直觉基本一致——技术因素和经济因素对预决算差异的贡献更多体现在预决算执行差异中，制度因素、政策因素对预决算差异的贡献更多体现在预算调整差异中，而管理因素的影响贯穿预算全过程，总体在预算执行差异中的影响更大。另外需要指出的是，尽管预决算差异的夏普利值分解结果显示转移支付占比的贡献度最高，但是在调整差异和执行差异中，其贡献度并不是最高。其中可能的原因是，各因素在预算调整和预算执行差异中的影响可能并非是单向的，存在相互抵减的状况。如表7-4所示，财政透明度与预算调整差异正相关，与预算执行差异负相关，即财政透明度越高，财政管理越规范，必要的支出调整均通过法定预算调整进行，预算调整差异较大；但在预算执行阶段，财政透明度越高，预算约束力越强，预决算的调整差异越小。

二、基于方差分解和均值分解的MQ指数

表7–4中的第（1）~（3）列是调整差异基于方差分解的QV指数、基于均值分解的QM指数、MQ指数。第（4）~（6）列分别是执行差异基于方差分解的QV指数、基于均值分解的QM指数、MQ指数。表中MQ指数的结果显示，影响调整差异最重要的变量为转移支付，其重要性占比为61.525；但是其对执行差异的贡献度明显下降，表明转移支付制度对预决算差异的贡献主要在预算编制环节。总体而言，与夏普利值分解的结论基本一致，制度因素对预决算差异的贡献更多体现在预算调整差异中。

表7–4　预算调整差异和执行差异的MQ指数分解结果

变量名	预算调整差异			预决算执行差异		
	（1） QV指数	（2） QM指数	（3） MQ指数	（4） QV指数	（5） QM指数	（6） MQ指数
macro	0.022	0.000	0.011	0.007	0.000	0.004
forec	0.005	0.000	0.003	0.036	0.002	0.019
transf	37.109	85.941	61.525	2.423	4.439	3.431
fd	0.001	0.002	0.001	8.252	62.547	35.399
prom	0.195	0.019	0.107	0.006	0.000	0.003
cnepu	0.000	0.000	0.000	0.052	0.328	0.190
ggdp	0.811	0.498	0.655	0.000	0.000	0.000
lnpgdp	5.730	3.431	4.580	26.124	24.752	25.438
grev	1.450	1.086	1.268	0.023	0.014	0.019
struc	0.000	0.000	0.000	0.003	0.005	0.004
trsp	0.019	0.019	0.019	0.158	0.495	0.326

变量名	预算调整差异			预决算执行差异		
	（1） QV指数	（2） QM指数	（3） MQ指数	（4） QV指数	（5） QM指数	（6） MQ指数
Residual	54.657	–	27.329	62.916	–	31.458
常数项	–	9.004	4.502	–	7.418	3.709

第四节　时空异质性分析

一、地区异质性分析

中国幅员辽阔，区域差异较大，同时不同省份之间经济发展和财政管理水平存在较大的差别，影响预决算差异的因素及其贡献度可能存在差异。因此有必要分析不同省份预决算差异的影响因素的贡献度，以探究预决算差异的地区异质性。因此按照东中西部省份[1]进行划分，分析不同地区的一般公共预算支出预决算差异的主要影响因素是否存在差异。

从不同地区的夏普利值分解来看，东部、中部和西部影响预决算差异的因素贡献度存在一定的差异。其中，东部地区贡献度最高的三个因素分别为官员晋升压力、财政收入增速、财政分权；中部地区贡献度最高的三个因素分别为财政分权、人均GDP和转移支付；而西部地区贡献度最高的三个因素分别为财政收入增速、经济增速和转移支付占比。可见，不同地区影响预决算差异的主导因素存在一定的差异。其中原因可能是：东部地区经济发展水平相对较高，省

---

[1] 按照国家统计局东部、中部、西部划分标准，东部样本包括河北、辽宁、江苏、浙江、福建、山东、广东；中部样本包括吉林、黑龙江、山西、安徽、江西、河南、湖北、湖南；西部样本包括内蒙古、广西、四川、贵州、云南、陕西、甘肃、宁夏。

表7-5 地区异质性分析

项目	东部			中部			西部		
	夏普利值	贡献度	分组贡献度	夏普利值	贡献度	分组贡献度	夏普利值	贡献度	分组贡献度
macro	0.005	1.15%	2.53%	0.011	1.63%	9.57%	0.003	0.84%	5.92%
forec	0.006	1.30%		0.039	5.98%		0.019	4.65%	
transf	0.048	10.55%	23.33%	0.117	17.72%	39.89%	0.056	13.56%	23.47%
fd	0.075	16.55%		0.138	20.87%		0.032	7.64%	
prom	0.108	23.97%	25.76%	0.030	4.47%	4.56%	0.019	4.55%	7.42%
cnepu	0.006	1.36%		0.007	1.12%		0.010	2.37%	
ggdp	0.023	5.10%	21.74%	0.058	8.86%	27.69%	0.098	23.59%	29.21%
lnpgdp	0.069	15.30%		0.136	20.67%		0.031	7.48%	
grev	0.083	18.45%	26.64%	0.079	12.03%	18.29%	0.106	25.57%	33.98%
struc	0.023	5.04%		0.010	1.58%		0.006	1.42%	
trsp	0.006	1.22%		0.034	5.08%		0.035	8.33%	
合计	0.451	100%	—	0.660	100%	100%	0.414	100%	100%

份之间竞争压力较大，因此地方政府希望通过超支的方式促进经济增长，增加自身晋升的筹码；而西部地区经济基础薄弱，特别是随着近几年西部大开发战略的推进，西部地区经济发展较快，财政收入快速增长，在预算管理水平不完善的情况下，更容易转换为地方政府的超支，如表7-5所示。

二、时间异质性分析

为了分析不同年份间影响因素的相对权重的大小，本部分进行动态差异的比较。基本方法是：对基准模型进行OLS回归，以确定每年预决算差异的决定方程；在此基础上，对每一年的预决算差异进行横向分解，从而形成不同年份影响因素的解释程度的动态变化，结果见图7-1所示。动态差异分析时，我们关注的焦点主要有两个：一是分析预决算差异的主要来源是否一致；二是观察随着年份的变化，差异的主要来源是否发生了变化。

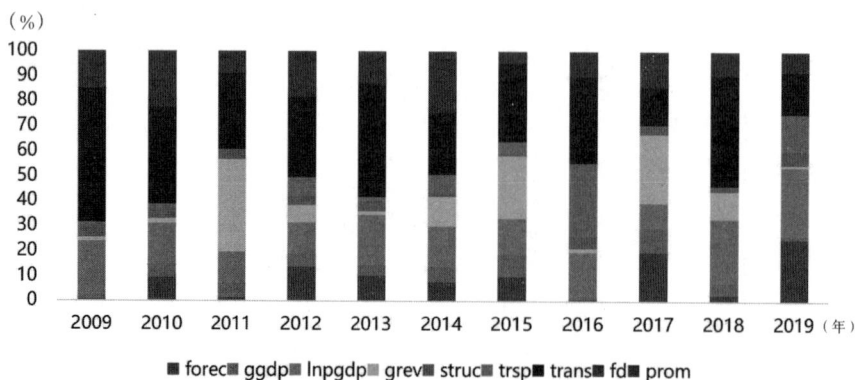

图7-1 预决算差异各因素贡献度的百分比变动

对不同年份的预决算差异贡献度的结构分析可以发现：一方面，

不同年份的贡献度结构存在一定的差异，但是关键因素的比重相对稳定；另一方面，随着时间的延续，影响因素结构存在一些规律性变动。具体而言：①转移支付的贡献度呈下降趋势，意味着随着转移支付制度的不断完善，特别是预算指标提前下达比例的增加，地方政府预算编制的完整性不断提高，最终对预决算差异的影响也逐渐下降。②宏观经济预测差异的贡献度呈上升趋势，当然这并不意味着经济预测精确度的下降，其原因是随着预算和财政管理制度的不断完善，对预决算差异的贡献度不断下降，导致宏观经济预测对预决算差异的贡献程度相对提高。③财政收入增速的贡献度具有较大的波动，原因是不同年份经济运行态势不同，从而导致财政收入的增速存在加大的差异，例如2011年和2017年分别是我国经济同比增速相对较快的年份，其财政收入增速的贡献度相对较高。

第五节　调整差异和执行差异的主要成因

尽管预算调整数是每年财政运行半年以上的数据，并不能准确地反映地方政府的预算管理水平，但是预算调整数在分析政府的预算管理水平时具有重要的意义。首先将调整预算数与年初预算比较，反映年初预算与最终预算之间的差额，以及政府对未来经济形势和财政收支形势预测的准确度。其次将预算调整数与决算数相比，反映预算执行过程中出现的问题。

一、调整差异的成因分析

调整差异通常为正，且其差额通常较大的一种重要原因是转移支付。因为我国目前的财政体制决定了财权集中在中央，事权集中在地方，财权和事权之间的差额通过中央对地方的转移支付来平衡。因此（除个别省份外），地方政府的自有财力通常是有限的，难以满足事权支出需求。而地方政府在编制年初预算时，中央对地方的转移支付规模尚未完全确定，因此地方政府的年初预算数未能准确地反映中央对地方的转移支付规模。

年初向各省份人民代表大会提交审查批准的预算报告中，主要是当年可用财力安排的支出和中央提前下达的转移支付数、政府债务

（新增债券、置换债券）限额等。由于中央政府提前下达的预算指标按照"多退少补"或比例限制的原则，地方政府编制的年初预算并不是完整的预算，因此地方政府预算调整不可避免。具体而言，造成预算调整差异的突出原因主要表现在以下几个方面。

（1）转移支付提前下达预算指标不精准。为加快预算执行进度，提高地方预算编制的完整性，中央在预算年度开始前的11月份提前下达转移支付预算额度，并待预算年度开始且全国两会确定预算后，在4—5月再次核定各地转移支付预算据实调整。提前下达预算指标提高了地方政府预算编制的完整性和精确度，但是目前提前下达预算的精度并不高，且"多退少补"的下达原则意味着地方政府通常需要在年中预算调整过程中调增预算。以2019年为例，一般性转移支付中，中央对地方均衡性转移支付提前下达比例约为87%，意味着地方政府预算安排中无法涵盖剩余的13%，需要通过预算调整的方式经过人大常委会另行审查批准；专项转移支付中，以中央引导地方科技发展专项资金为例，地方政府根据提前下达列入预算的比例约为45%，大部分需要在中央核实下达后进行预算调整。由于中央对地方转移支付规模较大，因此转移支付提前下达指标的不精确成为地方政府预算调整的重要原因，最终形成调整差异的重要来源。

（2）地方政府债务限额下达比例有限制。2018年以前，财政部每年3月在全国人大批准预算后，将当年分地区地方政府债务限额下达地方。各地依法调整预算后，发行地方政府债券。因此各地通常在5月左右调整预算，下半年发行地方政府债券。这在某种程度上造成了下半年债券的集中发行，并压缩了地方政府债券所筹集资金的执行时间，导致地方政府债券使用进度偏慢。为了加快地方政府债券发行使用进度，2018年12月，全国人大常委会授权国务院在2019年以后年度，在当年新增地方政府债务限额的60%以内提前下达。这在一定程度上缓解了地方政府债券的集中发行，也在某种程度上降低了预算调整的规模。但是新增地方政府债务限额下达比例的限制，不可避免地仍会导致地方政府预算调整的发生。

（3）代编预算导致预算编制的不准确。所称"代编预算"有两种情形：一是政府财政部门编制下级汇总预算时，不是以下级上报的预算数额汇总，而是代下级编制；二是在预算编制时没有明确到具体的项目，由财政部门或预算部门代编，执行中再细化到具体项目。目前，代编预算的两种情形在实践中均存在。以省级预算为例，由于省市各级政府预算批准时间尚不衔接，省级预算中仍存在由省财政代编的情形。此外，各级财政在编制预算时仍存在大量代编，相关支出未细化落实到具体的项目，而是在执行中二次分配，由此降低了预算的科学性和准确性。

二、执行差异的成因分析

执行差异通常为负，如上文分析管理因素、经济因素对预决算差异的贡献较大。一方面，预算执行不仅受到宏观经济运行的影响，而且要主动出招实现宏观调控；另一方面，财政管理不规范、预算的控制力不足、预算调剂行为不规范也会导致预决算执行差异。具体而言，造成预决算执行差异的突出原因主要表现在以下几个方面。

（1）支出部门的策略性行为。预算应该遵循资金使用效益最大化的原则，充分利用有限的预算资源。然而实践中，支出部门为实现自由裁量权和部门利益最大化，存在策略性行为。一方面，支出部门为应对突发性、偶然性或者临时性支出，保证部门的自由裁量权，通常会高估预算规模，而在实际预算执行过程中难以完全支出；另一方面，部门或项目单位在预算编制时，为实现部门利益最大化，本着"多多益善"的态度在预算申报时尽量增加资金申请额度，而在项目完成时却出现资金剩余的情况。

（2）支出部门项目编制不合理，编制的项目难以执行。纳入预算的项目应该从项目库中提取，而项目进入项目库的必要条件是项目经过可行性论证。然而，在实践过程中仍然存在大量项目前期准备不充分，导致纳入年度预算的项目进程严重滞后，甚至出现无法动工的情形，这不仅影响了预算的执行进度和落实程度，而且降低了财政资金的使用效益。

（3）预算的年度性与项目预算的跨年度性协调不畅，支出部门预算编制方法不科学。年度预算的编制是针对当年的财政收支作出的安排，具有一定的年度性；而项目支出特别是一些基础设施项目等具有长周期的特点，通常是跨年度的。因此在年度预算编制时应该统筹协调，根据项目预计执行进度来合理安排当年的项目支出规模。然而，根据各地的预算绩效评价和审计结果来看，很多部门仍将长周期的支出项目在一个财政年度进行申报，造成财政资金长期结转结余、当期预算执行率下降。

（4）预算执行结果的应用机制尚未建立。完整的预算执行机制应该是预算执行和预算编制相辅相成的，年度预算编制为预算执行奠定坚实基础，预算执行结果反映支出项目的特征，从而为下一年度预算编制提供反馈和指导。但是，目前支出部门的预算执行结果尚未反馈到预算编制过程，造成预算执行率低的项目或者存在大量结转资金的项目当年仍然进行预算安排，造成预算执行率不高和资金使用效益低下。

综合上文分析，预算调整差异和预决算执行的主要成因并不相同，且两者的性质不同，因此在预决算差异管理过程中，应该采取差异化的应对策略。预算调整差异尽管属于法律许可范畴，但是为了提高预算编制的科学性，增强年初预算的严肃性和权威性，应该通过强化制度衔接，完善预算编制程序、优化预算编制方法等来缩小预算调整差异。对于预算执行差异，应该杜绝违规的预算调剂，同时严格规范必要的预算调剂。

上述内容参见表7-6所示。

表7-6 2019年中央对地方专项转移支付下达情况统计表（不完全统计）

省份	均衡性转移支付（亿元）				改善普通高中学校办学条件补助资金（万元）				中央引导地方科技发展专项资金（万元）			
	核定全年资金	提前下达	核实后再下达	核实调整比例	核定全年资金	提前下达	核实后再下达	核实调整比例	核定全年资金	提前下达	核实后再下达	核实调整比例
合计	15332.00	13350.20	1981.80	12.93%	542000	445500	96500	17.80%	198500	88788	109712	55.27%
北京	-	-	-	-	-	-	-	-	5320	2835	2485	46.71%
天津	-	-	-	-	-	-	-	-	3280	1176	2104	64.15%
河北	609.83	493.64	116.19	19.05%	23400	19170	4230	18.08%	8150	3745	4405	54.05%
山西	444.12	385.28	58.84	13.25%	15700	12330	3370	21.46%	6050	2275	3775	62.40%
内蒙古	598.09	510.35	87.74	14.67%	13500	11970	1530	11.33%	3750	1680	2070	55.20%
辽宁	417.20	334.72	82.48	19.77%	-	-	-	-	7050	3262	3788	53.73%
吉林	551.94	493.71	58.23	10.55%	10600	7830	2770	26.13%	5500	2100	3400	61.82%
黑龙江	751.49	657.12	94.37	12.56%	17500	13320	4180	23.89%	5800	2870	2930	50.52%
上海	-	-	-	-	-	-	-	-	2700	1190	1510	55.93%
江苏	-	-	-	-	-	-	-	-	10050	5460	4590	45.67%
浙江	-	-	-	-	-	-	-	-	9440	3710	5730	60.70%
安徽	863.18	780.15	83.03	9.62%	23600	19350	4250	18.01%	8100	3850	4250	52.47%
福建	230.40	192.34	38.06	16.52%	-	-	-	-	5350	2555	2795	52.24%
江西	669.07	604.10	64.97	9.71%	24600	22140	2460	10.00%	6350	3500	2850	44.88%

省份	均衡性转移支付（亿元）				改善普通高中学校办学条件补助资金（万元）				中央引导地方科技发展专项资金（万元）			
	核定全年资金	提前下达	核实后再下达	核实调整比例	核定全年资金	提前下达	核实后再下达	核实调整比例	核定全年资金	提前下达	核实后再下达	核实调整比例
山东	450.67	384.96	65.71	14.58%	-	-	-	-	11560	5110	6450	55.80%
河南	1066.57	961.96	104.61	9.81%	72000	57870	14130	19.63%	7600	3150	4450	58.55%
湖北	760.72	664.24	96.48	12.68%	21000	17280	3720	17.71%	8720	3570	5150	59.06%
湖南	906.09	779.31	126.78	13.99%	29600	23580	6020	20.34%	7750	4060	3690	47.61%
广东	102.56	83.43	19.13	18.65%	-	-	-	-	14450	5355	9095	62.94%
广西	804.11	691.63	112.48	13.99%	29500	20160	9340	31.66%	4900	2450	2450	50.00%
海南	218.78	190.71	28.07	12.83%	10000	7200	2800	28.00%	2450	1225	1225	50.00%
重庆	281.98	251.09	30.89	10.95%	18700	16020	2680	14.33%	5250	2590	2660	50.67%
四川	1066.53	960.07	106.46	9.98%	26300	21240	5060	19.24%	8950	3360	5590	62.46%
贵州	757.72	676.19	81.53	10.76%	45200	44460	740	1.64%	4150	1855	2295	55.30%
云南	566.57	453.97	112.60	19.87%	41600	32850	8750	21.03%	4600	2380	2220	48.26%
西藏	416.51	370.80	45.71	10.97%	13400	8640	4760	35.52%	3800	1785	2015	53.03%
陕西	602.99	523.00	79.99	13.27%	22200	19980	2220	10.00%	8700	3570	5130	58.97%
甘肃	728.09	625.49	102.60	14.09%	33100	28980	4120	12.45%	5650	2590	3060	54.16%
青海	416.43	368.38	48.05	11.54%	15900	13500	2400	15.09%	3100	1400	1700	54.84%
宁夏	330.96	287.06	43.90	13.26%	11200	8820	2380	21.25%	4880	1750	3130	64.14%
新疆	719.40	626.50	92.90	12.91%	23400	18810	4590	19.62%	5100	2380	2720	53.33%

第六节　本章小结

通过利用Shapely分解和MQ指数对预决算差异影响因素的贡献度分解，发现中国的预决算差异最主要的来源是制度因素和管理因素，同时受到经济因素影响。其中制度因素主要作用于影响调整差异，管理因素在执行差异中的作用更为明显。具体而言：

（1）通过对预决算差异的夏普利值分解和MQ指数分析均发现：分变量来看，对预决算差异贡献度最大的三个指标是转移支付占比、财政收入增速和人均GDP；分组来看，当前中国预决算差异最主要的来源从高到低分别为制度因素、经济因素和管理因素，而技术因素和政策因素对预决算差异的影响相对较小。

（2）通过对预算调整差异和执行差异的夏普利值分解和MQ指数分析发现：制度因素、政策因素对预决算差异的贡献更多体现在预算调整差异中；技术因素和经济因素对预决算差异的贡献更多体现在预决算执行差异中；而管理因素的影响贯穿预算全过程。

（3）异质性分析表明预决算差异的成因具有地区异质性，通过分析发现东部地区贡献度最高的三个因素分别为官员晋升压力、财政收入增速、财政分权；中部地区贡献度最高的三个因素分别为财政分权、人均GDP和转移支付占比；而西部地区贡献度最高的三个因素分别为财政收入增速、经济增速和转移支付占比。通过时间异质性分析发现，随着时间的延续，影响因素结构存在一些规律性变动——转移支付的贡献度呈下降趋势，宏观经济预测差异的贡献度呈上升趋势。

第八章

预决算差异的国际比较研究

第一节 美 国

美国作为世界上最大的经济体，其预算制度经过200多年的演进和完善，特别是《1921年预算和会计法案》（*The Budget and Accounting Act of 1921*）实施以来，出现多次影响广泛的预算管理改革，目前已经形成比较稳定、规范的预算管理制度。

一、美国联邦政府支出预决算差异状况

在分析美国预算管理制度之前，首先梳理分析美国的预决算报告体系，展示美国联邦政府财政支出的预决算差异状况。

根据《1921年预算和会计法案》，总统必须在每年2月的第一个星期一之前向国会提交总统预算，说明上一个完整财政年度的财政状况、本财政年度结束时财政预计状况，以及下一个财政年度结束时的财政预计状况。随后国会将会对总统预算进行审议。通常在每年7月15日前，总统会向国会提交更新预算报告，即《中期审查》（*mid-session review*），其中包括更新后的收入、支出和赤字，以适应自总统预算提交以来经济、政策等的变化[1]。由于美国的财政年度始于每年

---

[1] 美国govinfo网站，即Mid-Session Review：https://www.govinfo.gov/app/details/BUDGET-2021-MSR/.

的10月1日，因此总统预算和《中期审查》均在财政年度开始之前，严格意义上两者均属于预算的范畴。在财政年度结束后，财政部与总统管理与预算办公室（OMB）协同编制联邦政府决算报告，并提交给总统和国会审核。

为了更为具体地分析美国预决算差异，同时考虑决算与总统预算、中期审查的差异，即预决算差异A和预决算差异B（如表8-1所示）。其中，预决算差异A是决算数与总统预算数之间的差异，预决算差异B是决算数与中期审查数据之间的差异。

表8-1　1998—2019年美国联邦政府预决算差异情况表

年份	预决算差异A（%） （决算/总统预算）		预决算差异B（%） （决算/中期审查数）	
	收入	支出	收入	支出
1998	9.89	−2.07	5.53	−2.21
1999	4.84	−1.74	2.39	−1.56
2000	7.55	1.32	5.80	0.97
2001	−1.38	1.52	−5.01	0.80
2002	−15.47	2.55	−13.20	2.49
2003	−12.99	1.40	−12.17	0.93
2004	−2.19	2.81	4.60	0.86
2005	5.78	3.01	2.99	2.04
2006	10.53	3.40	5.91	1.60
2007	6.30	−1.45	4.44	−2.43
2008	−5.20	2.79	−5.09	2.24
2009	−22.03	13.21	−20.61	12.28
2010	−9.16	−2.70	−4.46	−8.23
2011	−10.28	−6.03	−5.07	−6.22
2012	−6.74	−5.15	−8.38	−3.62

年份	预决算差异A（%） （决算/总统预算）		预决算差异B（%） （决算/中期审查数）	
	收入	支出	收入	支出
2013	−4.38	−9.15	0.40	−7.96
2014	−0.43	−7.20	−0.07	−7.08
2015	−2.61	−5.46	−2.64	−4.53
2016	−7.29	−3.65	−8.12	−3.36
2017	−9.00	−3.98	−8.70	−2.23
2018	−8.87	0.37	−5.24	0.12
2019	1.23	0.94	1.17	−1.37
平均值[1]	7.46	3.72	6.00	3.42

资料来源：根据白宫预算与管理办公室历年政府预算数据计算得到。参见网址是https://www.govinfo.gov/app/collection/budget。

表8-1是1998—2019年美国预决算差异情况。结果显示：（1）无论是预决算差异A还是预决算差异B，美国财政支出预决算差异虽有所波动，但是总体保持在4%以下。（2）预决算差异A小于预决算差异B，因为总统预算是基于预算年度开始前8个月的信息进行预测，面临更大的不确定性。（3）2010年以来，美国的预决算差异总体表现为短支，仅个别年份出现了超支。根据美国预算数据发布的时间，可知美国预决算差异的时间跨度更大，面临更多的不确定性，而美国仍能将其控制在总体4%以下水平，表明美国的预算编制水平的准确和预算执行的规范。

---

[1] 此处的平均值为历年预决算差异绝对值的平均值。

二、美国预决算差异管理实践

1. 提高预算编制科学性

美国的预算编制具有周期长、准备充分、程序严格的特点。一个完整预算周期接近33个月，其中，预算编制时间为12个月，国会审批预算为9个月，预算执行为12个月。预算编制着手于财政年度开始前20个月即已经开始，财政年度开始前8个月提交总统预算。所以美国预算编制各环节的目的能够更为深入细致地实现，充分保证了预算质量。

同时美国预算管理遵循法治化原则，预算编制执行的各个环节都有明确的法律法规界定，各环节的程序和内容十分清晰，如美国预算法律中明确了总统提交预算的时间、国会审议的程序、项目的细分和预算编制的要求，从而避免了实践过程中的自由裁量。

提高宏观经济和财政预测科学性。美国的宏观经济和财政预测始于"基线预测"——假定在现行立法条件下对宏观经济和财政的预测，然后依次考虑立法变动、经济假设变动、技术因素变动、政策变动等对预算的影响。因此能够充分考虑不同因素对预算编制的影响，使得预算编制和调控更加精细化。

2. 加强预算执行的控制和监督

总统于每年2月提交的预算经国会审查批准后，就具有了法律效力，是预算执行的起点和基础。预算执行过程中，财政部、总统管理与预算办公室（OMB）分别负责收入和支出预算的执行，其中，支出预算的拨款是分季度进行。预算执行通常包括四个阶段——财政资金分配的计划与控制、支出计划的解除和延期、预算执行报告、监督和审查（肖鹏，2014）[1]。在预算执行过程中，通过细化资金分配、规范资金解除和延期、加强监督检查来实现控制预决算差异的效果。

（1）加强财政资金分配的计划与控制。总统管理与预算办公室（OMB）通常对于财政资金的分配提供详细的指导说明，并将这些说明写入章程。首先是初始资金分配阶段，各部门首先根据国会审查通过的总统预算为初始框架，细化调整本部门的支出计划，并在国会审查通过后的两周内上交给OMB，OMB对各部门的财务计划审核讨论和调整确保部门计划与OMB的资金分配要求一致，最终形成终稿。其次是自动分配阶段。在某些情况下，OMB会发布决定各项支出分配率的公告，如果支出部门的预算资金数额在规定标准内，一般而言，支出部门可以不必再提交预算分配计划，而是可以根据实际需要自行分配使用。通常而言，自动分配的规定和标准在不同年份并不相同，支出部门需要且只能根据OMB当年发布的公告来确定。最后是分配阶段。在预算执行期间，受各种因素影响，预算执行进度和效果不可避免地会与预算出现差异，必要时支出部门可将修改后的支出计划及相关的详细说明文件提交给OMB，只有OMB商议批准后，部门的支出计划修改才可行。

（2）规范支出计划的解除和延期。《1974年国会预算与截留控制法案》详细地规定了预算的解除和延期的具体操作规范。解除是指预算案按照法定程序进行取消的过程，其发起主体可以是总统，也可以是国会议员，但是总统提出的解除必须经过国会审核。延期是指预算年度内，政府暂时扣留、延迟或排除支出义务而推迟预算授权支出的行为。

（3）细化预算执行报告。美国的预算执行过程中建立了完善的预

---

[1] 肖鹏.美国政府预算制度[M].北京：经济科学出版社,2014.

算执行报告制度，联邦政府各个支出部门需要根据国会指令准备支出计划和执行报告。预算执行报告通常包括金库报表、总预算会计报表以及逐级汇总而成的预算执行情况报告书，包括预算收支执行情况报表和文字分析两个部分，主要反映各项财政收支项目本月及累计发生数，预算完成度及增减变化情况等，对预算执行情况进行分析说明并提出相关建议。

（4）加强对预算执行的监督和检查。美国政府预算执行，受到严格的监督和检查。政府预算的执行必须按照相关法律、法规和制度，对预算资金的分配、使用、解除和延期必须符合相应程序。预算支出的检查以联邦政府的支出指令为依据，对每项支出的执行过程和结果进行监督和检查。联邦政府各组成部门每个月需要准备月度计划，并定期提交报告。总统管理与预算办公室（OMB）对报告的提交日程、格式和内容也有严格的要求。

3. 规范预算调整规则和程序

尽管美国建立了一整套完整的宏观经济和财政预测体系，但是在预算执行过程中，经济、政治和社会环境等因素可能发生偶然因素或其他难以预测的变动。这些变动不可避免地会对财政收支产生影响或者财政收支必须采取相应的应对举措。因此，需要赋予部门一定灵活性，对预算作出相应的调整。

美国预算调整的形式有——资金转移（transfer）、预算再编（reprogramming）、追加拨款（replementing）、削减开支、递延支付等。根据《美国法典》第三十条的规定，在财政年度内各项拨款以及拨款功能、活动、项目和对象都由总统管理与预算办公室（OMB）统一进行分配。没有经过OMB的批准，支出数额不能超过分配数额。其中追加拨款一般需要经过国会审定，通过专门的追加拨款法案；另外州政府和地方政府一般都在紧急账户或维持基金平衡的储备金中提取追加拨款。预算执行过程中，如果需要追加支出，必须经过国会立法（修正法案）的过程；在某些特殊情况下，行政机构可以推迟或取消某些项目的支出，但是必须向国会报告。国会会计总署（GAO）负责监督联邦预算是否按照国会通过的法案执行。资金转移和预算再编是指常规拨款中的预算调整，对其授权、程序和限定有明确的规定。

（1）资金转移（transfer）。转移是指将资金从一个拨款账户转移到另一个账户。各机构或部门只能根据授权法规（authorizing statues）或拨款法案（appropriations acts）的规定转让预算授权，提供转移授权的法定条款须通知国会。在大多数情况下，转移既可以是机构或部门内的资金流动，也可能涉及两个或多个机构或部门之间的资金流动。授权法规或拨款法案对资金转移的范围、规模或者期限作出了明确规定。其中，资金转移授权限定包括机构或部分转移授权限定、特定账户转移授权限定。其中，机构或部门转移授权限定是指在一个既定财政年度内，允许其对部门的账户间资金转移总量或比例的限制。例如，2020财政年度美国商务部全部门转移授权规定"不得超过本法规定的商务部本财政年度拨款的5%，但不得在此种拨款之间转移超过拨款总额的10%[1]"。特定账户转移授权对每个账户的转移授权规模或者转移方向作出设定，例如2020财年五大湖恢复倡议拨出的资金最高不超过3.2亿美元[2]。

---

[1] *Commerce, Justice, Science, and Related Agencies Appropriations Act,2020.* https://www.congress.gov/search?q= {%22source%22:%22legislation%22,%22congress%22:112}&searchResultViewType=expanded.

[2] *Department of the Interior, Environment, and Related Agencies Appropriations Act, 2020.* https://www.congress.gov/bill/116th-congress/house-bill/3052/text?q=%7B%22search%22%3A%5B%22Department+of +the+Interior%2C+Environment%2C+and+Related+Agencies+Appropriations+Act%2C%22%5D%7D&r=56&s=5.

（2）预算再编（reprogramming）。预算再编是指拨款账户内的资金从一个对象类转移到另一个对象类，或从一个项目活动转移到另一个项目活动。一般来说，各机构部门可以在没有额外法定权力的情况下进行这种转移，但它们往往必须向拨款委员会、授权委员会或两者提供某种形式的通知[1]。

所有账户到账户的资金转移都需要事先通知国会。预算再编通常只在超过一定的美元金额或"阈值"时才需要通知[2]。国会各机构应在进行资金转让和预算再编交易之前（或之后不久）通知国会。相关法规对转移或重新安排资金之前通知有关的众议院和参议院拨款委员会有一定的天数要求，通常为15个、30个或45个日历天。同时，为了强化国会的监督，通常要求各部门和机构向众议院和参议院拨款委员会提交有关资金转移和预算再编行动的报告。

美国预算调整必须遵循以下原则：预算调整必须经过法定的程序进行；如果预算调整的数额超过了既定的比例，或是支出总额发生变动，须经立法机构批准；在特殊情况下，行政部门具有自行决定某些临时性开支的权力以应对应急性需求；严格规定预算限额和项目限额，且预算调整必须在限定时间内进行，以避免法定预算被频繁调整。

---

[1] Saturno J.V.. Introduction to the Federal Budget Process[R]. Washington: Congressional Research Servic,2020.

[2] Christensen M.D.. Transfer and Reprogramming of Appropriations: An Overview of Authorities, Limitations, and Procedures[R]. Washington: Congressional Research Servic,2013.

第二节 日 本

日本是我国隔海相望的邻国，经济发展高度发达，是实行地方自治制度的单一制国家。日本的财政体制是在第二次世界大战后建立起来的，其政府间财政关系和分级财政体制与我国具有一定程度的相似之处，因此分析日本的预算管理制度对我国深化预算管理改革、优化预决算差异管理具有重要的参考价值。

一、日本财政支出预决算差异状况

在梳理预算管理制度之前，首先梳理日本的预决算报告体系，展示日本财政支出的预决算差异状况。

日本的政府预算按照编制时间的先后次序，可分为本预算、临时预算和修正预算。本预算，也称当初预算，是由内阁编制并提交国会审议通过的预算，本预算案通常在每年3月前审议通过。临时预算是指因各种原因（如国会审议延迟、众议院解散等）造成本预算在财政年度开始前未能成立，内阁根据需要编制的财政年度内一定期间的预算。在本预算成立后，临时预算自动生效。修正预算是指财政年度内，为了追加或变更本预算的内容而编制的预算。相关法律并未对修正预算的次数进行规定[1]，但是根据《财政法》第二十九条，修正预算须按照预算编制程序提交国会审议。政府决算是财政年度结束后，内阁根据预算实际执行情况编制，经过会计检察院审查后，提交国会审议通过的财政收支决算报告。

因此，根据历年的本预算、修正预算和决算数据可以计算出日本财政支出预决算差异状况（如表8-2所示）。其中，预决算差异是决算数与本预算数之间的差异，调整差异是修正预算与本预算之间的差异，执行差异是决算与修正预算之间的差异。

表8-2　2009—2019年日本政府预决算差异情况表

年份	预决算差异度（%）（决算/本预算-1）		调整差异度（%）（修正预算/本预算-1）		执行差异度（%）（决算/修正预算-1）	
	收入	支出	收入	支出	收入	支出
2009	15.87	14.03	15.82	15.82	0.04	−1.55
2010	2.27	3.26	2.41	4.80	−0.14	−1.46
2011	13.36	8.99	14.16	16.34	−0.70	−6.32
2012	9.04	7.48	9.09	11.29	−0.05	−3.43
2013	2.98	8.18	2.60	5.90	0.37	2.15
2014	3.09	3.06	1.12	3.25	1.94	−0.19
2015	−0.03	1.96	1.15	3.45	−1.17	−1.44
2016	2.18	0.85	3.31	3.62	−1.10	−2.67
2017	0.98	0.68	1.26	1.70	−0.27	−1.00
2018	2.51	1.29	2.69	3.73	−0.18	−2.35
2019	3.03	1.95	4.13	5.25	−1.06	−3.14

数据来源：作者根据日本财务省历年预算决算数据计算得到。网址是https://www.mof.go.jp/budget/budger_workflow/index.html。

---

[1] 根据日本财务省网站，令和二年（2020年）预算执行过程中分别于4月30日、6月12日和令和三年（2021年）1月28日经过国会审议通过了修正预算，共修正预算为3次。

表8-2结果显示，日本财政支出预决算差异总体保持较低水平，2015年以来预决算差异度均低于2%[1]，表明日本预算管理制度较好控制了预算和决算差异。进一步分析发现：首先，无论是调整差异还是执行差异，均保持低于5%的水平；其次，日本的预决算差异同样符合倒V形动态特征，即调整差异均为正，也就是修正预算数大于年初预算数；但是调整差异通常为负，也就是决算数小于修正预算数。因此，日本预决算差异同样符合倒V形动态特征；日本的预算管理制度将预决算差异、调整差异、执行差异均控制在较低的水平。

二、日本预决算差异管理实践

日本较低的预决算差异水平，表明其预算管理制度在一定程度上有效控制了导致预决算差异的因素。因此下文将分析日本预算管理各环节，以及日本预决算差异管理的有益实践。

1. 强化政策与预算衔接，增强预算环境稳定性

实施中期财政框架，实现与年度预算衔接。日本较早引入了中期预算管理，对未来3年的财政进行预测，每年滚动编制《中期财政框架》。《中期财政框架》通过运用"经济财政模型"预测宏观经济运行，分析政策或制度变动对宏观经济和财政运行的影响。该模型从需求和供给两个层面，人口、宏观经济、社会保障和财政等4个区块模拟宏观经济运行，增强预测的科学性和准确性。由于《中期财政框架》由内阁主导编制，且修订时间为每年的5—6月，早于年度预算编制方针的出台，能够较好地指导年度预算的编制。

---

[1] 通过对修正预算的分析发现，2009年及2011年前后，预决算差异较大与应对金融危机和福岛地震有关。

内阁确定预算编制方针，降低政策不确定性。日本的财政年度是每年4月31日至次年3月31日。在每年的6月，预算编制前，内阁将召开会议，根据宏观经济形势、国家政策方向、经济和财政管理改革等出台《概算要求基本方针》，明确预算编制须遵循的原则和优先考虑的事项。该文件将作为财务省和各省厅制定部门支出政策和编制部门预算的基本方针，各省厅将于每年8月31日前根据基本方针并结合部门的职能制定部门《概算要求》。财务省汇总各部门提交的《概算要求》，并经过调整、听证、审定，最终形成预算方案。预算编制前，内阁通过的《概算要求基本方针》实现了与下年度预算编制的有效衔接，有利于指导各部门预算的编制。因为《概算要求基本方针》明确了下一财政年度的主要政策方向和举措，强化了政策与预算之间的衔接，一定程度上降低了政策不对称性对预决算差异的影响。

2. 细化预算分配，压实支出责任

预算审议通过后，并不能立即执行，需要进行预算分配。根据《财政法》第三十一条第一款，内阁被授予分配财政收支预算、跨年度经费及国库债务负担的权力。由于国会按"项"级科目审议表决，因此资金分配环节将"项"级科目细分到"目"级科目。为了强化对资金的控制，《财政法》第三十一条规定，分配财政收支预算和跨年度经费时，需要将"项"级科目细分到"目"级科目。同时禁止各省厅擅自改变资金用途。

在分配之后，预算将被执行，进行支出负担行为。在每个季度，各省厅负责人必须根据实际所需支出金额，编制有关支付计划的文件，送交财务大臣并经其批准。财务大臣"必须考虑到国库资金、收入和财务状况、费用支出状况等，及时提出批准支付计划的政策，并经内阁决定"。在落实支出负担行为时，各执行机构要与财务省签订接受支付要求的责任合同。

最后进入支付环节。资金的拨付由日本银行执行，在收到财务省的支付指令后，向各部门具体支付。对于财务大臣指定的项目，如公共工程费用（根据每财政年度的公告），如果财务大臣批准实施计划则允许支付费用[1]。

3. 严格预算调整程序，加强事后监管

在编制预算后，某些情况下不得不增加或更改预算时，允许编制《修正预算》，进行法定预算调整。《财政法》第二十九条规定的预算调整情形包括：（1）为履行法律或契约规定的中央政府义务而出现经费不足时；因预算成立后发生的特别紧急事件，需要增加经费支出（包括年度内国库内部支出项目调剂）或发行债务时。（2）因预算成立后发生的事件，需对预算进行调整时。

严控资金移用、流用。年度支出预算进行了系统、统一的划分，以确保有效的执行，并明确执行的责任范围。但是，在实际的执行阶段，由于预算编制后的情况变更和意外事件发生等，有时不能按照当初的预算执行，则允许资金的移用、流用。其中，移用是指将各部门的资金进行"项"之间的转移；流用是指将各"项"内的"目"金额相互转移使用，虽然不需要事先得到国会的决议，但从预算控制的观点来看，原则上需要财务大臣的批准。《财政法》第三十三条及《预算决算及会计令》第十七条[2]对资金的移用、流用作出了明确规

---

[1] 川崎高津公法研究室.财政法講義ノート(第5版). 网址是http://kraft.cside3.jp/finanzrecht00-5.html.

[2] 《予算決算及び会計令》（昭和二十二年第百六十五号，令和二年修正），网址是https://elaws. e-gov.go.jp/document?lawid= 322IO0000000165_20210101_502CO0000000360.

定——由于"项"是国会决议的对象，资金在不同"项"级科目之间的移用，必须以预算形式提前提交国会审议，审议通过后经财务大臣批准方可移用；资金在不同"目"级科目之间的挪用，须得到财务大臣的批准[1]。同时，财政年度内出现的资金移用，必须在财政收支决算报告中列示其金额并说明理由，以加强国会对预算调整的监督。

加强预备费管理，加强事后监督。由于预算执行会受到各种技术因素影响，因此在预算执行过程中，出现无法预料的事件时，各省厅可以申请调用预备费。为了平衡效率和预算效力的关系，预备费按照财务大臣管理、内阁负责、国会事后批准的原则使用。预备费的使用管理严格规范，并强调对预备费使用的事后监督。首先各省厅在申请使用预备费时，必须向财务大臣提交详细的使用理由、金额和相应的计算材料，证明申请项目的合理性；其次财务大臣需对申请作出审查，并编制预备费使用书，请求内阁批准；最后各省厅在使用预备费后，必须根据执行情况编制预备费支出报告书，财政年度末由财务厅汇总编制预备费支出总报告书，两者均需要递交给会计检察院并在下一届国会例会期间，提交国会决议通过。

4. 构建全流程预算监督体系

目前，日本形成了与其立宪体制协调的多元预算监督体系——财政监督、审计监督、国会监督和社会监督体系。财政监督是内部监督的重要内容，根据《会计法》规定：为保证预算能正确执行，财务大臣要求各省厅提供收支情况表或收支预计表。同时财务大臣可就预算的执行情况进行实地检查，或根据需要经由内阁会议决议就预算执

---

[1] 《财政法》（昭和二十二年第三十四号，令和元年修正），网址是https://elaws.e-gov.go.jp/document?lawid=322AC0000000034.

行下达必要指示。为保证预算能正确规范的执行，财务大臣会通过各种方式对工程的承包合同人、物品的提供人等项目信息进行审计（杨华，2016）[1]。

审计监督也是日本预算执行监督的重要内容。会计检察院是相对独立的审查机构，既不属于内阁，也不属于国会。会计检察院主要负责对决算的确认并进行相应的细目检查，将各部门预算执行的审查结果汇总形成检查报告，附在决算报告后提交给国会审议。同时根据《财政法》相关规定，预算的分配和预备费的使用情况均须提交给会计检察院，意味着会计检察院的监督贯穿预算执行的整个过程。

国会监督在预算编制和执行中起到重要作用，具有审查时间长、环节多、审议深入具体的特点（杨华，2018）[2]。日本国会对日本预算执行的监督兼顾事前和事后。一方面，国家加强在本预算编制、修正预算和资金移用过程中的审查，严格控制预算收支规模和财政资金使用方向；另一方面，在预备费的使用、财政收支决算的审议过程中坚持事后监督原则，平衡预算的法律效率和预算的执行效率。

---

[1] 杨华.日本政府预算制度[M].北京：经济科学出版社,2016:87-89.
[2] 杨华.日本政府预算制度的构成、特点及启示[J].地方财政研究,2018(2):105-112.

第三节　法　国

法国是单一制国家，政府分为中央、大区、省和市镇四级，其财政体制为集权型。因此分析法国的预算管理制度具有重要的价值。

一、法国财政支出预决算差异状况

首先梳理法国的预决算报告体系，展示法国财政支出的预决算差异状况。法国的财政法案主要包括《财政法初始法案》（*la loi de pinances initiale*）、《财政修正法案》（*les lois de finances rectificatives*）和《账目决算和审批法案》（*la loi de règlement et d´approbation des comptes*）。每年秋天，法国政府都向议会提交下一年的预算草案，将国家的全部开支和收入预测合并成一份预算草案——《财政法初始法案》。该法案包括对法案条款的理由和格式的概述，以及关于国家收入、公共支出、经济前景和公共财政的若干讨论文件，规定并授权每个日历年的所有国家资源和支出（预算年度原则）。《财政修正法案》是对《财政法案》条款进行修改的现行法律。《账目决算和审批法案》是对预算执行后的收入和支出进行追踪的法律，报告预算和一般会计的执行结果，并包括一个绩效部分，使议会能够评估公共政策管理的质量。

因此，根据历年的《财政法初始法案》、《财政修正法案》和

《账目决算和审批法案》数据可以计算出法国财政支出预决算差异状况（如表8-3所示）。其中，预决算差异是决算数与初始预算数之间的差异，调整差异是修正预算与初始预算之间的差异，执行差异是决算与修正预算之间的差异。

表8-3　2012—2019年法国一般预算支出预决算差异情况表

年份	预决算差异度（%）（决算/初始预算-1）	调整差异度（%）（修正预算/初始预算-1）	执行差异度（%）（决算/修正预算-1）
2012	1.86	1.14	0.71
2013	−1.40	−1.37	−0.03
2014	−2.06	−1.73	−0.33
2015	0.07	−0.24	0.30
2016	1.47	0.42	1.04
2017	1.29	1.22	0.06
2018	−0.18	0.03	−0.21
2019	0.46	0.15	0.30
平均值	0.19	−0.05	0.23

数据来源：根据法国预算信息公开网站Forum de la Performance历年预决算数据计算，网址是https://www.performance-publique.budget.gouv.fr/documents-budgetaires/lois-projets-lois-documents-annexes-annee。

表8-3结果显示，无论是预决算总差异还是预算调整差异、执行差异，法国均保持较低水平。其中，2012—2019年预决算总差异在1%左右波动，而预算执行差异基本维持在0.5%以下，表明法国预算管理制度能较好控制预算和决算差异。

进一步分析其动态特征发现：预决算差异倒V形动态特征并不明显，而是表现出线性特征，即修正预算数通常大于初始预算数，决算数也大于修正预算数。因此，法国预决算差异呈现线性的动态特征；法国的预算管理制度将预决算差异、调整差异、执行差异均控制在极低水平。

二、法国预决算差异管理实践

1.加强对预算草案审查

法国的财政年度与日历年度重合，即1月1日至12月31日。法国政府预算管理的流程主要是（以2020年预算为例）：2019年6月底举行公共财政方向辩论会，讨论确定预算草案编制的政策方向、目标与指标清单等；期间包含对第2018年决算草案的讨论；在10月的第一个星期二之前，政府向议会提交第2020年财政预算草案及附属文件；从10月份开始，议会开始详细审查预算草案的目标、指标和具体安排，第2019年预算法案一般会在12月底审议通过；在第2020年财政年度结束后，最迟于2021年6月1日之前提交决算法草案。

法国国民议会有权始终优先审议财政法案[1]，它一读审议、修正和通过该法。该法案随后提交参议院审议。如果参议院通过的决议与国民议会通过的决议不同，由7名议员和7名参议员组成的联合委员会将开会，以达成一项共同决议，最终由国民议会和参议院重新审议通过。如果两个议会之间发生分歧，根据《宪法》，以国民议会的意见为准。议会有70天的时间审议《财政法案》，最初的《财政法案》将在适用年份的1月1日之前颁布和公布。

---

[1] 法国经济和财政部网站，网址是https://www.economie.gouv.fr/。

2. 规范预算执行程序

预算资金（承诺拨款和项目拨款）批拨给各个部委后，财政支出的执行包括五个环节[1]。①资金的分配。法国预算支出的结构为"任务→项目→行动"三个层级，其中每个项目均制定项目负责人，该负责人对资金进行分配，分配给项目的"可操作型预算"（BOP）负责人，然后再由BOP负责分配给"可操作型预算单位"负责人，负责支出的执行。②承诺。承诺是支出机构在财政运行过程中，根据实际需要确立的开支的责任。③资金清算。资金清算时，拨款审核者要审核项目或服务的进行状态（如工程实现程度、订单状态等），通常通过一个证明文件来保证拨款的落实。④拨款手续。一般的规定是，结算之后要立刻发放拨款通知，由拨款审核者向会计发出该指令，拨款指令通过财政监督员的检验之后，交给会计。⑤支付操作。收到支付指令或者付款单后，如果支出被认定是合法的，会计将进行严格意义上的支付工作，也就是通过转账、国库支票、现金或者其他途径完成此项工作。

3. 强调预算调整权责一致性，设定调整比例上限

实现预算调整权力和责任的统一。2001年法国颁布的《预算组织法》建立了以绩效和结果为导向的绩效预算，突出了议会的评估和监督作用，也扩大了限度范围内政府的自由裁量权。一方面，改革后，项目内部按照经济性质进行资金调配的分类，带来了更综合的总体化管理，使得同一经济性质的支出间可以调配。以运营费用为例，改革

---

[1] 吴亚萍.新《财政组织法》之下法国国家预算制度的改革与特色[J].公共经济与政策研究,2015(2):84-97.

前暖气支出、车辆支出、房产支出等的区分十分严格，而改革后将所有的运营费用设定为一个总体，经费在各子科目间支出调配的自主性增强。另一方面，自由裁量权的增加也意味着更多的责任。公共预算管理者只有在实现既定绩效目标时，才能获得上述更大的自主权。各类绩效指标则用于评估预算执行工作质量，因此在"行动"中，管理者必须明确并紧盯绩效目标，最终提交一份满意的年度绩效报告，从而履行其支出责任。以"国家安全任务——国家警察项目"为例，可具体划分为六大行动——①公共秩序和主权安全；②公共安全和和平；③道路安全；④国际运输安全和境外安保；⑤司法安全和司法合作；⑥协调人力资源和后勤。在预算法案中，预算的分配是根据政策行动来区分的。但是在实施层面，预算支出根据具体的公共"行动"发生，经过财政部门批准后，可以在"行动"之间进行转移，预算在各个"行动"之间的双向调整被称为"对称可替换性"[1]。如表8-4中每个"行动"内的经费性质不同，可分为人工、日常运营、投资和相关的补贴行动费用。经费在各款项之间也可以进行调整和重新部署，值得注意的是，尽管人员经费可用于其他款项，但由于人员经费已占据经费开支中的最大份额，因此，其他款项的经费不可以再补充用于人员经费。

---

[1] Frank Mordacq. 法国财政管理改革[J].中国教育财政, 2018(11).

表8-4　法国"国家警察项目"预算分配的可互换性

规范资金的转账法令（即科目流用）和经费转移。转账法令是指同一部门的不同项目之间进行的资金流用；经费转移是指不同部门项目之间的资金转移。根据《预算组织法》规定，转账法令和经费转移必须在告知国民议会和参议院财政委员会及其他相关委员会后，根据财政主管部长的法令进行科目流用和经费转移；科目流用和经费转移必须通过设立的特别账户进行；不能从其他支出分类向人员支出分类进行科目流用和经费转移。同时，为防止滥用该制度，转账法令和经费转移的规模设有上限，如同一部门内的累计流用额在同一年度内，不能超过预算法案中每个相关项目拨款额的2%[1]。

追加拨款通常要避免破坏预算平衡。《预算组织法》第十三条指

[1] *Constitution Financière de l'État*（2001年颁布，2006年实施）。

293

出，在两种特殊情况下，政府可以通过在法律框架下申请追加拨款。一是在紧急情况下，征询国民议会和参议院财政委员会意见后，根据国家行政院的意见，在不影响财政平衡的前提下，追加的拨款可以预先拨付。两院财政委员会在收到预算拨款议案的9天内，须将预先拨款议案的意见告知总理。在收到这些委员会的意见后或规定期限内，两院无答复，才能签发预先拨款令。一般而言，为了不影响财政平衡状况，在追加事项的预先拨款之前要先取消原先的一部分拨款，或确认有额外的收入。追加的拨款累计额不能超过当年预算法案中拨款总额的1%。二是在紧急和绝对必要的国家利益需要情况下，可以追加拨款。在告知国民议会和参议院财政委员会后，部长委员会可以作出预先拨款的决定。

4. 重视对财政决算的审查监督

为了加强议会对预算执行情况的决算监督力度，法国形成了独具特色的财政决算模式，法国国民议会和参议院都把审议和监督财政决算视为监督政府权力的重要手段（全承相、杜锦，2020）。

财政年度结束后，各部门需要在规定期限内将部门一年的实际收支情况报给财政部门，财政部门汇编形成决算草案并交给审计法院进行审计审核。公共财政高级委员会（Le Haut Conseil des finances publiques，HCFP）对该法案公开发表意见，同时将该意见作为附件提交议会。必要时，公共财政高级委员会会对多年方针结构性差额政策的实施结果进行对比，并识别其中存在的重大差异。例如，2014年5月23日，公共财政高级委员会反馈意见中，2013年预算执行中1.5%的差异被认定为重大，并强制采取纠正措施。决算草案（附其审计报告）最晚于每年6月1日前随同预算草案提交给国会进行正式审议审批。

　　决算法案是关于预算收入和预算支出的最后数据以及实现的绩效的报告。决算法案是呈现国库收入和支出的最终数据并形成的报告与报表，同时还包括调整预算执行的核算结果及其附件、绩效的年度报告及其说明附件、预先付款法令等。其中，决算草案需要特别解释每个项目实际收支与预算存在差异的原因。议会将会对决算草案进行细致审议，并对相关财政政策进行激烈的辩论并提出质疑。

第四节　国外预决算差异管理的特征总结与启示

一、特征总结

梳理各国的预决算差异管理可以发现，这些实践具有以下特征。

（1）预决算差异管理模式需要与各国的具体实际相匹配。横向比较发现，美国、日本和法国的预决算差异管理存在共同点，但是也存在较大的差异——美国实践突出对预算执行控制、日本实践突出规范预算调整、法国实践突出绩效导向，预决算差异管理模型并不是唯一的，而是与本国的行政体制、财政体制、预算决策机制等密切相关。未来加强预决算差异管理不应谋求获取放之四海而皆准的管理模式，应该在总结基本规律的基础上，立足于本国实际，特别是立足于本国的财政体制和预算决策模式，探索适合本国的预决算差异管理模式。

（2）预决算差异管理内嵌于预算管理全流程。预决算差异并不仅来源于预算执行过程，而且受到预算决策、预算编制以及决算过程的影响。因为决策的合理性、预算编制的精细化和决算监督的约束力也会通过直接或间接的方式传导至预算执行过程。实践虽然侧重点有所侧重，但是在预算管理全过程都建立了降低预决算差异的制度。因此，强化预决算差异管理要从"事前→事中→事后"同向发力。

（3）预算的调整应保证权责的一致性。由于各国预算改革取向不同，预决算差异管理模式不同，但是对预算管理者而言，要实现权责一致——低裁量权与预算执行规范性一致、高度自由裁量权与高预算绩效责任一致。因此赋予政府更多的预算调整自由裁量权时，要保证其承担更多的责任。只有这样才能保证权责统一，将自由裁量权转化为支出效率。

二、政策启示

着眼于我国预决算差异管理，应立足于我国当前预算改革所处的阶段，从控制取向和计划取向朝着绩效取向过渡的阶段，预决算差异应该从国外的实践中汲取有益的举措经验，进一步强化我国的预决算差异管理。

1. 健全法律体系，提高预算法治化水平

财政收支管理法治化，是现代国家财政管理的共同特征。在预算管理过程中，各国坚持法律至上的原则，形成了比较完备、各具特色的政府预算法律体系。如美国从预算编制、预算执行、预算审计监督全过程都有相应的法律依据，预算法律法规对预算编制执行的程序、环节及具体内容都作出了明确的规定。日本建立了涵盖财政、预算、税收、国有资产管理等完备的财政管理法律体系，保证预算编制和执行全流程、全方位都在法律框架下进行；并对预算执行细节作了明确规定，预算修正和专项资金分配均须按照法律规定执行，擅自修改或调增调减都是违法的。

2. 预算编制科学精细，预算执行规范有序

大部分西方国家预决算差异较小，主要原因体现在两个方面：一

是其预测的精确度较高，二是预算执行过程中的执行较为规范，执行度高。精确的预测一方面与预测技术有关，另一方面还需要持续稳定的政策制定和财政预算环境。鉴于宏观预测水平的差距，所需的技术手段和模型需要基于稳定的制度环境，因此为了提高我国政府预决算编制和执行的准确度，应该从逐步地完善和优化我国财政管理制度入手。

在财政预算管理的过程中，相关操作规则和办法应清晰明确。通过出台详细的操作规程或者预算调整限额管理，使得预算管理流程明确具体，不存在模糊空间。我国预算管理实践过程中，应借鉴相关经验，明确预算管理内容、流程和标准。中国预算管理体制健全的过程就是不断细化预算管理规则，加强对预算执行约束力的过程。同时，通过对美国和日本的预决算差异分析发现，两国也存在不同程度的预决算差异，表明任何国家都不能完全杜绝政府预算管理上的偏差，要做的是如何将预决算差异控制在客观因素的范畴内。

3. 严控预算调整，强化监督问责

为体现预算的严肃性，各国对预算调整作出了明确的规定。法国对预算调整限额作出了明确的规定，防止部门随意变动预算；同时决算环节会审议调整预算执行的核算结果及其附件，了解每个项目实际收支与预算存在差异的原因，议会将会对决算草案进行细致审议，并对相关财政政策进行激烈的辩论并提出质疑。这种实现预算调整监督问责机制对我国当前的预算调整具有重要的借鉴意义，有利于实现支出部门灵活性与财政支出效率的平衡。

4. 预算信息充分公开，提高预算管理透明度

预算信息公开不仅是保障公众的知情权，也是现代预算管理的基石。西方典型国家均建立了完善的预算信息公开制度。美国《信息自

由法案》和《政府阳光法案》对政府预算信息公开的范围、内容、格式和公开方式等作出了明确规定。日本《财政法》明确了全体国民对政府财政状况的知情权,同时政府预算编制文本、编制进程、重大情况、重大变化都在财务省网站随时更新公开。法国也建立了完整的预算公开体系,预算编制、议会辩论、投票表决、执行审计、决算等信息都会通过互联网、新闻媒体、出版物等渠道及时向社会公开。

近年来,我国日益重视预算信息公开,各级政府公开力度不断加大,本级预决算、部门预算基本公开,但是不少方面还有待加强,如预算公开法制化不高,预算公开的原则、范围、详细程度缺乏明确规定,使得不同政府或部门在预算公开过程中有较大的自由度。

第九章

研究结论与政策建议

第一节　研究结论

本书立足于中国各级政府普遍存在的预决算差异的典型事实，从不同维度对我国一般公共预算支出预决算差异进行了系统全面的分析和探究。首先，从我国预算制度和财政管理实践出发，将我国的预决算差异细分为调整差异和执行差异，并深入分析了我国一般公共预算支出预决算差异的整体特征和结构特征。其次，从理论上剖析了一般公共预算支出预决算差异的影响因素——技术因素、制度因素、政策因素、经济因素、管理因素和主体互动因素，并通过实证检验和博弈分析的方式，验证相关因素及影响的相对重要性。最后，为分析不同因素的相对重要程度，基于回归的方法对影响预决算差异的因素进行分解，找出影响预决算差异的关键因素。本书的主要结论如下。

结论一：各级政府预决算差异具有普遍存在性，且存在结构性差别。

通过系统梳理我国1994—2019年一般公共预算支出发现，2013年以来我国一般公共预算支出预决算差异规模均大于一般公共预算收入，表明我国超支成为预决算差异的突出表现形式；2011年以后预决算差异度出现下降，但绝对规模不降反增，2017年支出预决算差异规模超过2011年达到新高。地方层面的预决算差异规模和差异度均高于中央。省级预决算差异总体表现为超支，且省际差异较大，并呈波动下降趋势；省级预决算差异、调整差异和执行差异三者呈倒V形，调整差异通常为正，预算执行差异通常为负，但是决算数通常仍会大于年初预算数。部门层面，超支与短支并存，总体表现为超支，部门间的预决算差异异质性较高。

我国一般公共预算支出预决算差异结构特征明显。支出科目越细化则预决算差异越大，离散程度越高——款级科目预决算差异大于类级科目，且不同科目间差别较大。中央预决算差异稳定度更高，且在社会保障和就业支出、农林水支出、交通运输支出和节能环保支出等科目的预决算差异较大，而地方在一般公共服务、城乡社区支出、节能环保支出、农林水支出等科目的预决算差异较大。以S省为例的分析发现，不同科目间预决算差异区别较大，且其特征与中央并不相同，可能与本省份经济结构有关。部门预算层面的结构分析发现，项目支出预决算差异总体大于基本支出预决算差异。从区域特征来看，我国东部地区预决算差异更小。具体而言，调整差异的区域特征明显，但各地区执行差异的区域特征并不明显；由于东部地区调整差异最小，因此总的来看，东部地区预决算差异小于中西部地区。

结论二：预决算差异具有普遍性、不可预知性、非对称性、成因多样性、适度性，要客观认识预决算差异。

基于预决算差异的形成过程，本书认为预决算差异具有五个基本特征——普遍性、不可预知性、非对称性、成因多样性和适度性。其中，普遍性是指任何国家或地区、任何层级政府，无论从横向维度还是纵向维度看，预算与决算间的差异具有常见性；不可预知性是指预算和决算的相对关系具有很大的不确定性，难以根据既往规律作出较为精准的预测；非对称性是指预算与决算间的差异并非随机，其差异在一定时期内表现出延续性，即一段时期内存在系统性高估或低估；成因的多样性是指公共预算编制和执行涉及不同预算参与者、多个预算环节，受到客观环境、经济运行态势、财政政策取向、制度因素等多种因素的影响；适度性是指在预算管理过程中应该充分发挥预算的控制功能，尽可能降低人为因素对预决算差异的影响，将预决算差异控制在不确定性带来的差异范围内。

一般公共预算支出预决算差异的固有属性决定了预决算差异的复杂性，因此认识预决算差异不能一概而论，要从导致预决算差异的主要成因出发，分类视之。对于客观因素（预测技术的限制、经济社会中的不确定性等）造成的预决算差异，要认识到预决算差异存在的客观现实性。对于体制性制度性因素、政策性因素等造成的预决算差异，要厘清预决算差异的形成过程，抓住预算执行过程中的痛点和堵点，主动修复导致预决算差异的制度性缺陷。对于财政节支带来的预决算差异，要积极鼓励支持。

结论三：通过理论分析并实证，将决算差异的成因归类为六个层面——技术因素、制度因素、政策因素、经济因素、管理因素和主体互动因素，并进行实证检验。

差分GMM实证结果表明，影响预决算差异的变量有——经济不确定程度（macro）、转移支付占比（transf）、晋升压力（prom）、政策不确定性（cnepu）、潜在GDP增长率（ggdp）、财政收入增速（grev）、财政支出结构（struc）、财政透明度（trsp）。而经济预测偏差（forec）、财政分权（fd）、人均GDP（lnpgdp）的系数不显著。内部动态特征分析结果表明：从变量显著性来看，各因素对调整差异和执行差异的影响存在不同，部分因素在调整差异中显著而在执行差异中不再显著——比如经济预测偏差（forec）、财政收入增速（grev）和财政透明度（trsp）；部分因素在调整差异中不显著而在预算执行差异中显著——比如经济不确定程度（macro）、财政分权（fd）、政策不确定性（cnepu）、潜在GDP增长率（ggdp）、人均GDP（lnpgdp）。

地区异质性分析结果发现，东部地区受转移支付占比（transf）等制度因素影响偏小，而主要受到经济因素和技术因素的限制，而中西部地区受到制度因素影响较大；时间异质性分析表明，随着新《预算法》的出台，预算管理制度不断完善，政府预算的约束力得以提升，因此制度衔接或决策机制问题带来的影响被弱化。

结论四：我国预决算差异主要受制度性因素和管理因素影响，其中，转移支付制度对预决算差异的贡献度最高。

通过利用Shapely分解和MQ指数对预决算差异影响因素的贡献度分解，发现我国的预决算差异最主要的来源是制度因素和管理因素，并同时受到经济因素影响。其中，制度因素主要作用于影响调整差异，管理因素在执行差异中的作用更为明显。具体而言，对预决算差异的夏普利值分解和MQ指数分析均表明，分变量来看，影响预决算差异的关键指标是转移支付占比、财政收入增速和人均GDP；分组来看，当前我国预决算差异最主要的来源从高到低分别为制度因素、经济因素和管理因素，而技术因素和政策因素对预决算差异的影响相对较小。通过对预算调整差异和执行差异的夏普利值分解和MQ指数分析发现，制度因素、政策因素对预决算差异的贡献更多体现在预算调整差异中；技术因素和经济因素对预决算差异的贡献更多体现在预决算执行差异中；而管理因素的影响贯穿预算全过程。

结论五：预决算差异的成因具有地区异质性和时间异质性。

预决算差异的成因具有地区异质性，通过分析发现，东部地区贡献度最高的三个因素分别为官员晋升压力、财政收入增速、财政分权；中部地区贡献度最高的三个因素分别为财政分权、人均GDP和转移支付占比；而西部地区贡献度最高的三个因素分别为财政收入增速、经济增速和转移支付占比。时间异质性分析发现，随着时间的延续，影响因素结构存在一些规律性变动——转移支付的贡献度呈下降趋势，宏观经济预测差异的贡献度呈上升趋势。

结论六：预算管理过程中各决策主体之间的行为影响预决算差异。

预算管理各主体之间的互动会影响到预算编制的科学性和执行的规范性，而两者均会直接影响预决算差异。预算编制过程中，支出部门与财政部门之间的博弈分析发现：财政部门对部门预算的削减比例、财政部门审核预算的成本、支出部门虚报预算的成本、财政部门和支出部门的信息不对称从一定程度上会影响预算编制过程的均衡结果。支出部门之间的博弈分析发现：由于预算规模既定，社会获得公共物品与服务的总量也是一定的，而这种竞争活动是需要相应成本的，其最终结果应该是某种"负和"的社会损失。预算监督过程中，通过分析是否财政结余的博弈过程发现，均衡结果与监督部门对未及时结余的惩罚力度F、实质结余资金规模B、结余后第二年度的削减规模、支出部门选择不结余的处理成本、监督部门选择监督的成本有关。

第二节　预决算差异管理的基本原则

我国正处于加快推进国家治理体系和治理能力现代化的关键时期，而预算体现国家战略和政策，反映政府的活动范围和方向，是推进国家治理体系和治理能力现代化的重要支撑。作为预算编制科学性和预算执行规范性的直接表现，加强预决算差异管理，硬化预算约束成为深化预算管理制度改革、更好发挥财政在国家治理中的基础和支柱作用的重要内容。如果预决算差异管理不到位，有可能造成预算约束乏力、支出效率低下等问题。因此"十四五"规划提出，深化预算管理制度改革，强化预算约束和绩效管理。《国务院关于进一步深化预算管理制度改革的意见》（国发〔2021〕5号）中明确提出要规范管理，强化预算对执行的控制，严格执行人大批准的预算，规范预算调剂行为，增强预算约束力。未来，进一步深化预算管理制度改革，加强预决算差异管理应坚持预算法定原则、问题导向原则、权责一致原则和系统观念。

一、坚持预算法定原则

预决算差异管理要增强法治理念，强化法律意识，遵循预算法定。严格执行人大批准的预算，预算一经批准非经法定程序不得调整。强化预算约束，坚持先预算后支出，严禁超预算或无预算安排支出，严禁年中随意追加预算，维护预算的权威性。严肃财经纪律，严格预算审查监督，健全事后问责制度，提高审查监督的针对性和有效性。

预算执行过程中灵活性与控制之间的平衡，应以批准的预算为基础进行补充和完善，以相应的预算责任为底线。在保证财政责任有效履行的情形下，可以赋予支出部门一定的灵活性，而不能以改变预算责任为代价。

二、坚持问题导向原则

预决算差异管理不能一概而论，要从导致预决算差异的主要成因出发，抓住问题的主要矛盾和矛盾的主要方面，完善管理制度，优化管理手段，着力推动解决突出矛盾，推动建立健全解决问题的长效机制。坚持分类施策原则，"理性认识客观因素，主动化解不合理因素，鼓励支持节支因素"。正视客观因素导致的预决算差异存在的客观现实性，增加支出的机动性，及时降低经济和财政运行的不确定性；厘清预决算差异的形成逻辑，有效识别不合理因素，将顺体制机制，优化政策决策机制，完善预算管理制度，提高预算编制科学性和预算执行规范性约束性；积极鼓励支持节支因素，提高财政支出效率。

三、坚持权责一致原则

贯彻权力与责任相适应的准则，完善预算管理制度，细化各方法定职权，夯实主体责任，确保各项改革稳步有序推进。完善预算监督机制，推进预算绩效管理，强化监督和绩效评价结果应用，严格追究相关单位和人员责任。

四、坚持系统观念

加强全局性谋划、整体性推进，统筹现行制度安排，更好发挥中央与地方、人大与政府、财政与职能部门的积极性。立足预算管理制度改革，以强化预决算差异管理为出发点，完善预算编制和执行管理制度，联动推进现行体制机制衔接、政策与过程统一等前置改革。充分调动人大和政府、财政与职能部门的积极性，强化协调配合，实现各项管理机制的有效衔接，形成预决算差异管理合力。

第三节　相关政策建议

预决算差异是一个系统性问题，我国长期存在预决算支出差异，反映出我国的预算管理存在一些短板。解决我国存在的预决算差异问题，不应着眼于技术层面，需要有系统性视角。因此，随着现代财政制度建设加快推进，应做好系统性的制度设计，使得财政体制更完善、预算编制更科学、预算执行更规范、预算监督更有效力、制度配套更健全。

一、加强财政预算法治化建设

预决算差异的管理应该强化法治引领，加强立法约束。完备的预算法律法规体系是预算法治化建设的重要内容，也是全面依法治国的应有之义。而我国财政法律体系尚未成型，部分规定过于笼统，无法有效地指导预算管理实践。因此，应该加强财政预算法治化建设，完善我国财政法律体系。一方面，要充分学习借鉴西方国家的先进财政和预算管理经验，制定一套符合我国财政实践的预算法律体系，尽快起草出台财政基本法，厘清财政体制、预算权力等方面的基本问题，明确财政管理的基本原则和基本制度，统领财政预算法治化建设；另一方面，要不断细化和完善现行预算法律，进一步细化我国预算执行、调整、编制、决算等环节的规定，增强立法约束，有力震慑地方政府和官员随意进行资金调整的行为。细化预算调整、结余结转等方面的规定，规范具体操作流程，明晰主体责任，避免因法律法规不够详细具体而出现理解偏差。

二、加强统筹协调，推动各项制度有效衔接

1. 进一步完善财政体制，理顺政府间收支责任

财政体制改革反映中央地方间的财政关系，事关国家治理全局（于长革，2020）[1]。1994年分税制改革主要着眼于收入端的税种划分，对支出端的事权划分改革并不彻底。随着经济社会发展，中央与地方事权与支出责任不匹配的问题逐渐凸显，并逐渐衍生出一系列的财政问题。尽管近年来先后对医疗卫生、科技、教育、交通、公共文化、应急救援、生态环境、自然资源领域中央与地方财政事权和支出责任进行划分，但仍存在诸多不相适应的环节。未来应进一步优化财政分权体制，适当上移并强化中央财政事权和支出责任（如知识产权保护、养老保护、跨区域生态环境等），将体现国家主权和统一市场的划分为中央事权、将体现区域性的划分为中央与地方共同事权、将贴近基层体现地方政府信息优势的划分为地方事权，实现中央–省–市–县各级政府高效协同，最大限度实现宏观调控与政府效率的统一。同时，在明晰中央和地方事权和支出责任的基础上，通过健全地方税体系，提高地方履行其支出责任的财政自给能力，增强地方政府的资源统筹能力，化解因上级资金安排难以统筹所导致的预决算差异。

---

[1] 于长革.国家治理现代化需要加快理顺政府间财政关系[J].财政科学,2020(7):57–65.

2. 优化转移支付制度，加强与预算编制的衔接

通过对预决算差异成因的分解可以发现，转移支付比重是影响一个地区预决算差异的重要因素，一般而言，转移支付占比与一般公共预算支出的预决算差异正相关。尽管近年来为加快地方政府预算执行进度，提高年初预算编制的完整性，上级政府会提前下达转移支付指标，但是专项转移支付提前下达的比重不高，制约了地方预算编制的完整性。后期转移支付频繁追加，转移支付制度与预算管理之间的脱节问题未能得到根本解决。因此，未来应该持续改革和优化转移支付制度。

短期来看，优化转移支付结构，进一步清理规范专项转移支付，改变当前条条分配、分散烦杂的格局；通过提高提前下达的预算比重，提高地方预算的完整性；压缩各级转移支付分配时间，加快转移支付资金拨付进度，尽量给地方政府留足充裕的执行和调整时间，尽量防止因资金拨付问题导致的资金结余结转；促进财政资金直达机制常态化，通过总结2020年特殊时期实行的财政资金直达机制实践中的经验教训，进一步扩充直达资金范围，提高直达资金额度，从而避免各级政府层层盘剥截留，提高财政资金的支出效率。长期来看，可以通过调整预算年度的方式从根本上解决相关制度与预算管理衔接不畅的问题。综合考虑两会召开时间和我国的行政管理制度，可以将财政年度调整为每年4月1日至次年3月31日。调整预算年度虽然短期内可能会导致财政分析难度增加、与企业会计年度不协调等问题（王法忠，2020）[1]，但这可能是实现各项制度统一协调的举措中成本较小的选择。

---

[1] 王法忠.预算知识手册[M].北京:中国财政经济出版社,2020.

3. 加强中期财政规划管理，强化对预算编制的宏观指导

加强中期财政规划管理是贯彻落实"十四五"规划的重要内容，也是建立现代财税体制的必然要求。中期财政规划通过引入跨年度视角和对财政决策机制的重塑，增强了经济和财政战略对预算编制的指导性，打通预测-政策-规划-预算的衔接。这一方面提高了对国家重大战略、重要任务的财力保障水平；另一方面增强了预算的可靠性，降低了政策执行和预算调整的交易成本。当前我国已积累五年的中期财政规划实践经验，但在实际工作中还存在认识不足、配套制度不完善、管理不规范等问题，对预算编制的指导和约束作用尚未得到体现。许多项目的确定具有很强的主观性，缺乏合理的可行性论证和支出优先次序的区分，导致预算管理对国家重大战略任务的财力保障水平不高。针对当前中期财政规划面临的困境，要从多方面着手完善中期财政规划管理体制机制。

增强政策-规划-预算之间的衔接，加强对重大战略、重要任务和重点改革的财力保障。用中长期规划指导经济社会发展是党治国理政的重要方式，也是中国特色社会主义制度优势。我国当前有五年规划、专项规划、部门发展规划等，但是相互之间的联结程度不高，与中期财政规划、部门三年滚动规划等缺乏实质性的协调。未来应该加强中期财政规划管理，增强政策-规划-预算之间的衔接。一是建立中期财政规划与五年规划全面协调机制。一方面，通过完善收入预测机制作好政府财力滚动预测，指导和约束社会经济发展和经济调控政策，优先保障经济社会发展最急需的政策；另一方面，增强政策规划与预算衔接，增强预算编制的预见性，使得预算安排能够充分保障国

家中长期发展规划、国家政策等的战略导向，也减少政策不确定性对预算执行的冲击。二是建立跨部门协调配合机制，加强部门规划与年度预算联结。通过建立长效机制、联席会议制度、重大政策协调沟通机制，搭建财政部门和支出部门的合作桥梁，化解信息不对称对预算编制的影响，降低预算编制与预算执行的偏离。

三、提高预算编制科学性，降低预算调整差异

1. 提升宏观经济预测能力，做好财政收支预测

可靠的宏观预测是中期支出框架的重要内容，是预算编制的重要技术基础，也是各国中期支出框架实践的重要经验借鉴（李燕，2017）[1]。而我国当前对预测模型、预测技术的掌握还不够充分，尚未建立系统科学的框架模型，根据主观判断在GDP或者往年收支基础上加减百分点的现象尚存。这种简易预测手段在经济平稳运行期间或许偏差不大，但在面临较大的不确定性出现经济波动时便显得乏力，从而会导致预测和预算安排的可信度下降。因此要尽快借鉴美英法日澳等国的预测原理方法，完善预测指标体系，构建适合中国国情的宏观经济财政预测模型体系——宏观经济预测模型（含人口模块、社会保障模块、劳动力模块等）、财政收入预测模型和财政支出预测模型。其中，目前关于财政收支预测常用的三种方法，分别为依据GDP、利率、就业率等与财政收支运行紧密结合的经济数据进行估算；利用现代计算机新技术进行经济模拟预测；经济理论和计算机技术的结合（如灰色预测等技术）。随着宏观经济理论的完善和大数据区块链等

---

[1] 李燕.中期预算国别研究[M].北京：中国财政经济出版社,2017.

现代信息技术发展，可以充分融合两者优势，不仅提升了预测精度，而且和经济实际联系紧密，是目前较为理想并适宜推广的财政收支预测技术[1]。

收入管理和支出管理是财政管理的"一体两翼"。由于预算编制按照"收支平衡"原则进行，财政收入预测的合理性也会直接影响财政支出的安排。因此要加大对税收收入和非税收入预测，提高预测精准度。同时要加强大数据和云计算等现代技术在预算管理中的应用，及时分析计算影响税收的各项经济社会指标，建立动态的数据监控系统，合理地预计未来税收规模，提高预算的准确度。

2. 坚持"以收定支"原则，完善预算管理方法

坚持"以收定支"原则，建立财政收入综合评估机制。无限需求和有限供给的矛盾与当前国情决定我国必须坚持"以收定支"原则（邓子基，2002）[2]。在财政收入增速放缓、财政支出强度不减的"新常态"背景下，应该妥善处理财政支出需要与财政收入增长有限性的关系，正视财政收入增长有限性，合理确定政策力度和支出规模。编制支出预算时应该摒弃先定政策后找资金的做法，树立财政支出收入约束理念，实现收入预算和支出预算的协调统一。在做好收入总量和结构预测的基础上，根据支出的必要性、可行性和轻重缓急科学配置财政资源。具体而言，要建立财政收入综合评估机制，合理测定政府综合财力；将综合财力约束融入决策过程，避免政策与可用财力的冲突，提高政策的可行性、预算编制的科学性和预算执行的规范性。

改进预算编制方法与程序。科学的预算编制方法应立足于自身

---

[1] 王华春,刘栓虎.政府财政预决算偏差治理研究[J].电子科技大学学报(社科版),2016,18(4):7-12.

[2] 邓子基.以收定支还是以支定收[J].财政研究,2002(3):2-5.

实际，根据宏观调控需要和项目的轻重缓急进行灵活调整。然而我国长期以来利用"基数法"财政预算编制方法，财政收入和支出预算的编制通常在往年的基础上根据经验判断加减百分点确定，影响了预算编制科学性并造成财政支出结构固化。未来应该继续坚持"零基"理念，剔除不必要或低效支出，根据支出事项的轻重缓急和预期效益重新安排财政收支，从而打破财政支出只增不减的格局，降低因支出固化带来的预决算差异。

3. 推进财政支出标准化，加快项目支出标准建设

财政支出标准化是保证有效配置财政资源、保障部门有效履职的重要基础，也是加强和改进预算管理的重要举措。财政支出标准化是为了在既定范围内获得最佳财政秩序，促进公共效益，对预算管理中共同使用和重复使用的条款进行编制、发布和应用的过程。现代预算制度应充分发挥预算支出标准在预算管理中的作用，降低部门间为争夺资源而发生的交易成本。但当前财政支出标准建设过程中仍存在一些问题，如纳入定员定额管理范围的比例较低，从2001年试点至2019年仅有5335家中央预算单位（占35%）纳入定员定额管理范围[1]；部门预算项目支出标准、专项资金项目支出标准进展缓慢等。针对财政支出标准化建设过程中存在的问题，应该坚持财政支出标准化方向，进一步完善基本支出定额支出标准，并加快推进项目支出标准体系建设。

完善基本支出定额标准，扩大定员定额管理纳入范围。一是进一步扩大基本支出定员定额管理范围，逐步将行政机关、参公管理事业单位和大部分公益一类事业单位纳入定额管理。二是进一步明确基本

---

[1]《国务院关于2019年度中央预算执行和其他财政收支的审计工作报告》.

支出和项目支出界限，规范部门预算编制，杜绝在项目预算中编报运维费等基本支出。三是健全基本支出定额标准动态调整机制，保证基础支出定额标准能根据物价水平、人力成本等因素动态调整，在提高财政资金使用效益的同时，实现压减一般性支出的效果。

统筹规划加强研究，加快推进项目支出标准体系建设。针对当前项目支出标准体系建设中存在的难题，要从项目文本和支出标准两方面协同推进，强化理论研究，创新支出标准测定方法；丰富标准形式，扩充标准外延，根据项目属性合理运用绝对标准、相对标准、综合标准、分项标准等，对于不适用定额标准的项目将财政资金分配规范及方法纳入支出标准范畴，规范项目支出预算编制和评审。完善标准应用机制和动态调整机制。树立"有标准就要用"的理念，将已有项目支出标准内化到预算编制过程，各项支出原则上不得突破既有标准；同时应该建立支出标准与关键因素挂钩联动机制，设定启动条件，及时根据经济发展、物价水平、财力状况等进行动态更新调整，充分保证项目支出标准的适用性和科学性，进而实现从预算编制角度降低预决算差异。

4.进一步规范预算编制，提高预算编制精细化

控制代编预算规模，规范代编资金使用。预算具有自下而上的汇总规则——单位预算汇总成为部门预算，部门预算汇总成为本级政府预算，本级政府预算和下级政府预算汇总成为总预算。为提高预算的权威性和精细化，应压缩代编预算规模，将所有项目从最基层单位、最底层科目和最低级项目汇总成为预算，切实提高预算编制的精细程度，降低预算执行过程中的自由裁量权。从严控制部门追加预算，对于必要的代编资金，严格规范代编预算使用程序和责任主体，执行中

需要动用代编预算的，须报政府部门批准。

四、增强预算执行规范性，严控预决算执行差异

1. 建立"预算执行＋绩效运行"监控机制

完善预算执行动态监控系统，健全动态监控管理制度。预决算差异管理不应是事后的问责，应该前移到预算执行过程，探索构建"预算执行＋绩效运行"双监控机制。各级财政部门应及时建立并完善预算执行监控系统，掌握部门资金的流向，对预算执行过程追踪问效，避免资金滞拨闲置，杜绝财政资金挤占挪用、以拨代支等违规问题，防范财政资金支付使用风险。为充分发挥监控机制的优势，应该科学选择预警规则和指标，合理确定预警范围，及时将信号反馈给支出部门，实现对财政预算支付风险、执行进度或不良趋势的超前反馈，为认识并化解预决算差异的成因争取更多的时间。

建立预算执行内部报告制度。及时掌握并反馈预算执行动态，对于存在的共性问题、典型案例、潜在风险等，财政部门应该定期或不定期向决策者与各预算执行单位报告和反馈预算执行进度、执行差异及其对预算目标的影响。预算执行报告中应综合运用各种定性、定量分析方法，对预算执行差异成因进行科学分析，对潜在影响作出合理判断，从而为领导决策提供准确、合理的数据支持，及时采取必要的调控措施，有效缩小预算执行与预算编制的差异。加强财政部门、支出部门、代理银行间的互动，有效组织开展日常监控、疑点问题核实等，及时发现问题落实整改。

2. 建立预算执行差异控制标准

为维护预算的严肃性，实现预决算差异的适度性，应该建立预算执

行差异控制标准。一是在新《预算法》四类预算调整情形的基础上，赋予人大部门超限额调整审批权限，如类款级项目预算调剂超过20％后，新增支出须经人大审批。二是鼓励人大常委会在审议决算时对重大项目预决算差异及时行使质询权，要求部门作出解释说明，必要时出具整改建议，提高预算执行的规范性。三是设定预算执行差异控制标准。根据国内外的实践和我国的预算管理水平，可以考虑除去自然灾害、突发事件等不可控因素，设定常规预算执行差异控制标准，建议将总体预决算执行差异限额控制在+5％以内；科目调剂上，扣除技术调整，款级科目预算调剂控制在+10％以内；部门预算方面，将执行差异控制在+10％~20％以内。对于因自然灾害、突发事件等不可控因素引起的非常规的预算执行差异应加强合规性审查和事后审计监督。四是明确预算调整/调剂行为规则，借鉴法国等国做法，明确政府部门进行预算调整/调剂的范围、调整幅度和调整程序，倒逼预算管理制度改革。

3. 规范预算执行，严控预算追加程序

控制政府官员的自由裁量权，规范财政资金的使用。通常而言，为应对不可预见性和偶然性因素，使得政府工作高效及时推进，提高应对灵活性和有效性，在预算执行过程中通常赋予支出部门一定的自由裁量权。然而，官员的自由裁量权应是有限度的，因为自由裁量权的大小、使用规则和流程会影响预决算执行偏差和资金使用效益。为管控好财政资金的支出，缩小财政预决算的执行偏差，实现效率与灵活性的统一，需要控制官员的自由裁量权。必要的自由裁量支出必须履行财政部门审批流程，待财政部门同意后再拨付款项，并及时向人大部门报告备案。

严控预算追加，设定项目支出追加比例限额。根据项目概算，对大额项目合理设定追加比例限额，对限额内向财政部门依规申请审批，对超过限额的追加进行重新审批，必要时通过政府常务会议审定。同时，年中重大追加项目须进行事前绩效评估，并且要求追加项目必须在年初项目库内，否则不予追加，从而避免"拍脑袋"决定现象。事后财政部门应对支出部门的预算执行过程和完成结果实行全面的追踪问效，对追加项目进行定期或专项考核，并将绩效考评结果储存在项目库中，作为以后年度安排立项的参考，不断提高预决算执行的精准度。

五、完善预算监督约束体系，压缩自由裁量空间

1. 优化预算制度设计，实现多主体激励相容

预算管理过程是多主体的博弈过程，主体行为不仅受到自身影响，还会受到其他主体决策的影响。为避免各主体行为的异化，一是明确预算管理权责关系，明确财政部门、支出部门和监督部门在预算编制和执行中的工作内容、职责和权限，强化责任意识，矫正各部门的目标函数。二是完善奖励惩罚机制，加大对虚报预算、预算执行不规范等行为的惩罚力度，降低部门的机会主义倾向；同时加大对规范的财政行为的奖励力度，使得各主体行为的收益与成本相匹配。三是财政部门、支出部门和监督部门应该加强协调沟通，明确财力状况和当年的财政政策取向，降低信息不对称程度，引导支出部门按照实际资金需求申报预算，从源头化解预决算执行差异问题。

2. 进一步明确预算公开范围和内容，营造公开透明的预算环境

预算公开是保证高效管理和监督的基础和前提，因此要不断推动政府预算公开透明。目前，我国的预决算公开操作规程仅规定了预决

算公开的最低要求——"一般公共预算原则上至少公开6张报表"，未对报表的细化程度和公开范围作出明确的界定，各级政府的预决算公开具有较大的主观性；同时未对预算调整、资金调剂等事项作出说明，无法深入了解预算的执行情况，从而使得预算监督效果大打折扣。未来应从以下几个方面进行完善：一是完善预算公开的法律体系，明确预算公开的界限、范围和频率，实现预算公开的法定化；二是丰富预算公开的内容，不仅要公开预算和决算信息，还应该及时公开预算执行进度、预算调整事项、资金结余结转以及重大项目或政策的支出绩效等重要信息（杨翟婷、王金秀，2020）；三是充分利用现代信息技术，建立统一的政府预算和部门预算信息公开平台，提高预算信息公开的全面性和及时性，保证公众获取的便利性，为社会监督提供便利。

3. 加强对预算管理监督

强化人大依法监督职能。首先，应从立法层面细化人大及其常委会监督工作的相关规定，进一步确立预算监督的法律地位。明确预算变更并报人大常委会审批的情形以及预算收支在科目之间的调整方式、调整范围和幅度。其次，人大部门应将监督关口前移，及时听取和了解预算执行情况，加强预算执行监督，同时要积极参与到预算编制等过程中，开拓人大监督视野，提升人大监督水平。最后，持续强化人大部门的事后监督职能。对于预算执行过程中预备费的使用、资金调剂等应加强事后监督，在听取审计环节和决算环节，要求部门对于大额资金变动的规模、原因出具解释说明，必要时专门听取汇报意见。

加强财政内部监督。要依据法定的预算指标，及时监控预算运行情况，加强国库对预算资金拨付和执行情况的监督检查，及时防范违法违纪问题的发生。要保证事前监督、事中监督和事后监督的连续性，尤其要加强对重点项目的全程监管。同时要利用审计信息系统的建设，依靠大数据，增加国家审计的覆盖面，降低违规行为引起的预决算偏离（杨翟婷、王金秀，2020）。

加强社会公众外部监督。提高预算公开的规范性和时效性，及时将财政工作程序、政府财政预算草案以及财政预算执行情况等信息向社会公众公布。充分利用网络、电视、自媒体、社交媒体等丰富预算公开形式，依靠信息化推动预算信息公开化建设，为社会公众提供合理有效的外部监督渠道。同时要利用依托互联网优势，及时收集和处理公众反馈信息，并及时作出回应，与公众形成良性互动，为我国参与式预算的建立提供基础。

六、预决算差异充分纳入绩效管理，推动实现权责一致

全面预算绩效管理是国家治理体系和治理能力现代化的重要内容，是国家行政管理和预算管理的重要制度性变革（于安，2019）[1]。预算绩效管理旨在通过突出效率和责任，关注产出和结果，将预算过程与行政过程相结合，将决策、监督、会计、审计、责任紧密结合，推动再造经济效率型政府。

为充分发挥绩效评价在预决算差异管理中的作用，应从以下几个方面着手：第一，牢固树立绩效意识，将绩效管理融入政府管理各个环节，推动预算绩效管理从项目预算为主向政策预算、部门整体和政府运行综合绩效评价拓展。第二，将预算调整与预决算差异度情况纳

---

[1] 于安.全面预算绩效管理是国家行政管理的重大制度性改革[J].中国财政,2019(10):13-15.

入全面预算绩效管理。各级政府应尽快构建权责明晰、公开透明、约束有效的预算执行监管和应对体系，并将预决算差异度、预算调整、资金结转等指标纳入部门整体预算绩效评价和项目预算绩效评价范围。第三，人大部门和政协部门应该定期根据预算执行情况开展对比分析，及时了解财政执行数与年初预算差异的原因，提出监督和应对意见；在听取审计环节和决算环节，对预算调整和预决算差异较大的部门和项目专门听取汇报意见。第四，强化绩效评价结果应用，建立绩效评价结果与预算安排和政策调整挂钩机制，将评价结果作为后续预算安排、政策制定的参考依据，通过设定评价结果与核减比例的联结，打破过去"一评了之"局面，防止绩效评价功能弱化、淡化、虚化，以实现预决算差异管理的良性循环。

参考文献

参考文献

阿道夫·A. 伯利, 加德纳·C. 米恩斯. 现代公司与私有财产[M].甘华鸣,罗锐韧,蔡如海,译. 北京:商务印书馆, 2007.

艾伦·希克. 公共支出管理方法[M]. 王卫星,译. 北京:经济管理出版社,2000.

川崎高津公法研究室. 财政法講義ノート(第5版). http://kraft.cside3.jp/finanzrecht00-5.htm.

白景明.冷静处理当前的财政收支关系[J]. 中国财政, 2007, 507(10): 1.

白景明. 对我国当前财政收入高增长的理论解析[J]. 财政与发展, 2008, 390(3): 7-11.

白景明. 全面认识坚持"以收定支"原则[J]. 中国财政, 2020(13): 40-42.

白景明, 景婉博. 政府机构运行成本概论——基于美、日、英状况的延展分析[M]. 北京: 经济日报出版社, 2020.

白彦锋, 岳童. 行为财政学[M]. 北京:中国人民大学出版社, 2020.

陈共.财政学（第八版）[M].北京:中国人民大学出版社,2015:235.

蔡雅欣. 地方政府预算执行偏离问题研究——以湖南省为例[J]. 金融经济, 2018, 482(8): 87-89.

陈刚. 预决算偏离度视角下我国省级政府预算管理研究[D]. 沈阳:辽宁大学, 2018.

陈慧. 关于部门预决算差异的几点思考[J]. 中国集体经济, 2017, 531(19): 104-105.

陈威,李思敏. 政府预算调整监督的演化博弈分析 [J].财会月刊,2015,735(23): 79-82.

陈志刚. 财政支出分权如何影响政府支出预算偏离[J]. 经济理论与经济管理,

2020(11): 39—54.

陈志刚, 吕冰洋. 中国政府预算偏离:一个典型的财政现象[J]. 财政研究, 2019 (1): 24—42.

程瑜. 政府预算执行过程中的博弈分析[J]. 财政研究, 2006(7): 26—28.

程瑜. 政府预算监督的博弈模型与制度设计——基于委托代理理论的研究视角[J]. 财贸经济, 2009, 333(8): 48—52.

崔惠玉,武玲玲.中西方政府预算制度的变迁与思考[J].河北经贸大学学报,2013,34(4):60—63.

崔晓鹏, 丁玮蓉, 陈彪. 预算完成度对经济社会发展的影响探析[J]. 经济问题探索, 2016,404(3): 1—7.

崔振东. 我国政府预决算偏离度问题研究[D]. 北京:首都经济贸易大学, 2009.

邓茂林. 关于我国公共财政预决算超收超支结构及其成因的分析[J]. 财经界 (学术版), 2013, 309(17): 4.

邓力平. 中国特色社会主义预算管理监督理论与实践[J].财政研究,2017(12):2—10.

邓子基.以收定支还是以支定收[J].财政研究,2002(3):2—5.

邓子基,等. 比较财政学[M]. 北京:中国财政经济出版社, 1987:128.

董志勇. 行为经济学原理[M]. 北京: 北京大学出版社, 2006.

董静,苟燕楠.公共预算决策分析框架与中国预算管理制度改革[J].财贸经济,2004(11):38—42,97.

董项梅. 从政府预决算偏离度角度探寻政府预算管理[J]. 企业导报, 2013, 240(8): 61—62.

范源源,陈宏宇. 我国预算执行中超收问题分析及治理[J]. 公共经济与政策研究, 2018 (2): 38—48.

冯辉. 中国地方财政收入预决算偏离问题研究[M]. 北京:中国财政经济出版

社,2019.

冯根福,郑明波,温军,等.究竟哪些因素决定了中国企业的技术创新——基于九大中文经济学权威期刊和A股上市公司数据的再实证[J].中国工业经济,2021(1):17-35.

冯辉,沈肇章.政治激励、税收计划与地方财政收入预决算偏离——基于省际动态面板数据模型的分析[J].云南财经大学学报, 2015, 31(3): 27-39.

冯辉,沈肇章.晋升激励、攫取之手与地方财政超收[J].当代财经, 2015, 367(6): 35-44.

冯辉,沈肇章.地方财政收入预决算偏离:晋升激励与税收任务[J].广东财经大学学报, 2015, 30(5): 58-68.

冯丽.探讨预算与决算的对比差异原因及对策[J].财经界(学术版), 2016, 397(4): 123.

冯素坤.地方政府非常规预算调整初探[J].海南大学学报(人文社会科学版), 2011, 29(2): 74-79.

冯素坤.预算调整制度的演进与政府良治[J].审计与经济研究, 2017, 32(2): 46-55.

冯素坤.国外预算调整研究综述_冯素坤[J].公共管理研究, 2011, 9: 173-182.

傅勇,张晏.中国式分权与财政支出结构偏向:为增长而竞争的代价[J].管理世界, 2007, 162(3): 4-12, 22.

高培勇.扭转政府预算约束的弱化势头[J].经济, 2006(3): 40-41.

高培勇.关注预决算偏离度[J].涉外税务, 2008 (1): 5-6.

高伟明,马笑渊.预算博弈现象以及对策分析[J].财政研究, 2003, (4): 14-17.

巩玉坤.国家预算执行审计的现状调查与对策分析[J].中国集体经济, 2017, 526(14): 19-20.

顾海兵,刘栩畅. 财政预算程序视角下的预算偏离度研究[J]. 学术界, 2015, 209(10): 52-61, 325.

郭庆旺,贾俊雪. 财政分权、政府组织结构与地方政府支出规模[J]. 经济研究,2010 (11): 59-72, 87.

郭庆旺,贾俊雪.中国经济波动的解释:投资冲击与全要素生产率冲击[J].管理世界,2004(07):22-28.

韩丽娜. 从政府预决算偏离度谈预算管理改革[J]. 财会研究, 2012 (14): 6-9, 14.

韩霖,赵薇薇. 切断超收和超支之间的"直通车" 探寻解决预决算偏离度过大的良方——专访中国社会科学院财政与贸易经济研究所副所长高培勇[J].涉外税务, 2008, 242(8): 9-12.

韩曙. 地方财政预决算调整偏离度研究——以上海市一般公共预算为例[J].财政科学, 2017, 20(8): 133-137, 154.

黄险峰、周美彤. 我国财政预决算收支差异度对经济发展的影响[J]. 重庆理工大学学报, 2019, 33(5): 30-39.

何艳玲,汪广龙,陈时国. 中国城市政府支出政治分析[J]. 中国社会科学, 2014, 223(7): 87-106, 206.

胡明.我国预算调整的规范构成及其运行模式[J].法学, 2014,396(11):128-135.

黄智澜. 我国部门预算编制与预算执行偏差研究[D]. 南昌:江西财经大学, 2015.

贾俊雪,应世为. 财政分权与企业税收激励——基于地方政府竞争视角的分析[J]. 中国工业经济,2016 (10): 23-39.

李翠萍. 预算调整及其管理研究[D]. 北京:财政部财政科学研究所,2015.

李建军,刘媛.新《预算法》能够降低地方政府预决算偏离度吗——来自四川省市州的证据[J].财政研究,2020(7):39-52.

李升亮. 论我国政府预算与决算执行的偏差问题及措施[J]. 中国商论, 2015, 646(14): 174-176.

李英. 预算调整研究:现状与未来[J]. 江汉大学学报(社会科学版), 2016, 33(6): 35-42, 119.

李永海.政府预算管理水平对地区隐性经济规模的影响研究——基于财政收支预决算偏离度视角的实证分析[J].财政监督,2016(6):71-76.

李燕. 政府预算管理(第二版) [M]. 北京:北京大学出版社, 2016.

李燕. 中期预算国别研究[M]. 北京:中国财政经济出版社, 2017.

廖家勤.优化地方预算编制权力结构探析[J]. 财政研究, 2013, 370(12): 67-70.

刘寒波. 论政府预算偏差与执行中的调整[J]. 湖南财经高等专科学校学报, 2000(4): 51-53.

刘剑文. 财税法治呼唤制定财政基本法[N]. 中国社会科学报,2015-01-28(A08).

刘金全,张鹤.经济增长风险的冲击传导和经济周期波动的"溢出效应"[J]. 经济研究,2003(10):32-39,91.

刘亮,宋国学. 政府预算过程中的多方利益博弈[J]. 财贸研究, 2004, (5): 72-77.

刘尚希,李成威.基于公共风险重新定义公共产品[J].财政研究,2018(8):2-10.

刘尚希.树立以风险为导向的预算理念[J].经济与管理评论,2021,37(1):5-9.

刘叔申. 政府预算的科学性与软约束——基于中国财政预算执行情况的实证分析[J]. 中国行政管理, 2010, 296(2): 110-115.

刘瑞明,金田林. 政绩考核、交流效应与经济发展——兼论地方政府行为短期化[J]. 当代经济科学, 2015(3): 9-18, 124.

刘小兵. 对我国财税体制改革的思考[J]. 财政监督, 2017, 396(6): 30-35.

刘晓东,刘继同. 国家卫生计生委部本级部门预算、决算差异性的卫生财政学分析[J].中国卫生经济,2018,37(6):21-22.

路瑶,张国林.财政分权、行政分权改革与经济增长实证研究——来自省级面板数据的证据[J].制度经济学研究,2014(1):106-124.

吕冰洋,李岩.中国省市财政预算偏离的规律与成因[J].经济与管理评论,2020,36(4):92-105.

吕冰洋,李岩,李佳欣.财政资源集中与预算偏离[J].财经问题研究,2021,446(1):74-84.

楼继伟.建立现代财政制度[J].中国财政,2014(1):10-12.

罗春梅.关于预算调整的理论思考[J].中央财经大学学报,2004(2):5-8.

马蔡琛.政府预算管理理论研究及其新进展[J].社会科学,2004(5):33-37.

马蔡琛.市场经济国家的预算超收形成机理及其对中国的启示[J].财政研究,2008,309(11):72-75.

马蔡琛.公共预算管理中资源配置的竞争性博弈分析[J].云南社会科学,2008,165(5):107-110.

马蔡琛.中国政府预算超收资金的形成机理与治理对策[J].财贸经济,2009,329(4):18-22.

马蔡琛,苗珊.中国政府预算改革四十年回顾与前瞻——从"国家预算"到"预算国家"的探索[J].经济纵横,2018(6):2,39-50.

马蔡琛,赵灿.公共预算遵从的行为经济学分析——基于前景理论的考察[J].河北学刊,2013,33(4):127-130.

马蔡琛,张铁玲,孙利媛.政府预算执行偏差的行为经济学分析[J].财经论丛,2015,192(3):17-23.

马蔡琛.政府预算[M].大连:东北财经大学出版社,2018.

马辉,程珍远.公共政策执行过程中的偏离与扭曲——一个公共政策的难题

[J]. 华东经济管理, 2003(2): 39-41.

马骏.新绩效预算[J].中央财经大学学报,2004(8):1-6.

马骏,林慕华. 现代议会的预算修正权力[J]. 中国改革, 2007, 285(6): 27-29.

马骏,牛美丽. 重构中国公共预算体制:权力与关系——基于地方预算的调研[J]. 中国发展观察,2007(2):13-16.

马骏, 赵早早. 公共预算:比较研究[M]. 北京:中央编译出版社, 2011:11-15.

马新智,陈丽蓉. 财政支出预算编制松弛:基于省际数据的实证研究[J]. 经济研究参考, 2016, 2742(38): 60-63, 73.

马燕,玄璇,肖瑶. 预算执行调整中行政自由裁量权的界限[J]. 法制与经济(下旬), 2011, 282(7): 47-48.

马莹.关于完善预算调整制度的几点思考[J].财经界(学术版),2017,450(23):24-25.

毛捷,吕冰洋,陈佩霞. 分税的事实:度量中国县级财政分权的数据基础[J]. 经济学(季刊) ,2018 (2): 499-526.

茆晓颖,成涛林. 苏州财政收支预决算偏离度实证分析:2004—2011[J]. 财政研究, 2012, 358(12): 64-66.

牛海根. 部门预决算差异原因及解决对策[J]. 行政事业资产与财务, 2016(30): 21-22.

欧阳华生,刘雨,肖霞. 我国中央部门预算执行审计分析:特征与启示[J]. 审计与经济研究, 2009, 24(2): 28-34.

钱先航,曹廷求,李维安. 晋升压力、官员任期与城市商业银行的贷款行为[J]. 经济研究, 2011, 46(12): 72-85.

全承相,杜锦.法国财政决算模式及其治理价值[J].人大研究,2020(7):50-53.

乔丹. 间断平衡:基于议程的预算理论[M].// 卡恩, 希尔德雷斯. 公共部门预算理论[M]. 韦曙林,译. 上海:格致出版社, 2010.

琼斯. 再思民主政治中的决策制定注意力、选择和公共政策[M]. 李丹阳,译. 北京:北京大学出版社, 2010.

邵冰,姜竹.完善公共预算决策程序 提升财政支出效率[J].北京工商大学学报 (社会科学版), 2009,24(2):18-22.

石英华. 积极稳妥实行中期财政规划管理[J]. 中国财政, 2015(10):27-30.

宋友春.政府收支分类改革对我国预算管理模式影响分析[J].财政研究, 2007(5):36-39.

孙玉栋,吴哲方. 我国预算执行中超收超支的形成机制及治理[J]. 南京审计学 院学报, 2012, 9(4): 1-12.

孙治国. 地方财政收入预决算偏离问题分析与对策[J]. 纳税, 2018, 12(21): 79.

邰琳琳. 浅谈部门预算编制与执行偏差[J]. 经济界, 2017, 128(2): 66-69.

涂永前. 预算过程中对自由裁量权的限制[J]. 政治与法律, 2011, 196(9): 26-31.

万广华.不平等的度量与分解[J].经济学(季刊),2009,8(1):347-368.

王宝丰. 政府预算编制与预算执行差异问题研究[D]. 长春:长春工业大学, 2012.

王桂玲. 我国税收超常增长的实证分析[J]. 当代经济, 2009, 238(23): 76-79.

王华春,刘清杰. 地区财政预决算偏差与政府效率、经济增长的关系研究[J]. 财经论丛, 2015, 200(11): 34-42.

王华春,刘栓虎. 政府财政预决算偏差治理研究[J]. 电子科技大学学报(社科 版), 2016, 18(4): 7-12.

王剑,张黎群,兰晓强. 官僚预算最大化理论对提高政府预算效率的启示—— 基于预算行为视角的研究[J]. 财政研究, 2009(8): 10-12.

王金秀,何志浩.财政"超收"现象探析[J].统计与决策, 2009, 284(8): 121-123.

王可. 军工科研项目预决算差异问题研究[J]. 财政监督, 2019, 447(9): 42-46.

王熙.美国预算制度变迁及其对中国的启示[J].中央财经大学学报,2010(2):16-20.

王秀芝.1994—2007:关于我国财政收支预决算偏差的考察[J].经济问题探索,2009(9):164-167.

王秀芝.从预算管理流程看我国政府预算管理改革[J].财贸经济,2015,409(12):22-34.

王艳丽,郑石桥.预算结余索取权安排和预算松弛:基于实验方法的研究[J].北京工商大学学报(社会科学版),2011,26(4):69-75.

王银梅.官僚预算最大化理论与财政超收问题探析[J].财政研究,2012,348(2):46-49.

王雍君.从投入预算到产出预算[J].河北经贸大学学报,2005(3):34-38.

王雍君.为什么要坚守预算的控制观[J].中国财政,2013(8):30-32.

王宇昕.中国地方政府预算裁量问题研究[D].北京:中央财经大学,2014.

王志刚,杨白冰.财政分权、积极财政政策与预算支出偏离度[J].宏观经济研究,2019(08):15-27,38.

王法忠.预算知识手册[M].北京:中国财政经济出版社,2020.

威尔金森.行为经济学[M].贺京同,等,译.北京:中国人民大学出版社,2012.

魏金燕.财政预算支出偏离及纠正问题研究[J].知识经济,2011,202(5):54.

吴俊培,程文辉.基于不完全信息博弈模型的预算效率激励机制设计[J].财政研究,2018,429(11):71-83.

吴明明.我国国家财政预算超收现象研究[J].经济视角(下),2013,222-2(2):126,136-137.

吴胜泽.地方政府预算偏差与政府治理结构——兼析广西1994—2013年政府预算的科学性[J].经济研究参考,2016,2727(23):34-42.

吴亚萍.新《财政组织法》之下法国国家预算制度的改革与特色[J].公共经济与政策研究,2015(2):84−97.

吴延兵.财政分权促进技术创新吗[J].当代经济科学,2019 (3): 13−25.

肖捷.加快建立现代财政制度[J].中国财政,2017(21):4−6.

肖鹏.新中国成立70周年政府预算理论演变、制度改革与展望 [J].财政监督.2019(19).

肖鹏,樊蓉.地方财政透明度对财政预决算偏离度的影响分析[J].中央财经大学学报,2021(3):3−14.

肖鹏. 美国政府预算制度[M]. 北京:经济科学出版社, 2014.

谢吉红.我国公共财政支出预决算执行偏差研究[D].长沙:湖南农业大学,2018.

谢柳芳,孙鹏阁,郑国洪,等. 政府审计功能、预算偏差与地方政府治理效率[J]. 审计研究, 2019, 210(4): 20−28.

谢子远. 从超预算收支看我国财政预算制度的优化[J]. 浙江万里学院学报, 2008, 83(4): 78−80, 99.

徐仁辉. 公共财务管理——公共预算与财务行政[M]. 台北:智胜文化事业有限公司,2000.

徐键. 论预算调整的义务性条款[J]. 经济法论坛, 2019, 23(2): 174−188.

徐曙娜. "预算调整"决策权配置研究[J]. 上海财经大学学报, 2011, 13(3): 49−58.

徐阳光. 收入预测与预算法治——预决算收入偏差的法律评估[J]. 社会科学, 2011, 368(4): 43−51.

徐志,杨蓉洁.预决算偏离度视角下的预算稳定调节基金研究[J].财政监督,2019(7):39−44.

姚东旻,许艺煊,高秋男,等.省际预算支出结构的差异及其主要来源[J].财贸经济,2020(9):21−38.

杨华.日本政府预算制度的构成、特点及启示[J].地方财政研究,2018(2):105−112.

杨建民.县级财政预决算偏离问题及对策思考[J].当代会计, 2017, 37(1): 68−69.

杨晓萌,张媛. 地方政府预算执行差异问题探讨——以大连市G区为例[J]. 地方财政研究, 2009, 59(9): 36−40.

杨翟婷,王金秀.国家审计监督、财政透明度与地方预决算偏离[J].现代经济探讨,2020(2):33−40.

杨志勇.我国预算管理制度的演进轨迹:1979—2014年[J].改革,2014(10):5−19.

杨志勇.中国财政70年:建立现代财政制度[J].中国经济, 2019,14(1):66−93.

杨华. 日本政府预算制度[M]. 北京:经济科学出版社, 2016.

易宪容. 交易行为与合约选择[M]. 北京:经济科学出版社, 1998.

叶新路. 陕西省财政预决算差异的成因[J]. 金融经济, 2014, 386(8): 87−89.

于安.全面预算绩效管理是国家行政管理的重大制度性改革[J].中国财政,2019(10):13−15.

于长革.理顺我国预算权力结构的基本思路[J].预算管理与会计,2017(11):14−17.

于长革.国家治理现代化需要加快理顺政府间财政关系[J].财政科学,2020(7):57−65.

苑德宇. 地方政府投资的决定因素研究:基于税收预决算偏离的视角[J]. 世界经济, 2014, 37(8): 173−192.

张国庆.我国的财政超收超支现状及其优化[J].经济论坛,2014(8):130−131,155.

张卫伟. 地方财政预决算偏离问题及对策探究[J]. 财经界(学术版), 2016, 424(22): 3.

张誉元. 我国政府预算与决算执行偏差研究[D]. 成都:西南财经大学, 2012.

张铭洪,侯笛,张福进. 基于因子分析的地方财政支出偏离度监督[J]. 当代财经, 2013, 344(7): 23−32.

张维迎. 博弈论与信息经济学[M]. 上海:格致出版社, 2012.

赵福昌,于长革.财政支出结构固化问题研究[J].财政科学,2019(6):5-23.

赵国春,王桃.新疆财政预决算偏离度问题研究[J].新疆财经, 2010, 162(1): 42-46.

赵海利,彭军. 预算管理中的收入预测:来自美国的经验及对中国的启示[J].
经济社会体制比较, 2013, 166(2): 216-225.

赵海利,吴明明. 我国地方政府收入预算的科学性——基于1994—2010年地
方收入预算执行情况的分析[J]. 经济社会体制比较, 2014, 176(6): 135-147.

赵文举,张曾莲. 预算偏离度推高了地方政府债务规模吗[J]. 财经论丛, 2020,
263(9): 33-43.

郑岚. 财政收支预算执行若干问题探讨[J]. 东南大学学报(哲学社会科学版),
2007 (S2): 48-50.

郑石桥,孙硕.预算调整、预算透明度和预算违规——基于中央各部门预算
执行审计面板数据的实证研究[J].审计与经济研究,2017,32(3):1-13.

周黎安. 晋升博弈中政府官员的激励与合作——兼论我国地方保护主义和
重复建设问题长期存在的原因[J]. 经济研究, 2004(6): 33-40.

周黎安.中国地方官员的晋升锦标赛模式研究[J].经济研究,2007(7):36-50.

周黎安. 转型中国的地方政府:官员激励与治理[M]. 上海:格致出版社, 2017.

朱军,许志伟.财政分权、地区间竞争与中国经济波动[J].经济研究,2018,53(1):21-
34.

祝艳霞. 中央行政事业单位预算执行率问题研究——基于制度控制视角[J].
行政事业资产与财务, 2018(7): 1-3.

朱大旗. 中华人民共和国预算法释义[M]. 北京:中国法制出版社, 2015:240.

朱晓晨. 中国省级财政预算执行偏差的研究[D]. 北京:财政部财政科学研究所,
2014.

朱·弗登博格, 让·梯若尔.博弈论[M].黄涛,译. 北京:中国人民大学出版社,2015:381-383.

朱云飞,赵志伟."预决算偏离度"视角下的税收收入预测研究——以河北省为例[J].税收经济研究,2012,17(3):85-89.

法国经济财政部:https://www.economie.gouv.fr/.

法国预算信息公开网站:Forum de la Performance:https://www.performance-publique.budget.gouv.fr/.

美国白宫国会预算办公室:https://www.whitehouse.gov/omb/.

美国财政部:https://home.treasury.gov/.

美国国会服务局:https://crsreports.congress.gov/.

日本财务省:https://www.mof.go.jp/.

日本电子政府检索平台:https://elaws.e-gov.go.jp/.

Anessi-Pessina E., Sicilia M., Steccolini I.. Budgeting and Rebudgeting in Local Governments: Siamese Twins[J]. Public Administration Review, 2012,72(6):875-884.

Arellano M., Bond S.. Some Tests of Specification for Panel Data: Monte Carlo Evidence and an Application to Employment Equations[J]. Review of Economic Studies,1991,58:277-298.

Arellano M., Bover O.. Another look at the Instrumental Variable Estimation of Error-components Model[J].Journal of Econometrics, 1995(68):29-52.

Bendor J.. Review Article: Formal Models of Bureaucracy[J]. British Journal of Political Science, 1988,18(3): 353-395.

Blinder A.. Wage Discrimination: Reduced Form and Structural Estimates[J]. Journal of Human Resources, 1973,8(4):436-455.

Blundell R., Bond S.. GMM Estimation with Persistent Panel Data: An Application to Production Functions[J]. Journal of Econometrics,1998(87):115-143.

Bond S.. Dynamic Panel Data Models: A Guide to Micro Data Methods and Practice[J].Portuguese Economic Journal, 2002,1(2):141-162.

Bourguignon F., Martin F., Gurgand M.. Fast Development with a Stable Income Distribution: Taiwan, 1979—1994[J]. Review of Income and Wealth , 2001,47:139-163.

Caiden N.. Budgeting in Poor Countries:Ten Common Assumptions Re-examined[J]. Public Administration Review, 1980(40):40-46.

Caiden N., Wildavsky A..Planning and Budgeting in Poor Countries[M]. NewYork: Wiley-interscience, l990.

Christensen M.D.. Transfer and Reprogramming of Appropriations: An Overview of Authorities, Limitations, and Procedures[R]. Washington: Congressional Research Servic,2013.

Congressional Budget Office. The Uncertainty of Budget Projections: A Discussion of Data and Methods[R]. Washington:Congressional Budget Office, 2003.

Deaton A.. The Analysis of Household Surveys: A Microeconomic Approach to Development Policy[M]. Baltimore and London：Johns Hopkins University Press,1997.

DiNardo J, Fortin Nicole M, Lemieux T. Labour Market Institutions and the Distribution of Wages, 1973-1992: A Semiparametric Approach[J]. Econometrica, 1996,64: 1001-1044.

Downs Anthony. Inside Bureaucracy[M]. Boston: Little Brown, 1957.

Fenno, R.. The House Appropriations Committee as a Political System: The Problem of Integration[J]. The Review,1962,56: 310-324.

Fields G., Yoo G.. Falling Labor Income Inequality in Korea's Economic Growth: Patterns and Underlying Causes[J]. Review of Income and Wealth, 2000,43: 139-159.

Grömping U.. Variable Importance in Regression Models[J]. Wiley Interdisciplinary Reviews: Computational Statistics, 2015,7(2):137-152.

Hendrick R . The Role of Slack in Local Government Finances[J]. Public Budgeting & Finance, 2010, 26(1):14-46.

Holgersson, H., T. Norman, S. Tavassoli. In the Quest for Economic Significance: Assessing Variable Importance through Mean Value Decomposition[J]. Applied Economics Letters, 2014, 21(8): 545-549.

Jensen M.C., Meckling W.H.. Theory of the Firm: Managerial Behavior, Agency Costs and Ownership Structure[J]. Journal of Financial Economics, 1976, 3(4):305-360.

Juhn C., Murphy K., Pierce M., Brooks. Wage Inequality and the Rise in Returns to Skill[J]. Journal of Political Economy, 1993,101:410-442.

Kahneman D., Tversky A.. Prospect Theory: An Analysis of Decision under Risk[J]. Econometrica, 1979,47(2):263-292.

Kasper W., Streit M.E.. Institutional Economics: Social Order and Public Policy[M]. Cheltenham UK: Edward Elgar,2000.

Kauder B., Potrafke N., Schinke C.. Manipulating Fiscal Forecasts: Evidence from the German States[J]. Munich Reprints in Economics, 2017.

Larkey P.D., Smith R.A.. Bias in the Formulation of Local Government Budget

Problems[J]. Policy Sciences, 1989, 22(2):123-166.

Lazear E., Rosen S.. Rank-Order Tournaments as Optimal Labor Contracts[J]. Journal of Political Economy, 1981, 89:841-864.

Lee T.M., Plummer E.. Budget Adjustments in Response to Spending Variances: Evidence of Ratcheting of Local Government Expenditures[J]. Journal of Management Accounting Research, 2007, 19(1):137-167.

Lewis, V.B.. Toward a Theory of Budgeting[J]. Public Administration Review,1952(12): 42-54.

Marlowe J.. Budget Variance, Slack Resources, and Municipal Expenditures[J]. Ssrn Electronic Journal, 2009:1-21.

Mayper A.G., Granof M., Giroux G.. An Analysis of Municipal Budget Variances[J]. Accounting, Auditing &Accountability Journal, 1991,4(1):29-50.

Moe T.M.. The New Economics of Organizations[J]. American Journal of Political Science, 1984,28(4). 739-77.

Mogue G.L., Belanger G.. Towards a General Theory of Managerial Discretion[J]. Public Choice, 1974(17):27-47.

Morduch J., Sicular T.. Rethinking Inequality Decomposition, with Evidence from Rural China[J]. The Economic Journal, 2002,112: 93-106.

Mortensen P.B.. Policy Punctuations in Danish Local Budgeting[J]. Public Administration，2005,83(4): 931-950.

Niskanen W.A.. Bureaucracy and Representative Government[M]. Chicago: Aldine Atherton,1971.

Niskanen W.A.. Bureaucrats and Politicians[J]. the Journel of Law & Economics, 1975(3):617-643.

Niskanen W.A.. A Reflection on "Bureaucracy and Representative Government"[J]. The Budget Maximizing Bureaucrats: Appraisal and Evidence, 1991.

Oaxaca R.. Male and Female Wage Differentials in Urban Labor Market[J]. International Economic Review, 1973,14(3):693-709.

Poterba J.. State Responses to Fiscal Crises: The Effects of Budgetary Institutions and Politics[J]. Journal of Political Economy,1994, 102(4): 799–821.

Radnor, Z.. Muddled, Massaging, Maneuvering or Manipulated?[J]. International Journal of Productivity and Performance Management, 2008, 57(4): 316-328.

Ross S.. The Economic Theory of Agencry The Principal's Problem[J]. American Economy Review, 1973,63(1):134-139.

Rose S., Smith D.L.. Budget Slack, Institutions, and Transparency[J]. Public Administration Review, 2012, 72(2): 187-195.

Shorrocks A. Inequality Decomposition by Factor Components[J]. Econometrica, 1982,50(1):193-211.

Simon H.A.. A comparison of Game Theory and Learning Theory[J]. Psychometrika, 1956, 21(3): 267-272.

Schick A.. The Road to PPB: The stages of budget reform[J]. Public Administration Review, 1966,26(12):243-258.

Saturno J.V.. Introduction to the Federal Budget Process[R]. Washington: Congressional Research Servic,2020.

Sterck O.. On the Economic Importance of the Determinants of Long-Term Growth [R]. Centre for the Study of African Economies Working Paper, 2018.

Sterck O.. Stars, Wars, and Development[R]. SSRN Working Paper, 2019.

Strom K.. Delegation and Accountability in Parliamentary Democracies[J].

European Journal of Political Research, 2000,37: 261-289.

Sundelson W.. Budgetary Principles[J]. Political Science Quarterly, 1935, 50(2): 236-263.

Thaler R.H. Toward a Positive Theory of Consumer Choice[J]. Journal of Economic Behavior and Organizatino, 1980,1(1):39-60.

Tversky A., Kahneman D.. Loss Aversion in Riskless Choice: A Reference-Dependent Model[J]. The Quarterly Journal of Economics, 1991,106(4):1039-1061.

Tyer C., Willand J.. Public budgeting in America: A Twentieth Century Retrospective[J]. Journal of Public Budgeting, Accouting and Financial Management, 1997(9):189-219.

Tyer C.B.. Local Government Reserve Funds: Policy Alternatives and Political Strategies[J]. Public Budgeting and Finance, 1993, 13(2):75-84.

Victor L., Poplawski R.M.. Fiscal Policy Implementation in Sub-Saharan Africa[J]. World Development, 2013(46):79-91.

Wildavsky, A.. The Politics of the Budgetary Process[J]. Boston: Little Brown,1964.

Wildavsky, A.. Political Implications of Budgetary Reform[M]. //Hyde, A.C. Government Budgeting: Theory, Process, Politics. Belmont: Brooks/ Cole Publishing Company,1992.

附　录

附录一：2016—2019年中央部门一般公共预算支出预决算差异情况（59个部门）

部门	决算（亿元；年）				预算（亿元；年）				预决算差异（%；年）			
	2016	2017	2018	2019	2016	2017	2018	2019	2016	2017	2018	2019
外交部	99.30	101.48	86.70	141.74	96.76	104.49	105.99	111.62	2.62	-2.88	-18.20	26.98
国家发展改革委	9.16	10.15	8.22	13.79	10.18	9.89	10.90	9.35	-10.02	2.54	-24.57	47.41
教育部	1239.35	1353.74	1428.85	1560.64	1056.56	1314.39	1413.68	1527.18	17.30	2.99	1.07	2.19
科技部	364.92	363.65	386.40	461.45	234.11	370.52	385.90	490.91	55.88	-1.85	0.13	-6.00
工业和信息化部	224.24	268.86	260.36	276.03	175.98	225.19	268.54	281.19	27.43	19.39	-3.05	-1.84
国家民委	48.66	53.46	56.16	64.90	46.95	50.54	53.16	60.85	3.64	5.78	5.65	6.64
公安部	95.54	137.39	123.06	67.51	95.89	109.22	126.30	67.03	-0.36	25.80	-2.57	0.71
民政部	12.22	23.90	9.75	9.89	11.19	18.48	16.95	8.59	9.18	29.36	-42.47	15.07
财政部	125.07	135.16	124.87	143.49	119.12	138.38	132.50	153.72	4.99	-2.33	-5.76	-6.65
人力资源社会保障部	35.34	35.47	36.79	41.77	35.89	36.93	36.26	39.60	-1.54	-3.95	1.45	5.50
住房城乡建设部	7.44	9.44	9.36	9.64	7.23	7.65	9.11	8.19	2.84	23.44	2.76	17.72
交通运输部	163.42	156.49	167.93	184.27	151.35	147.34	154.98	170.09	7.97	6.21	8.36	8.34
水利部	121.50	157.38	198.02	135.69	126.05	136.89	129.96	129.07	-3.61	14.97	52.37	5.13
商务部	194.58	222.64	224.34	203.57	225.36	209.28	219.76	202.07	-13.66	6.39	2.08	0.75
国家卫健委	123.58	150.84	186.59	236.20	112.64	124.63	159.56	226.89	9.71	21.03	16.94	4.10

部门	决算（亿元；年）				预算（亿元；年）				预决算差异（%；年）			
	2016	2017	2018	2019	2016	2017	2018	2019	2016	2017	2018	2019
司法部	5.12	9.85	10.32	10.98	5.43	7.29	8.92	10.65	-5.66	34.99	15.61	3.15
审计署	14.57	17.00	19.66	19.41	14.68	17.78	16.51	17.73	-0.76	-4.38	19.10	9.48
国务院国资委	23.64	29.01	20.25	23.93	23.51	24.31	25.78	21.61	0.57	19.33	-21.47	10.74
海关总署	173.59	214.87	240.95	392.35	186.09	187.79	237.13	353.38	-6.71	14.42	1.61	11.03
国家税务总局	722.18	705.80	809.65	1378.10	652.71	685.44	800.19	1330.49	10.64	2.97	1.18	3.58
国家体育总局	27.12	28.99	34.57	49.13	26.34	26.94	33.31	42.11	2.97	7.62	3.77	16.68
国家统计局	43.03	49.18	45.80	52.22	40.96	42.90	45.68	50.66	5.04	14.64	0.25	3.09
国家林业和草原局	73.14	78.33	84.86	83.93	71.90	76.12	78.60	75.28	1.73	2.90	7.96	11.49
国家知识产权局	53.27	60.50	62.96	69.74	50.18	57.59	63.04	67.98	6.16	5.05	-0.12	2.58
国务院参事室	2.16	0.89	0.82	0.92	0.90	0.91	0.87	0.84	139.48	-1.90	-5.38	9.09
中国地震局	33.70	36.13	36.39	42.19	30.91	33.65	34.99	44.68	9.03	7.38	4.02	-5.57
中国气象局	143.62	155.00	161.46	167.77	140.18	143.65	146.30	166.24	2.46	7.90	10.36	0.92
国家铁路局	3.92	4.06	4.90	5.32	3.91	4.01	5.13	5.04	0.18	1.16	-4.55	5.67
中国民航局	44.40	48.91	82.88	53.61	45.15	50.36	45.88	50.38	-1.67	-2.88	80.64	6.41
国家能源局	4.07	13.56	21.31	19.07	4.19	4.54	12.05	18.57	-3.07	198.41	76.78	2.72
国家邮政局	10.42	11.08	11.76	12.83	10.44	10.74	12.27	14.93	-0.21	3.18	-4.13	-14.08
国家文物局	3.69	3.80	4.29	3.94	4.08	3.61	3.88	3.59	-9.37	5.32	10.70	9.64

部门	决算（亿元；年）				预算（亿元；年）				预决算差异（%；年）			
	2016	2017	2018	2019	2016	2017	2018	2019	2016	2017	2018	2019
国家中医药局	10.61	14.27	13.95	15.66	11.18	12.71	13.43	13.70	-5.06	12.25	3.83	14.35
国家档案局	3.59	5.63	4.60	7.09	3.44	5.31	5.63	6.46	4.16	5.98	-18.22	9.77
国家信访局	1.36	1.51	1.45	1.73	1.22	1.35	1.39	1.57	11.34	11.60	3.91	10.54
国务院办公厅/研究室	3.99	5.01	5.26	7.67	5.63	4.61	4.71	5.24	-29.06	8.64	11.76	46.44
国务院扶贫办	1.19	1.96	3.39	3.96	0.93	1.61	3.52	3.74	28.20	21.76	-3.69	5.66
国务院发展研究中心	0.98	1.14	1.20	1.43	0.75	1.04	1.22	1.20	30.63	9.05	-2.03	19.20
中国证监会	11.36	11.88	12.96	13.28	10.50	11.79	12.02	13.40	8.19	0.75	7.81	-0.87
全国社保基金会	1.20	1.22	1.60	1.81	1.21	1.37	1.69	1.75	-1.33	-10.97	-5.27	3.04
国家自然科学基金会	249.02	281.07	295.95	326.01	248.71	286.53	294.64	326.19	0.12	-1.90	0.45	-0.05
新华社	26.69	26.07	23.42	25.20	23.79	19.78	22.37	24.02	12.21	31.75	4.70	4.90
中国工程院	4.79	5.27	6.32	7.89	4.81	5.21	6.03	6.63	-0.47	1.11	4.91	18.92
中国科学院	320.96	353.43	385.78	474.69	315.44	348.37	380.30	444.90	1.75	1.45	1.44	6.70
中国社科院	19.84	22.61	23.63	30.65	20.29	21.64	24.53	28.28	-2.24	4.51	-3.66	8.36
全国人大常委会办公厅	2.81	3.78	3.62	4.27	2.80	3.05	3.58	3.84	0.53	23.96	1.10	11.02
全国政协办公厅	8.46	6.68	6.74	8.35	8.17	6.89	7.79	7.00	3.59	-3.11	-13.52	19.27
中央党校	4.84	6.75	8.64	9.55	5.17	5.54	5.60	8.35	-6.28	21.92	54.29	14.36

部门	决算（亿元；年）				预算（亿元；年）				预决算差异（%；年）			
	2016	2017	2018	2019	2016	2017	2018	2019	2016	2017	2018	2019
共青团中央	3.22	3.55	3.36	3.46	3.06	2.97	3.43	3.20	5.02	19.64	-1.97	8.11
中华全国工商联	0.86	1.14	1.02	1.41	0.96	0.99	1.02	1.33	-9.81	15.41	-0.28	5.75
中华全国供销总社	23.16	28.64	28.36	3.35	4.52	6.39	28.99	26.94	412.69	347.98	-2.16	-87.57
全国妇联	2.80	3.21	2.60	3.07	2.70	2.77	2.93	2.60	3.77	16.00	-11.05	17.80
中国宋庆龄基金会	2.39	4.17	0.51	1.65	4.27	1.59	0.96	1.47	-43.92	162.11	-47.16	12.12
中国对外友协	1.23	1.56	1.30	1.35	0.97	1.28	1.36	1.30	26.94	21.57	-4.18	4.07
中国作协	1.93	2.14	2.02	2.39	1.96	2.06	2.11	1.95	-1.40	3.74	-4.36	22.49
中国记协	0.41	0.50	0.46	0.50	0.41	0.43	0.49	0.53	-0.04	14.02	-6.85	-5.97
中国贸促会	3.18	4.01	3.68	4.62	2.91	3.58	3.87	4.27	9.54	12.09	-5.10	8.40
中国侨联	1.43	1.48	1.35	1.51	1.18	1.25	1.23	1.40	21.62	18.49	9.61	8.41
中国残联	6.28	9.40	7.68	8.86	4.84	5.84	7.20	8.94	29.91	61.12	6.67	-0.84

数据来源：根据中央预决算平台和Wind数据库整理计算得到。

附录二：各国预算和决算相关数据

附表2-1 美国联邦政府预算和决算相关数据

（单位：十亿美元）

年份	收入			支出		
	总统预算数	中期审查数	决算	总统预算数	中期审查数	决算
1998	1567	1632	1722	1688	1690	1653
1999	1743	1784	1827	1733	1730	1703
2000	1883	1914	2025	1766	1772	1789
2001	2019	2096	1991	1835	1848	1863
2002	2192	2135	1853	1961	1962	2011
2003	2048	2029	1782	2128	2138	2158
2004	1922	1797	1880	2229	2272	2292
2005	2036	2091	2154	2400	2423	2472
2006	2178	2273	2407	2568	2613	2655
2007	2416	2459	2568	2770	2798	2730
2008	2663	2659	2524	2902	2918	2983
2009	2700	2651	2105	3107	3133	3518
2010	2381	2264	2163	3552	3766	3456
2011	2567	2426	2303	3834	3842	3603
2012	2627	2674	2450	3729	3670	3537
2013	2902	2764	2775	3803	3754	3455
2014	3034	3023	3021	3778	3773	3506
2015	3337	3338	3250	3901	3863	3688
2016	3525	3557	3268	3999	3987	3853
2017	3644	3632	3316	4147	4073	3982
2018	3654	3514	3330	4094	4104	4109

续表

年份	收入			支出		
	总统预算数	中期审查数	决算	总统预算数	中期审查数	决算
2019	3422	3424	3464	4407	4510	4448

资料来源：根据白宫预算与管理办公室历年政府预算数据计算得到。参见网址：https://www.govinfo.gov/app/collection/budget。

附表2-2　日本政府预算和决算相关数据

（单位：亿日元）

年份	收入			支出		
	预算额	预算修正额	决算额	预算额	预算修正额	决算额
2009（平成二十一年）	885480	1025581	1026034	885480	1025581	1009734
2010（平成二十二年）	922992	945279	943937	922992	967283	953123
2011（平成二十三年）	924116	1054998	1047573	924116	1075104	1007154
2012（平成二十四年）	903339	985496	984979	903339	1005366	970872
2013（平成二十五年）	926115	950186	953698	926115	980769	1001888
2014（平成二十六年）	958823	969597	988431	958823	990003	988134
2015（平成二十七年）	963420	974475	963097	963420	996632	982303
2016（平成二十八年）	967218	999246	988290	967218	1002220	975417
2017（平成二十九年）	974547	986795	984118	974547	991094	981156
2018（平成三十年）	977128	1003451	1001690	977128	1013580	989746
2019（平成三十一年/令和元年）	994291	1035330	1024396	994291	1046516	1013664

数据来源：根据日本财务省历年预算决算整理得到。参见网址：https://www.mof.go.jp/budget/budger_workflow/index.html

附表2-3　法国一般预算支出预算和决算相关数据

（单位：十亿欧元）

年份	初始预算	修正预算	决算
2012	290.7	294.0	296.1
2013	299.3	295.2	295.1
2014	305.5	300.2	299.2
2015	296.3	295.6	296.5
2016	306.2	307.5	310.7
2017	318.5	322.4	322.6
2018	325.8	325.9	325.2
2019	328.8	329.3	330.3

数据来源：根据法国预算信息公开网站Forum de la Performance历年预决算数据计算。参见网址：https://www.performance-publique.budget.gouv.fr/documents-budgetaires/lois-projets-lois-documents-annexes-annee。